魅力交流指南

谭 波◎著

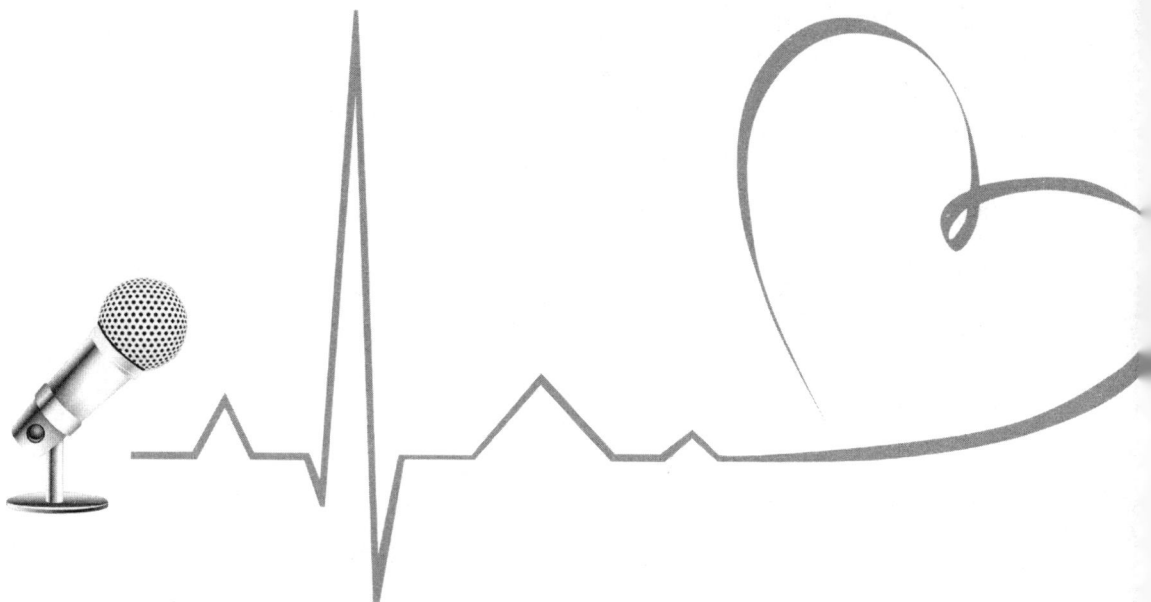

吉林出版集团股份有限公司

图书在版编目（CIP）数据

魅力交流指南 / 谭波著 . — 长春：吉林出版集团
股份有限公司 , 2018.7

ISBN 978-7-5581-5211-5

Ⅰ . ①魅… Ⅱ . ①谭… Ⅲ . ①心理交往－通俗读物

Ⅳ . ① C912.1-49

中国版本图书馆 CIP 数据核字（2018）第 134130 号

魅力交流指南

著　　者	谭　波	
责任编辑	王　平　史俊南	
开　　本	710mm×1000mm　　1/16	
字　　数	260 千字	
印　　张	18	
版　　次	2018 年 8 月第 1 版	
印　　次	2018 年 8 月第 1 次印刷	
出　　版	吉林出版集团股份有限公司	
电　　话	总编办：010-63109269	
	发行部：010-67208886	
印　　刷	三河市天润建兴印务有限公司	

ISBN 978-7-5581-5211-5　　　　　　　　　　　　定价：45.00 元

目 录
CONTENTS

第一辑 CHAPTER 01

好口才都是练出来的

003　　勤能补拙，练出来的好口才

008　　掌握口才，出语惊人

013　　把话说到恰到好处

017　　会说话，有技巧

第二辑 CHAPTER 02

把握对方心理，把话说到心坎上

023　　好口才，大作用

026　　真诚的赞美之词，人皆爱之

030　　赞扬有度，点到心即止

034　　背后说人好话不可忽视

038　　批评有方才不会彼此伤害

041　灵活拒绝才不会进退为难

044　进退有度方能双赢

048　把忠言说得顺耳

第三辑 CHAPTER 03
话前三思让沟通更无碍

053　智者善用脑带心说话

057　看清对方再说话

061　投其所好赢得好感

064　言之有礼

067　知其心，让说话更有效率

071　巧妙发问，让沟通更顺利

074　听懂信息再开口也不迟

077　做一个看人说话的智者

目录
CONTENTS

第四辑 CHAPTER 04

运用灵活的语言应变能力，打破谈判僵局

081　　运用口才技巧不吃价格亏

085　　嘴上功夫到位，销售达成更易

089　　掌握技巧和策略，你也能成为谈判高手

093　　激将法是游说的重要手段

097　　大方得体为你的言语加分

101　　正确运用"反语"

104　　谈判死胡同的缓解之法

第五辑 CHAPTER 05

懂点职场语言，让你职场如鱼得水

109　　掌握与上司沟通的语言技巧

112　　与同事的说话之道

115 把握与下属沟通的尺度

118 面对分歧，可议不可吵

122 巧妙机智地拒绝

125 借用巧妙的比喻指出对方的错误

129 适当运用"糖衣炮弹"之法

132 传达坏消息的策略和方法

136 别让不拘小节让你陷入职场麻烦

第六辑　CHAPTER 06

学会运用幽默的语言

141 懂幽默之人好感倍增

144 选对场合，说对幽默

147 幽默不过分，气氛更愉悦

150 幽默是种智慧

153 给批评加点幽默，效果更显著

目录
CONTENTS

157　懂得用幽默来化解冲突

161　幽默也能传达言外之意

164　适度的幽默才有效果

第七辑 CHAPTER 07
随机应变，机智巧妙应对语言危机

169　活跃气氛作用大

171　说话留有余地是说话之道的基本

174　因势利导保全大局

177　不妨顺着错处说下去

181　冲突面前，缓解有方

184　应对冷场的说话技巧

187　灵活说话，应对不同局面

第八辑 CHAPTER 08

刚柔并济，在舌战中说出一条出路

193　以柔克刚，有的放矢

196　以弱克强，打动人心

199　硬话软说，减少冲突

202　软中带硬，夺得胜利

206　运用威胁的方法增强说服力

209　避轻就重，供其要害

212　褒贬扬抑，恰到好处

第九辑 CHAPTER 09

善于倾听别人说话也是一门艺术

217　给别人开口说话的机会

221　学会倾听

目 录
CONTENTS

224　沉默有时是金

227　言多必失不如多听少说

230　倾听也是良好的沟通方式

233　打断别人说话有损谈局

236　"听话"比"说话"重要

第十辑 CHAPTER 10
懂点人情世故，让小细节为你的谈话加分

241　好口才的练就靠的是渊博知识的积累

245　借力于贵人更易成事

249　记住别人的名字备受好感

252　巧妙应对别人的冷面

255　带着笑容去说话

258　看人说话要有分寸

262　有时需要一点厚脸皮

266   说话给彼此留出回旋的余地

270   激将法要因人而异

274   人生难得一糊涂

好口才都是
练出来的

──────●──────

①

　　你羡慕那些在大庭广众下侃侃而谈、吐词清朗、口吐莲花、感染大众的演说家吗？不要太羡慕别人有好口才，因为你我都能做得到。只要对自己有信心，掌握住好口才的基本要求，下定决心去日日锻炼，肯定能够成为一个出语惊人的人物。

古有才子俊杰的能言善辩，今有风流人物的慷慨陈词，他们如此之好的口才难道都是天生的吗？不，好口才并不是天生的。如果好的口才是天生的，那么我们博大精深的语言中就不会有"冰冻三尺非一日之寒""只要功夫深铁杵磨成针"等真理千古流传了。纵观古今，大部分人拥有的好口才都是在生活中辛苦练出来的。

勤能补拙，练出来的好口才

说话是一门艺术，好的说话艺术不是天生就有的，而是来自于一丝不苟的刻苦训练。正如华罗庚先生在总结练习"会说话的能力"的体会时所说的一句话："勤能补拙是良训，一分辛苦一分才。"所以，只要掌握了说话的基本方法并加以刻苦练习，就能够拥有好的口才。

[掌握锻炼口才的方法]

首先，正确的发音是拥有好口才的基础。由于地区差异和生活习惯对人们说话的发音有着很大的影响，但好的口才要求每个字都必须发音清楚，所以平时多注意别人的谈话，朗读报纸，多听广播等都能够很好地改善发音不准的问题。此外，良好的口才应该是运用大方熟练的语言，力争使每一句话都让人明白易懂，而不是用语艰深而显示自己的学问或魄力。

其次，适宜的说话速度也是良好口才的必备条件。说话的目的是让对方领悟到你的意思，而不是快点说完以便节省时间，说话太快不仅容易使自己感到疲倦，还使听者难以明白你所说的内容，说话太慢不但浪费说者和听者双方的时间，还容易使听者感到不耐烦，所以在平时要多加注意自己的说话速度。

下面为大家介绍几种简单、易行、效果奇佳的说话能力的训练方法。

第一，速读法。顾名思义，"速读"就是快速的朗读，这种方法的练习目的是锻炼人的语音准确、吐字清晰的能力。

速读法可以用以下方法来练习：演讲稿或精美散文是最佳的练习选择。在开始朗读之前，先要用字典把文中不懂的字词查出来，以免一开始就错字连连。刚开始朗读的速度要慢些，然后渐次加快，直至达到个人所能达到的最快速度。但快的速度必须建立在吐字清楚、发音干净利落的基础上。在任何的时间或地点，只要手头有一篇文章就可以个人独立完成练习，如果能够找到人听你的朗读，将会有利于对你的不足之处进行纠正，此法也可以借助录音机完成。

第二，背诵法。在学生时代，我们为了更好地提升自己的学习成绩，往往要背诵各种各样的课文，而这里的背诵主要目的在于锻炼人的说话能力。这里的背诵不仅仅只是把文章背诵下来就算完成任务。既然是背诵，就要既会背又会诵，这种训练不仅能够培养人的记忆力还能够培养人的口头表达能力，这也是此训练的目的所在。没有很好的记忆力是很难培养出良好的说话能力的，所以记忆是练习说话能力不可缺少的一种素质。

"诵"训练的主要是一种表达能力，要求能够在把握文章内容的基础上进行声情并茂的准确表达。背诵法，不同于前面所说的速读法。速读法的着眼点主要在"快"上，而背诵法的着眼点则在"准"上，因此，所背文章中的字、词一定要准确，在背诵中吐字、发音务必要准确无误，这样，才能达到一定的效果，且背诵中不能有遗漏或错误的地方，可找人或录音为自己进行校正。

第三，练声法。练声就是练嗓子，即练习自己说话的声音。在我们的生活中，我们总是喜欢那些圆润饱满、悦耳动听的声音，而不愿意听那些干瘪无力、沙哑干涩的声音，所以练就一副好嗓子是我们拥有好口才必备的工作。

（1）练气。都说"练声先练气"，气是发声的基础，所以练声的第一步是先练气。吸气：吸气要深，小腹收缩，整个胸部要撑开，尽力地把更多的气吸进去，需要注意的是在吸气时不要提肩。呼气：呼气时需要慢慢地进行，要让气缓慢地呼出。呼气时上下两齿基本合上，留一条小缝隙让气息慢慢通过。

（2）练声。声源来自声带，所以只有声带打开了才能有声音发出。先放松声带，用一些轻缓的气流振动它，让声带做好准备，发一些轻微的声音，如果一张口就大喊大叫，将会对声带造成破坏作用。

声带活动准备好后，就该为口腔做一些准备活动了。口腔是一个人重要的共鸣器，声音的洪亮、圆润与否跟口腔有着直接的联系，因此，不能小看了口腔的作用。口腔活动可以按照以下方法进行：

①进行张、闭口的练习，活动嚼肌，也就是面皮。这样等到练声时嚼肌运动起来就轻松自如。

②挺软腭。这个方法可以用学鸭子叫"gāgā"声来体会。

③练习吐字。吐字与发声有着息息相关的练习，要想有"字正腔圆"的发音效果，必须做到发音准确无误，吐字清晰、圆润。

第四，复述法。就是把别人的话再重复地叙述一遍，这种训练方法的目的是锻炼人说话的记忆力、反应力和语言的连贯性。

练习方法是：首先要选一段长短合适、有一定情节的文章。要想达到较好的效果，可以请朗诵较好的人先进行朗读或是用录音机录下来，听一遍复述一遍，反复多次地进行并与原文进行对照，直到能完全把这个作品复述出来。这种练习绝不单单在于背诵，更重要的是在于锻炼语言的连贯性。如果能够当众进行复述，还能够锻炼人的胆量以克服紧张心理。

第五，模仿法。模仿的过程也是练习说话的一个过程。当我们向有这方面专长的人模仿时，我们的口语表达能力也会随之得到很大的提高。但这里的模仿要求尽量模仿得像，要从模仿对象的语气、语速、表情、动作等多个方面进行模仿，并且在模仿中要有创造，力争在模仿中超过被模仿者。

第六，描述法。描述法就是把自己所看到的景、事、物、人用描述性的语言表达出来，此法训练的主要目的在于训练大家的语言组织能力和语言的条理性。不管是演讲、说话、辩论都需要有较强的组织语言的能力，没有这种能力的话，在任何需要说话的时候就不会有一张悬河之口，组织语言的能力是口语表达能力的一项基本功。描述先要对描述的对象进行细心的观察，然后抓住特点有顺序地进行描述。

[良好口才应具备的条件]

良好的口才不是天生的，它需要具备一定的素质和条件。其中，崇高的思想、渊博的知识、远见卓识、一定的记忆能力、较强的应变能力及持之以恒的毅力是培养并拥有良好口才的必备素质和条件。

1.要有崇高的思想

使自己具备良好口才的条件之一，就是要有崇高的思想。也就是说，平时要注重自己的行为美、心灵美、思想美以及培养自己热爱祖国、热爱人民的高尚情操，这些都是练好口才的基本素质。要学会使用正确的方法、立场去分析问题、解决问题，只有这样，才能用动听的语言去感染听众、说服听众，那么，你所练就的口才也才能上升到为人民服务、为祖国服务的境界。

2.要有渊博的知识

有句俗话是，给人一杯水，首先自己要有一桶水。意思就是说我们要说给别人听，首先自己得有说的内容。都说台上一分钟，台下十年功，永远都不要小看几分钟的演讲或辩论，那都需要有丰厚的知识积累。所以在平时我们要养成摘抄美好词句的习惯，在日积月累之下便会拥有渊博的知识，便会形成自己的思想见解。

3.要有远见卓识

拥有远见的卓识是作为一个演讲者、交谈者、辩论者必须具备的一种素质。要想征服听众，就要在演讲、交谈或辩论中有自己独到超群的见解，但切忌华而不实的哗众取宠，不然只能适得其反。

4.较强的应变能力

在与人交流谈话时，难免会遇到一些意想不到的突发事情，这就需要谈话者拥有较强的应变能力，只有这样才能在尴尬的窘境中镇定自若，临危不乱地对答如流。

5.一定的记忆能力

记忆能力对演讲者、谈话者、辩论者的重要性是不言而喻的。只有过目成诵的人才能出口成章，所以要想拥有好的口才就必须下苦功培养自己的记忆力。

6.持之以恒的毅力

好的口才既不是天生的也不是一朝一夕就能够拥有的。"宝剑锋自磨砺出，梅花香自苦寒来"，好的口才也需要用持之以恒的毅力去苦练，只有如此，口才家、雄辩家的桂冠才能被你摘取。

人活一世，若想坦然自若地享受辉煌人生离不开良好的口才，但好的口才不是天生的，它需要经过后天努力再努力的磨练才能够形成，这需要我们知难而进，勇于吃苦的耐心和毅力，不然终将是一事无成。诚如梅花只有经过彻骨的寒才有扑鼻的香！

在各种各样的人际交往中，拥有好口才的人是最有魅力的。好的口才能够使你广受欢迎并获得好的人缘，好的口才能够让你在各种场合达到共赢，如鱼得水。口才体现了一个人的说话能力，一个有才的人不一定有好口才，而有好口才的人则一定是人才。

掌握口才，出语惊人

如果你没有出众的容貌，没有显赫的背景，你也不用为此而耿耿于怀，只要你掌握了好口才的基本要求，你就能够拥有好的口才，就能够拥有完美的人生。好的口才是一双无形的翅膀，带给你无限的美丽和光彩，带给你无限的机会和广阔的前景。

[口语的基本要素、要求及表达技巧]

第一，口语的基本要素

语音是口语的基本要素，它包括语调、语气、音量、音长四个方面。但如果我们主观地认为对一个字或词赋予不同的情感、音量、语调，就能够表达出不同程度的意思。

第二，口语表达的基本要求

1.清晰。就是能够表达得清楚，使人明白自己说的是什么。在我们日常表达中，时常会切入一些生活题材的玩笑也不失为幽默，但不管再怎么幽默都要让听的人知道重点在哪里，不能使所要表达的内容给人一种云里雾里的感觉。

2.流畅。表达是否流畅能够直接影响谈话的结果，不管是在日常生活中还是在正式的报告里，都不要使用口头禅，"这个、这个"，"那个、那个"或在句子中加入太多的连接词或助词，这些都会使语言的流畅性大大地减弱。

3.响亮。如果不是什么悄悄话或隐私，就要响亮地说出自己的话语，使别人听得清楚。在我们的日常生活中，总有一些人因为害羞或内向而导致说话声音很小，往往要重复好多遍才能使人听清楚他所要表达的意思，这样不仅使听者感到吃力还会流露出表达者不自信的一面。做事成功的前提就是能够在听众面前响亮地表达自己的意愿。

第三，口语表达技巧

1.重音运用

重音的运用是我们生活中一项不可缺少的内容。读重读轻表达的意思也会有所不同，所以重音有区别词意的作用。重音可分为三种：（1）语法重音——是按句子的语法规律重读的音。（2）逻辑重音——根据演讲说话的内容和重点自己确定。（3）感情重音——表达强烈的感情或细微的心理。但重音不一定重，有时放轻也能够起到强调的作用。重音有两种：一种是重重音；另一种是轻重音。加大音量、拖长音节、一字一顿、夸大调值是体现重音的四个特点。

2.停顿技巧

（1）语法停顿

语法停顿也称自然停顿，但有一点要清楚，那就是一两个词中间是不能停顿的，不然意思就会与原意大相径庭。

从语法上来讲，一般情况下，中心语与附加语往往会有一个小小的停顿，书面语用标点符号表示的地方也要停顿，但停顿的时间长短不一样。从标点符号上来说，停顿时间应该是：句号（包括问号、感叹号）＞分号＞冒号＞逗号＞顿号。从结构上而言，依次是段落＞层次＞句子。

（2）逻辑停顿

所谓逻辑停顿，就是为了起到突出、强调的作用而使用的停顿。人们通常把停顿放在需要强调的词语后面。如"让暴风雨/来得更猛烈些吧！"在"暴风雨"后面安排一个停顿，人们就会明白这里强调的是"暴风雨"。逻辑停顿是表达感情的一种需要。

3. 连接的表现力

所谓的连接，意思就是指在书面上标有停顿的地方能够赶快连起来，做到不换气、不偷气，一气呵成。连接有渲染气氛、增强气势，能很好表达激情并推进内容的作用。表现停顿的连接技巧有三种：一是气息要调解，就是在比较大的停顿的地方要换气，小的停顿要偷气（不明显的换气），另外要就气（也就是一气呵成）；二是接头要扣"环"，即两个内容相连的句子，第一句的节尾压低，第二句的起音也要低，这样就能够使两个句子中的音位差变小，给人以环环相扣的感觉；三是语感层次要"抱团"，指的是句子的末尾音节不要往下滑，从而使得每层的意思都有着鲜明的起始感和整体感。

美国的某位政界要人曾说过："个性和口才的能力，比起外语知识和哈佛大学的文凭更为重要。"是的，不管你身处何处何境口才都是很重要的。或许会有人说自己内向或见人脸就红，没有什么口才。其实良好的口才不是与生俱来的，而是培养出来的。只要你在日常生活中肯多加练习，你也能够成为一个能言善辩之人。

［交谈中要注意的事项］

交谈是人际交往中不可缺少的环节，交谈的方式、内容决定着交谈是否能够顺利如愿进展，也直接决定着与他人交往的成败，所以一个人能否左右逢源，如鱼得水，在很大程度上都与他的谈话能力有关。如果想要在谈话中占据优势，就需要注意以下几点事项：

1.礼貌待人

礼貌是人际交往中不可缺少的基本素质，它不仅能够流露出对他人的尊重，还是谈话双方能够愉快交谈的前提。在现代社会中，人们对礼貌有着敏锐的感知，在日常生活中，即使只是"您""请"等简单的字眼，也能够给他人以温暖和亲切感。

2.勿忘目的

谈话通常都有着目的性，如劝告对方改正某种缺点、向对方请教某个问题、要求对方完成某项任务、了解对方对某情况的看法、熟悉对方的心理特点，等等。一个善于交际的人，会用各种轻松的方式交谈却自始至终都不会离开主旨。

3.耐心倾听

谈话时，为了增强谈话的氛围，可以适当运用自己的姿态、表情、插语和感叹词等态势语。哪怕只是微微的一笑或点头，都能够使谈话氛围更加融洽。在与人谈话中切忌左顾右盼、心不在焉，或不时地看手表，伸懒腰等，这表示无可奈何的动作。做到耐心倾听，这不仅是最基本的礼貌，还是对对方的尊重，更是个人修养的体现。

4.理解万岁

谈话中如若对方在为某事忧愁或烦恼，不要急于开始谈话，首先应该以体谅的心情说："我理解你的心情，如果是我，我也会这样。"虽只是简单的一句安慰话，却能够使对方感到你对他现在的心情和状态是理解的，如此才能够使谈话融洽地进行。

5.顾及感受

人都有相信"自己人"的倾向，所以一个有经验的谈话者，总是让自己的声调、音量、节奏与对方相称，就连坐的姿势也要顾及对方的感受。比如，并排坐着比相对而坐在心理上更具有共同感，直挺着腰与人谈话是对说话人的一种尊重。所以在谈话中不要斜着身子与人说话。如若能够如此的顾及对方感受，必能很好地促进谈话的成功。

6.因人而异

与充满激情的人交谈，你会发现对方有着强烈的情绪，并且内心活动显之于外；与静漠型的人谈话，你会发现对方持重寡言，具有深沉的情感；与大大咧咧的人交谈，你会发现对方的漫不经心，所以在谈话中要根据谈话人的性格而采取恰当的谈话方式，如此才能够达到谈话的最初目的。

7.细观眼睛

都说眼睛是心灵的窗口，所以，眼睛最能表达人们的思想感情和反映人们的心理变化。炯炯有神的眼神是喜悦的；目光呆滞的眼神是悲伤的；目不转睛的眼神是集中精力的；目瞪口呆的眼神是吃惊的；目露凶光的眼神代表恶意。如此种种都可以从一个人的眼神中流露出来。另外，看一个人是否在说谎就看他的眼睛，因为人的眼睛很难做假，人的一切心理活动都会通过眼睛表露出来。所以在谈话中，谈话者可以通过对对方眼睛的细微变化的观察，来了解对方的心理状态和变化，从而使自己更好地掌握谈话的内容，更好地驾驭交谈氛围，促进谈话顺利进行。

8.客观表达

在与人初次见面时，人们总是喜欢掩饰真实的自己，借以达到完美的好印象，但在与人谈话中不应该只从印象出发，而应以客观的、批判的态度来评论人，克服知觉中的最初印象，即"先入为主"。

9.力表真诚

真诚是谈话能够取得成功的基础。在交谈的过程中，谈话人会由于某种动机而常常流露出言不由衷、见风使舵或半吞半吐等重重顾虑的现象，这都不利于谈话的顺利进行，所以在谈话中要尽可能让对方了解自己的态度，对自己感兴趣的内容表露出自己的真诚，这样才能在谈话中获取真实可靠的信息。

10.善选时机

大部分人在自己或自己熟悉的环境中比在别人或陌生的环境中的谈话更有说服力，所以可以在业余时间内利用"居家优势"，也可以在别人无戒备的自然状态下讲话，哪怕是只言片语，也有可能获得意想不到的收获。

此外，在谈话中尽量选用优雅的词语，因为这样也能够取得很好的效果。鲜花的盛开需要有肥沃的土地来培养，拥有良好的口才也需要从最基本的口才知识练习学起。只要能够掌握口才的一些基本知识和要求，那么你就能够拥有好的口才，并为取得成功增加更多的砝码。

有时一次的交谈能够让人有"与君一席话胜读十年书"的感慨，而有时一次的交谈也能够让人万念俱灰萎靡不振；有时一次的交谈能够使人感到神清气爽信心充足，而有时一次的交谈也能使人心生厌恶唯恐避之不及，那么，同样是谈话为何会有如此大的差别呢？原来，是谈话中言语的运用恰当或不当所引起的。

把话说到恰到好处

我们在日常生活是，不是所有的话语都可以随意地使用。我们每天都会身处不同的场合，与不同的人打交道，所以并非是所有的话题在任何时间或地点都适合拿来公开讨论，所以要想在为人处事中成为一条能屈能伸的龙，就必须能够把话说得恰到好处，就必须掌握一定的说话分寸！

[谈话的禁忌]

第一，自己的健康。自己的健康不适宜拿到公共场合去谈论，因为除了亲朋好友，不会有其他人会对你的健康检查、养生等感兴趣。在公共场合高谈阔论自己健康的人往往会成为最令人厌烦的人。

第二，他人的健康情况。自古以来疾病都是一个极为忌讳的话题，特别是那些患有癌症、心脏病、动脉硬化等严重疾病的人，都不想让自己的健康成为别人谈话的对象。如果在谈话中不断提及他人的健康，那会使被谈论者犹如揭伤疤一样的感觉而伤其自尊，如被谈论者生气反驳对自己也没什么好处。因此，不要对别人的病痛给予过分的"热情"，当他人恢复健康时，要像对待平常人那样去对待他，不要提及他所经历过的伤痛。

第三，有争议性的话题。宗教、政治、党派都是一些敏感的具有争议性的话题，所以在谈话过程中要避免提起，除非清楚地知道谈话对方的立场，不然很容易与双方的谈话陷入抬杠或对立僵持的状况。

第四，东西的价钱。或许我们会羡慕别人高档奢华的享受，但在谈话过程中不要谈及这种很私人化心理的问题，因为一个人的房屋或汽车值多少钱与其他人的事情并没有多大的关系，如一个人在谈话中总是提及"这值多少钱""那值多少钱"，会给人一种俗不可耐的感觉。

第五，个人的不幸。当一个人在谈话过程中说及有关自己不幸的话题，会使对方感到为难，因为别人不知道该以怎样的方式才能恰到好处地表达自己的同情，所以最好的办法就是尽量不提及。对于别人的不幸，如果对方是主动提起自己所遭遇的不幸，不要为了一时的好奇心理而追问个不停，而是要耐心地听他们诉说并表示出自己真诚的同情。

第六，老生常谈或过时的话题。经常被大家提及或过时的话题会使谈话者陷入无聊厌倦之中，所以每次谈话都应该尽力谈及一些新鲜的事情，使大家都有足够的兴趣把谈话进行下去。

第七，关于不同品味的话题。每个人都有自己喜欢或欣赏的生活，生活方式不一样，随之附带的品味也就不一样，所以对自己的品味可以轻描淡写，对于他人的品味则要给予一定的肯定和欣赏，不管对方的品味是雅还是俗都不可过多地说什么。关于黄色笑话在房间里说或许还有一定的情趣，但是如若在大庭广众之下说出来，用这种方式来吸引或引起别人兴趣，则是至极的败笔。

第八，害人的谣言。在日常生活和职场中，在谈话中有意或无意说出来的话都会成为对别人的前途或生活造成不利影响的谣言。所以在闲谈之时，要思考自己该如何恰如其分地表达，而不是话一出口就对人造成伤害。

第九，太过于直截了当的话语。直截了当的话语能够让人很快地明确坦诚的态度和话语的意思，在某些场合这是好品德的表现。比如，能够直截了当地点出朋友的缺点或错误使其避免误入歧途，这说明对亲朋的负责与关心，但若当你因为某个问题或事件与人发生冲突产生误会，便不明事理气势汹汹地找人算账，并以恶言相击，那么，试想一下，有没有人会喜欢这种人呢？

[教你如何巧妙地应对令人生厌的谈话者]

俗话说林子大了什么鸟都有。在我们生活的圈子里常常会有一些令人厌烦却又无法避及的谈客，面对以下这几类谈客我们该如何应对呢？

第一，探人隐私者

每一个人心中都有一处温柔的角落，那里盛开着我们隐私的花朵，我们尽心尽力地呵护着，或美好或苦涩我们都享受着，但总有人处心积虑想尽办法想要侵犯那一处的柔软，若不被人踏下铁蹄还好，一旦被人侵犯就会陷入重重的蜚短流长之中，对自己的生活和心理带来诸多的伤害。

智慧策略：对于探人隐私者给予答非所问

对于探人隐私的人，如果给予冷颜相待，既不尊重对方对你的"关心"，这种做法说不定会陷入更深的漩涡中，如果给予回答，也不能有什么就说什么，最好的应对策略就是答非所问。如他问你"谁是你晋级的后台"，你就回答"托你的福"；如果他问"你奖金多少"，你就说"不比你的多"。如此一来，对于他的提问不是不答，而是答非所问，这样不仅不会得罪对方，还能够达到不透露自己隐私的目的。

第二，唉声叹气者

人生在世，不是事事都能够如愿以偿，磕磕绊绊常有，于是抱怨牢骚之人也就常有，这也无可厚非。但对于那些常常唉声叹气地把自己的不幸、苦恼与忧虑作为谈话的主题，甚至还夸大其词地将自己的境遇说得非常严重，这样令谈话的人听也不是，不听也不是，陷入两难之地。

智慧策略：为唉声叹气者注入活力

对于那些唉声叹气之人，他们并非认为自己的能力差、抱负小，恰恰与此相反，在他们的内心深处强烈地渴望别人能够肯定他有着了不起的天赋和不寻常的能力。所以与这类人谈话时，要恰当地肯定他的特长并给予他一定的赞美，为他注入蓬勃发展的活力。长此下去，即使不会对他的唉声叹气有所改变，也会使他觉得你是个亲切之人。

第三，道人是非者

人们常说："来说是非者，便是是非人。"不要觉得他把别人甚至你厌恶的人的是非告诉你就是你的朋友，如此道人是非者，他既然能够在你的面前说别人的是非，定然也能在别人的面前搬弄你的是非。这类人之所以乐于道人是非是因为嫉妒心过于强盛的原因。

智慧策略：对于此类道人是非者要哼哈而过

对于这种道人是非的人，对其所说的话语不要表现出一点的热情，冷淡对待，时间一长自会令其知"错"而退。对道人是非者所说的种种话题不要反对也不要赞同，哼哼哈哈使用一种模糊的语言应付便可。反对他会得罪他，赞同他甚至跟他推心置腹地谈话会给他一种找到同僚的感觉，日后必不会有什么好的结果。所以对于此类人使用哼哈的模糊语言，会让道人是非者感知你的成熟，并感觉这种话题难以继续交流下去便会终止话题，或者朝着健康积极的方向发展。哼哈语言不失为是面对道人是非者的一种处世学问。

第四，喋喋不休者

这类人往往会在谈话中长篇大论，把自己当做谈话的主角，滔滔不绝表情丰富，这是在人与人交谈中最让人厌恶却最常遇到的一种人。

智慧策略：对喋喋不休者进行巧妙的提问

对于喋喋不休者，如果强硬打断不免会伤及感情，不妨根据他的谈话内容给予适当的提问如"导弹的燃料分子式是什么？"或提问与当前话题无关的问题如"打扰一下，现在几点了？"如此一来，对方也会感知到自己谈话谈得过于多了，便会停下来，给彼此自由的时间。

在我们的生活中，我们所遇到令人厌烦的人肯定不止以上几种，也不能完全按照上述策略按部就班地与人交流，而应该根据实际的谈话状况灵活地运用自己的语言，不管那个人的言谈再令你反感，你都应该保持自己良好的交际形象，因为当你的胸怀能够容纳各种人时，你就称得上是一个王者了。

在我们的日常生活中，说话的内容固然重要，但是别人评价的好坏、自己给人的印象如何以及人们彼此之间的接触和联系，全都由说话的方式、方法而定。所以说话不仅仅只是把想要表达的意思表达出来，而且还要讲究一定的技巧，这对个人的发展与成功都起着关键的作用。

会说话，有技巧

每一个人对同一件事情都有着不同的表现方式，诸如它所映射的含义，微妙的诧异，说话时有多少的热诚，等等，都是值得人们注意的。所以，在表达的时候，都应该仔细考虑说话时应具备的态度和如何连贯自己的思想等问题，这在与人交谈中占有重要的分量。

[说话要讲"方法"]

一个人的工作能力，以及与之相关的受教育程度、知识水平、嗜好和对当前问题的分析能力，等等，都能从说话中一一显露出来。所以一个人在谈话中很有必要掌握一定的说话方法。

第一，恰到好处的表达。曾有人说："一个喜欢大声嚷嚷的人，很难让别人明白他究竟在说些什么。"所以，在说话的时候，要善于把握重点，恰当地运用言辞，用轻松自然的方式把话说出来，给别人一种舒服自然的交谈氛围。说话力求简单明了而且具有说服力，该说则说，不该说的就不要说。

第二，说话态度不容忽视。说话时的态度，能直接影响着别人对你的看法。

盛气凌人的说话态度容易激起别人的愤怒，引起大家的不满，而过分的低声下气又会被人嘲笑为没有骨气，过于阿谀奉承又会让人觉得虚伪。所以，一个人的性格或对待问题的态度往往可以从一个人的说话态度中表现出来。比如说，当你说话时最好站在与对方同等的地位上，并以民主的方式交换思想和意见，这样别人也就自然坦诚地接受你的忠告，同时，也能够使自己的话语给别人以启发。

第三，运用表情和手势等态势语。表情和手势成为态势语，也是谈话中的一部分。当一个人用期盼的表情听别人说话时，说话者肯定愿意也有兴趣说下去，而自己如果也用明朗的表情与人交谈，对方则更容易倾听自己的意见。

在与人谈话中，要尽量避免以下情况出现：不管对方说什么，是否自己喜欢或感兴趣，都不要以一种不耐烦的表情去回答，或以阴沉的脸色勉勉强强地说话，在谈话过程中也不应该用戏弄人的冷笑表情说话，这都会对说话人的心理造成一定的伤害。在谈话过程中，要懂得控制自己的感情，这不仅是一种常识性的礼貌，也是对说话人的尊重，更是个人修养的体现。

在谈话过程中可以适当地有一些肢体语言。过分夸张固然不好，但说话时运用浅显易懂的语言，显出愉快的样子，巧妙地用一些肢体语言等都是一种好的方法。一句"太棒了！"当你这样赞美对方时；或者高兴的时候，轻轻地拍拍手；"交给我来办吧！"拍拍胸脯，如能爽朗地表达自己的感情，所以自然地采用一些手势也是很好的。

俗话常说月有阴晴圆缺，人有悲欢离合。面对一些喜悦的事情，不管我们以何种方式传达或诉说都是令人兴奋的，但对于那些不测或意外的事情，对于当事人我们一定要讲究说话方式，尽可能地减轻或缓解对他们的刺激。

第一，直截了当告诉法。此方法对于性格较为刚强、有一定身份或地位的人较宜使用。关于这些令人悲伤的消息，可以直截了当地说明或用稍微委婉的语言相告知，一般情况下，他们都还是能够顶得住的。

第二，委婉暗示法。对于神经脆弱或年迈多病的人，如果将不测的事实直言相告可能就会引出多余的麻烦，此时就应该用委婉的方式传达，避免敏感、刺激强的词语，可以用一些适当的同义词代替。

第三，隐瞒自悟法。此方法对于那些神经极为脆弱的人来说较为适宜。神经脆弱的人一般很难再承受其他的刺激，所以对他们传达不幸的消息时，可长时间地回避，让他们在时间的消磨中，习惯于既成事实，自己渐渐地悟出真相，以减少不幸的发生。

[说话的技巧]

中国有句俗话说得很好："一句话说得让人跳，一句话说得让人笑"，同样的话语，但表达方式不同，结果大不一样。说话要分场合、对象，要有分寸，最关键的是要懂得语言艺术，娴熟地使用说话的技巧。

第一种方法：由此及彼肚明确。在谈话过程中，往往会有意见不一的时候，此时，如果实话实说直截了当地反驳，在很大程度上都会影响谈话氛围，伤到彼此和气，使谈话陷入让人沮丧的僵局。

第二种方法：抓住心理达目的。这一方法的重点是要抓住人的心理，可运用激将的方法刺激对方，进而达到自己真实的目的。

第三种方法：藏而不露巧表达。就是运用多义词的不同意思来委婉曲折地表明自己要说的大实话。

在我们的日常生活中，我们时时刻刻都离不开与他人的交谈，但要想在交谈中成为受人欢迎的人，就要避免一些容易惹人讨厌的说话方式。

一、喋喋不休、滔滔不绝的独角戏。在交谈中，人们都喜欢自己成为谈话的主角，把自己放在重要的位置。只是在交谈中一个人如若一直喋喋不休地说着，不仅不能表现出自己的口才，反而会招致对方的厌恶。在谈话过程中要积极谈论共同的话题，不要一味地发表自己的个人见解，在谈话中要时时留心别人的反应，让每个人都能够充分发表意见，而自己的意见要尽量做到言简意赅，才能够使谈话取得众情相悦的效果。

二、针锋相对、烽烟四起的争辩。在言谈交际中，争辩是在所难免的，但争辩也是有区别的。善意、友好的争辩更能促进彼此间的了解，活跃交际环境，起到调节气氛的作用；而尖酸刻薄、烽烟四起的争辩不仅会使谈话陷入僵局还会伤害人，甚至会引起群起攻之的局面。一场精彩的争辩会让全场观众荡气回肠，赢得大家的齐声喝彩，因此，在交谈中要善于引导积极向上、活泼轻松的话题。

三、逢人诉苦、博取同情。每个人的一生中，都不是一帆风顺的，都是在磕磕绊绊中走过来的，都会遇到挫折和苦难，只是有的人迎难而上，有的人知难而退，有的人却将苦难带来的愁苦传染给别人，在众人面前条陈辛酸，以获同情。在交际中若一味地诉苦会让别人觉得你没魄力，没能力，从而会失去别人对你的尊重。

四、无事不通、无事不晓的万事通。谈话的形式和内容往往是多样的、随意的，天文地理、古今中外等都有可能随时成为谈话的内容。交谈是为了彼此能够相互了解，是相互交流的重要方式，所以如果你在交谈中表现"万事通""耍大能"，到时定会打自己的嘴巴，砸自己的脚。谈话不是表现学识渊博、见识广泛的舞台。所以不要在谈话中炫耀自己，那样会让人感觉到你很逞能的庸俗。

五、得理不饶人。都说"良言一句三冬暖，恶语伤人六月寒"，有的人总觉得自己有理了，就变得趾高气扬地去斥责对方，殊不知这种方式不仅让人厌恶甚至会产生怨恨，还显得自己没有修养和气度。

此外，交谈中的语气对谈话也有着很重要的影响，所以在谈话中能够适时地控制和把握自己的语气，将能够在很大程度上优化谈话的氛围。恰到好处地掌握交谈时的语气，不仅能够充分表达出说话的意图和情感，还能使谈话在很好的氛围内顺利进行。

说话虽然是我们日常生活中较为随意的交流方式，却也有着一定的艺术学问包含其间。在与人谈话的过程中，真诚和热情是基础。交谈过程中，要时时注意自己的谈话是否能够引起别人的兴趣和共鸣，自己的言语是否会引起别人的反感。只有这样，才能使你在谈话中拥有较有利的地位，才能赢得更多朋友的尊重和欣赏。

把握对方心理，
把话说到心坎上

——●——

2

　　人们总想把话说到别人心里，可要怎么说呢？这也还要在心里惦量一番。首先说话要打开对方的心扉，保全他人的面子；其次说话的火候要恰到好处；再次还要抓住对方的心理。古人云：感人心者，莫先乎情。只有善于运用情感技巧，动之以情，以情感人，才能打动人心。感情是沟通的桥梁，要想说服别人，必须跨越这一座桥，才能到达对方的心理堡垒，征服别人。

成功有很多秘诀，而口才却是最重要的因素之一。在当今社会中，一个人要想事业成功、人际和谐甚至家庭幸福这一切的条件都离不开卓越的口才。说话的水平是一个人思维本领、认识高度、知识底蕴等的综合表现。在很多时候，人与人之间的认识和了解都是通过说话实现的，所以，一个人若想让自己成为他人眼中的"人才"，就应该学会说话。

好口才，大作用

口才是指一个人对语言的驾驭能力。古人非常重视口才，孔子很早就在自己的学校开设了说话课，他的弟子中能言善辩的人非常多。春秋战国时期自由论辩、百家争鸣盛行，策士游说诸侯，为扩大自己的思想影响，并且也很注意研究说话艺术，在那个时候出现了很多能言善辩的才子。历史上的晏子、蔺相如就是凭借自己的口才，维护了国家、国君和个人的尊严。这不都是口才的作用吗？

[人才离不开口才，口才就是人才]

众所周知，随着社会的进步，当今社会已经进入到了一个"信息爆炸"的时代，而信息则在广泛和迅速地传递于社会上的每一个角落。信息的传递有三种方式：语言、文字和图像。口头语言则是最为常用和最为方便的传递方式。所以，拥有出色口才的人才是当今社会最需要的人才。

不管什么职业，都离不开口才艺术，都需要和别人进行接触和交流。而每种用语都具有其行业特点，就好比教师的教学语言、旅游业的导游语言、公关人员的公关语言、服务行业的接待和促销语言等职业语言，但是若想提高自己职业用语的能力就需要口才了。

一个人如果能够在自己的专业或者工作上有所擅长，并能够发挥一定的作用，那么，他就可以称得上是一个人才。例如，会看病的医生、能干的会计师、称职的资料员以及摄影师等都是人才，但是他们未必就有良好的口才。所以，各个行业的专职人员除了要精通自身工作的知识技能外，还应当掌握好口才以及交际的知识。

这到底是为什么呢？答案其实很简单。一个真正有口才的人，会有较强的整体素质和交流能力，这是因为口才的能力要比任何专业性的活动更能使一个人不断提高心理和文化素质，并且还会让一个人心态积极、自信主动、才思敏捷，并善于与人交流。因此，拥有良好的口才，就代表着素质高、心态好、能力强，因为口才不光是嘴巴的"才"，它更多体现的是个人的综合能力。

如果一个人不掌握语言或者自己不擅长语言，那么，我们凭借什么接受信息、进行思维进而表达自己的意思呢？这就必然要求一个人具有机敏灵活的语言感应能力、思维想象能力、观察应变能力和自我控制能力等，只有这样，说出来的话才能够达到一定的效果，并能出口成章。假如一个人笨嘴拙舌，那么，他与人交谈就不容易了；假如他能言善辩，则定能如鱼得水。

随着社会的不断进步，人们的文化视野和交际视野都变得开阔起来，越来越多的场合需要个人发表自己的看法和意见，需要展示自我才华。笨嘴拙舌、词不达意只会让你错失良机；用语精当、善于言辞则会使你占据主动、左右逢源，从而使你无往不胜。

[好口才好人才]

在当今激烈的商业战场中，只要是拥有好口才的人就能很轻松地取得成功。以香烟为例，大家都知道吸烟有害健康，可是用不同的方式说出来，效果就会不同。

20世纪的著名滑稽演员杜宝林曾以自己的出色口才成功地为一家香烟公司做了一个香烟广告。在一次演出中，他巧妙地把话题绕到了吸烟上："其实抽烟是世界上最坏的事情了，这该怎么说呢？花了钱去买尼古丁来吸嘛……我老婆就因为我爱抽烟，几乎每天都要跟我吵架离婚。所以，我劝各位千万别喜欢上抽烟。"之后，他又话锋一转："不过话说回来，戒烟也不是一件易事。打我16岁起我就天天想抽烟，一直到现在已经十几年了，不但没戒反而烟瘾越来越大。我左思右想，最好的办法就是吸尼古丁少的烟。向大家透露一个秘密：如今市场上的烟，要数'××'尼古丁最少了。"他这种欲扬先抑、以退为进的方法，瞬间就抓住了顾客的消费心理，在不知不觉中就会产生一定的效果。

从起初来看，从尼古丁的角度去说服顾客买烟可能性是微乎其微的，可是只要你有灵活的头脑，绝佳的口才，那么，你就会轻而易举地获得意想不到的成功。万事皆有同一个道理，一个人的良好口才不是天生的，很多人的良好口才都是靠后天努力才拥有的。只要用对了方法，并持之以恒，相信每一个人都可以拥有良好的口才。

在很多人眼中，"口才"往往只是一种语言的表达能力。其实这个理解是不完整的。真正的良好口才是一种语言的表达艺术，语言表达能力只是其中的一部分。良好的口才还要受到其他因素的影响，如果忽略了这些就可能会制约自己口才的发挥。比如说，一个人的衣着、仪容、谈吐、举止等每一个方面就属于制约口才发挥的外在因素。

以行为举止为例，举止是依靠动作来传达的。人们对他人的第一印象，总是通过对方的语言和动作来获得。同一个举止优雅的人交往，是一种美好的享受，彼此谈话的距离会在不知不觉中慢慢缩短，从心底产生一种亲近的感觉。恰恰相反，如果你同一个大大咧咧或者看起来并不正道的人交往，这会在无形中加重自己的顾虑，顾虑对方同自己的关系，从而让双方的距离变得遥远。由此可想而知，非语言因素对口才发挥是有一定影响的。

人与人之间虽然千差万别，但有一点是可以肯定的，那就是人们都喜欢他人赞美自己。真诚的赞美是发现——对方的优点而赞美之；虚假的赞美是发明——一个优点而后夸之。真诚的赞美是发自内心的，而恭维和拍马屁是从牙缝里挤出来的，别人一眼就可以看得出来。

真诚的赞美之词，人皆爱之

真诚赞美是无本的投资，这是因为真诚是一种修养，也是一种态度，更是一种境界，不是让你挖掘不存在的东西，而是凸显优点，帮助人们不断地发现、肯定和弘扬他人的优点。真诚的赞美，就好像是沙漠中的甘泉，它可以让人的心灵受到滋润。而当你赞美他人时，别人也会重视你存在的价值，你对他人的赞美也可以让你获得一种难得的成就感。

[生活需要真诚的赞美]

生活是一个复杂的过程，也是一个充满魅力的过程。在这个过程中，人与人之间的相处总是需要人们具有很多能力，而懂得赞美他人更是一项不可多得的能力，因为生活需要赞美。懂得赞美的人总是能够获得良好的人际关系。

真诚的赞美有别于虚伪的赞美。毫无根据的夸奖，会让人产生你在拍马屁或者说至少有什么不可告人的目的的想法。事实上，那些过分喜欢别人夸奖自己的人，未必就适合做自己的朋友。只有当你真正发现别人的某些优点时，你才直截了当地说出来，这种优点表现得不一定很明显，但一些细微处的赞赏或许更能打动人心。

在物理界，戴维和法拉第是同界合作的良好典范。虽然曾有一段时间，戴维曾妒嫉法拉第的突出成就，但两人的友谊仍被世人称道。这份情缘的成功自然少不了法拉第对戴维的真诚赞美。法拉第在尚未认识戴维之前，就曾给戴维写信："戴维先生，您的讲演真好，我简直听得入迷了，我热爱物理，我想拜您为师……"在收到信后，戴维便约见了法拉第。后来，法拉第成了近代电磁学的奠基人，名声震彻欧洲，但他从未忘记过戴维，说："是他把我领进了科学殿堂大门！"可以说，赞美是友谊的源泉，是一种理想的黏合剂，它不但不会把老相识、老朋友关系疏远，而且还可以使他们之间的团结更加紧密，还可以把互不相识的人连在一起。

林肯曾说过："每个人都喜欢赞美。"之所以人人喜欢赞美，原因之一就是其"美"字，表明被赞美者有卓尔不凡的地方；二就是其"赞"字，表明赞美者友好、热情。约翰·杜威也说："人类本质里最深远的驱策力就是希望具有重要性，也就是希望被赞美。"因此，面对他人的成绩与进步，我们要给予及时的肯定和赞扬，要鼓励他人。当别人有值得赞美之处时，你应当大大方方地给予自己的赞美，这样可以使得人与人之间的交往变得和谐而温馨。

真诚的赞美是发自内心的、客观公正的赞美，而不是阿谀奉承。真诚的赞美可以鼓舞人、激励人，阿谀拍马却可以把一个人的前程葬送。古今中外，多少英雄豪杰没有倒在刀光剑影、枪林弹雨里，却倒在了一片阿谀奉承之中？谁不想让别人肯定自己的重要性与价值？谁不想被他人赞美？但是，过于露骨的奉承话却是不会有人愿意听的，而那些发自心底的真诚赞美却更能打动人心。

[懂得赞美的人更受欢迎]

美国著名企业家玛丽·凯有一句经验之谈："要成为一个优秀的管理人员，你必须了解赞美别人会使你成功，赞美是一种不可思议的力量。"

在调动下属积极性方面，金钱不是万能的，而赞美却恰好可以弥补它的不足。因为生活中的每一个人，都有较强的自尊心和荣誉感。对员工的真诚赞美和表扬，就是对员工价值的最好承认和重视。作为领导，如果能够真诚赞美自己的下属，那么势必会使员工的心灵需求得到满足，并能激发他们潜在的才能。

玛丽·凯公司的一个员工工作每况愈下，玛丽·凯没有对她简单粗暴地吼叫或解雇她，而是把她叫到办公室里："苔丝，你确实是一个不错的员工，你在这个岗位干了这么多年，其实有很多人赞美你的成绩，虽然你的工作时间要比其他员工的长，但你的质量水准和工作时间并不成正比，也许我们可以一起来改正这个问题。"

这次谈话后的结果不难想象，苔丝的工作质量成了整个公司仰望的高度。

对待下属，仅仅是少用或不用批评以及责骂是远远不够的。试想一下，假如你的下属第一次做错了，他马上受到了指责，而他下次做对了，自己却没有听到赞美，换位思考一下，如果你是下属，你会做何感想？

在美国企业的发展史上，曾有一个非常著名的人物，那就是查尔斯·史考伯。他是美国企业历史上第一个获得百万年薪的人，卡耐基曾聘请他担任美国钢铁公司的总裁，并且也取得了极大成功。之后他又使陷入困境的贝斯雷汉钢铁公司重生。面对这么多的成绩，史考伯认为，他之所以能够获得百万年薪，并使很多公司扭亏为盈，不是因为他的钢铁知识多么丰富，而是因为："我那能够使员工鼓舞起来的能力——我所拥有的最大资产。使一个人发挥最大能力的方法就是赞赏和鼓励。"他说："在我的生活中，我曾到过世界各地，也见过许多伟人，却未发现有人——不论他的地位有多崇高——不是在受到赞同的环境之下，比起在受到批评的心境之下，表现得更良好，并有更大的成果。"他总结道："再没有比上司的批评更能抹杀一个人的雄心了。我从来不批评任何人。我赞成鼓励别人工作。因此我急于称赞，而讨厌挑错。如果说我喜欢什么的话，那么就是我擅长嘉许和称道。"

在史考伯去世后，卡耐基认真地在史考伯的墓碑上这样写道："这里躺着的是一位知道怎样跟他那些比他更聪明的下属相处的人。"

真诚的赞美好比是甘霖，它滋润了人们的心田。当人们遭遇挫折而失魂落魄时，一句真诚的赞美，会帮助人们认识到自我的能力和价值，重新鼓起奋斗的勇气；当我们在平庸琐碎的生活中感到倦怠的时候，一句真诚的赞美就会使人精神振奋，重新燃起对生活的激情。

在与他人交谈时，应当学会适当、真诚地赞美他人，这样会使别人感到高兴，别人也会投桃报李，夸赞你的优点，使你信心大增。遗憾的是，大多数人在渴望他人赞美的时候，却不知道把自己真诚的赞美送给他人。他们有的自以为是，总是自命清高；有的一叶障目，只看到了别人的缺点，而不看他人的优点和长处；有的恪守含蓄的传统，总是把他人的优点看在眼中，藏在心里，但从不说出口。于是，人和人的距离越来越大，感情越来越淡。真正懂得生活的人，知道在哪些场合及时并真诚地将自己的赞美送给他人。在使他人心情愉悦的同时，也让自己获得了舒畅的好心情。

因此，当我们在得到他人赞美的同时，千万记得要把真诚的赞美送给他人，因为只有发自内心的真诚的赞美，才最容易被人所接受。

划一根火柴，可以点亮一个点。但如果用一根火柴点燃一堆火，那么，它就可以点燃一个比一根火柴大十倍、百倍、千倍，甚至无数倍的亮点。人都有七情六欲，都喜欢倾听他人的赞扬。在现实生活中，大多数人总是喜爱听恭维话。古语讲："好言一句三冬暖，恶语伤人六月寒。"赞扬他人如果恰到好处的话，肯定会使双方的关系更加的融洽，好的开头，会引出好的结果。

赞扬有度，点到心即止

当然，赞扬不应当是无原则的，要把握一定分寸，大体要与事实相符。一个长得很丑的人你硬说他漂亮，那你岂不是寒碜人；而一个思想猥琐之人，如果你夸赞他高尚，那岂不是讽刺吗？因此赞扬应该得体。

赞扬，要有诚意，真诚的赞扬源于内心的"美感"。所谓赞扬，你首先应当知道什么是美，否则怎么能说出美。当然在真诚地赞扬别人时，心里会有一种忍不住向往对方表示钦佩和欣赏的冲动，就像遇到好事忍不住要开怀大笑，手舞足蹈一样。赞扬不应该牵强附会，而应做到真情流露，恰到好处。

[适度赞扬他人]

适度赞扬他人，可以影响别人的一生。赞扬的力量，鼓励的火花，能让人的生命有奇迹似的改变。例如，赞扬，可以让放牛班的学生变成化学家；赞扬，可让羞涩的学生，成为受人喜爱的学者。

但需要注意的是，这里说的赞扬只是适度地赞扬。如果过分地夸大与赞扬，只会使被赞扬的人助长虚荣心，不但不能够使那些资质一般的人成为聪慧之人，反而会使一个原本有可能成才的人变得平庸。"伤仲永"的例子我们已经烂熟于心了，所以，赞扬他人也要把握好分寸才行。

威廉·詹姆斯说过："人类最基本的相同点，就是渴望被别人欣赏和成为重要人物的欲望。"喜欢被别人赞扬，受到别人的重视，是人的本性。但是赞扬人也要掌握一定的技巧，只有恰如其分的赞扬才能让对方喜欢你，相信你，从而接受你。

历史上赤壁之战发生于公元208年，当时孙权面临江北大敌——曹操，胜败胸中无数。可以说，只有大都督周瑜和鲁肃是能够为孙权设身处地考虑江山社稷危难的人。朝堂之上，当孙权听完周瑜敌我优劣形势的分析后，立刻"因拔刀斫前奏案曰：诸将吏复有言当迎操者，与此案同"，于是，孙权下定了联刘抗曹的决心。当时孙权大喜，立即赞扬周瑜曰："君言当击，甚与孤合，此天以君授孤也。"是夜，周瑜又去拜见孙权，进一步分析敌我双方的力量对比情况，提出应如何抗敌方，孙权又赞扬周瑜："公瑾，卿言至此，……独卿与子敬与孤同耳，此天以卿二人赞孤也。"一句一个"授孤"，两句一个"赞孤"，试想，谁听了"上司"的赞赏能够不暖心？

从某种角度来说，正是因为孙权适当、真诚地赞扬别人的艺术魅力，在斥责所有人的时候却出其不意地对周、鲁二人加以赞赏，为此，如果不给"上司"卖命，那岂不是辜负了"上司"的厚爱？所以周、鲁二人才尽己之所能抗御外敌，同时也将自己的军事才能得以最充分地发挥，亦才使得吴国上下出现了"君臣团结，共治曹操"的大好局面。

赞扬不是阿谀和奉承，不能变成一味地吹牛拍马。要让赞扬成为一种尊重对方的方式，一种肯定他人的态度，这样的赞扬才能真正奏效。赞扬可以通过别人做杠杆来进行。以营销人员为例，在和顾客有紧密联系的人面前赞扬顾客，时常会让你获得一些意想不到的成果。所以，只要适时，赞扬可以说是无处不在的；只要恰当，赞扬可以说是无时不有的。

[赞扬要做到恰到好处]

在生活和社交中，懂得适时地赞扬别人，并且能够运用恰当的策略来增强自己的赞扬效果，这样做可以有效地维护对方的自尊心，并令对方感到满足，从而增强自己在他人心中的印象，使自己成为最终的大赢家。

赞扬就好像一壶美酒，一股滋润的清泉，一剂迷魂的药汤，不但可以使一个人心旷神怡，也可使一个人神魂颠倒。如果你是一个营销人员，那么赞扬绝对是一个上好的推销方法，适当的赞扬客户不仅能体现营销人员高深的文化修养，更能为业务的成功推波助澜。赞扬别人，成就自己。但是在赞扬别人的时候也要把握一定的分寸。

有一位身材苗条的小姐新买了一件掐腰的短上衣，兴高采烈地邀男友品评。男友见她穿了新衣有些过瘦了，就情不自禁地说："这件衣服一点也不适合你。"对方面色顿时沉了下去。男友见状转而笑吟吟地说道："像你这样苗条又修长的身材，如果穿上那种宽松肥大、长到膝下的衣服，就会显得更加神采飘逸、潇洒大方了，而那些矮胖的人是穿不出这种气质来的。"小姐听罢顿时化怒为喜。

这位男友的话不仅巧妙地暗示了这位小姐衣服并不合身，而且还诚恳地指出了其择衣标准，同时用苗条修长这样美好的词语指出了其身材的特点，又用矮胖之人作比照，顾及对方的自尊心。一句类似恭维的话，其实内在却蕴含了无限的寓意，从而显得委婉含蓄，也轻而易举地帮助自己解了围。

肤浅的赞扬只会让人觉得乏味和空洞，受到赞扬的人也丝毫感觉不到荣耀，并且会在你的言语中产生一种不安和困惑；而见解深刻的赞扬，会让人觉得你看到了问题的实质，你确确实实对被赞扬者产生了认同感，同时，被赞扬的那个人也会对你的一双慧眼非常的信赖，并产生和你积极沟通与交流的愿望。

发自肺腑的赞扬总是可以产生意想不到的效果。人一旦被认可其价值，总会十分高兴，对你的好感也会越来越强烈。赞扬只要恰到好处，他人的一切都可以成为赞扬的内容。

赞扬他人要注意把握分寸，如果赞扬没有分寸，就有可能遭遇排斥。为了让对方坦然说出自己的心里话，必须及早地发现对方的闪光点，然后对此大加赞扬，也就是要赞扬对方感到自豪的地方。在尚未确定对方自豪的内容之前，最好不要盲目称赞，以免自讨没趣。

很多时候，成功的赞美并不是直接的赞美，而是用间接的方式对他人进行赞美。间接赞美的作用同直接赞美相比，往往更能达到赞美人的目的。所以，为了让自己的人际交往更加顺利，应该学会间接赞美。也就是说，间接赞美不应该被忽视。

背后说人好话不可忽视

同在他人面前说他人的好话相比而言，在背后说别人的好话更能让他人听着舒服。比如你见到某甲，你对他说："前两天我和张三谈起你，他对你非常崇拜。"无论这句话是真还是假，反正某甲是绝对不会去调查的，但他肯定会对你非常感激，如果碰巧张三又是某甲平素很尊重的人，那么，他一定会对你更加感激。

乐于听美言是人类的一种天性。当外人的赞美使我们的自尊心和荣誉感得到满足的时候，我们便会情不自禁地感到愉悦和鼓舞，并对说话者产生一种亲切感，这时彼此之间的心理距离就会因赞美而缩短、靠近，自然就为交际的成功创造了必要的条件。

[间接赞美更能让人接受]

赞美有直接和间接之分，直接赞美可以用在关系亲密的朋友之间，而间接赞美则可以广泛地用在人际关系中，并且间接赞美比直接赞美更适合人际交往。所以，间接赞美更能让他人接受。

《红楼梦》中有这么一段描写：史湘云、薛宝钗劝贾宝玉做官，贾宝玉大为反感，对着史湘云等人赞美林黛玉说："林姑娘从来就没说过这些混账话！要是她说这些混账话，我早和她生分了。"凑巧这时林黛玉正来到窗外，无意中听见贾宝玉说自己的好话，"不觉又惊又喜，又悲又叹。"结果两人互诉肺腑，感情大增。

林黛玉认为，在湘云、宝钗、自己三人中，贾宝玉单单只赞美自己，并且还是在自己并不知情的时候，这非常难得，也是无意的。倘若贾宝玉当着林黛玉的面对她说出这些话，爱猜疑、使小性子的林黛玉有可能认为贾宝玉是在打趣她或想讨好她。

一般而言，背后的赞美如果传达给本人，除了起到赞美的激励作用外，更能让被赞美者感到你赞美的诚意，因而你的赞美更有效果。前文提到的贾宝玉对林黛玉的赞美，就是因为是在林黛玉不在场时所讲的，所以林黛玉对他就更加信任和感激。

在现实生活中，经常可以看到这样的现象：当父母希望孩子用功读书时，总是整天当面教训孩子，结果却没有达到预想的效果。但是，假如孩子从别人嘴里知道父母对自己的期望和关心，父母对自己有很高的期望时，便会产生极大的动力。又譬如，如果一个上司平日里在某位下属的面前说了不少勉励他的话，也许这个下属会感触不深，但当有一天，他从另外一个人的口中知道了上司对自己的赞赏后，一定会深受感动，并会更加努力地工作，以回报上司的"知遇"之恩。

"在背后赞美别人"是会为人处世者的一个技巧。赞美一个人时，如果你当面说，对方可能会以为你是在奉承他、讨好他。而当你在背后赞美别人时，则会被人认为是发自内心的，是没有个人动机的。在背后赞美别人的好处除了能给更多的人以榜样的激励作用外，还能使被说者在听到别人"传"过来的好话后，更感到这种赞扬的真实和诚意，从而对赞美自己的人充满好感。

在同一家公司，姜玲和叶文素来不和。

有一天，姜玲忍无可忍地对另外一个同事小李说："你去告诉叶文，我实在是受不了她，请她改改她的坏脾气，否则没有人愿意与她打交道！"

小李说："没问题！我会处理好这件事的。"

以后，每当姜玲遇到叶文的时候，叶文果然变得和气又温柔，与以前相比，简直判若两人！

姜玲向小李表示谢意，并好奇地问小李是怎么说的。

小李笑着说道："我跟叶文说：'有很多人夸奖你，尤其是姜玲，说你又温柔、又美丽，脾气好、人缘佳！'仅此而已。"

我们知道，指责和批评只会使双方的关系更加紧张，那何不试着采取赞美的方式呢？尤其是在背后赞美他人，效果更好！这个道理许多人都明白，但是真正做起来却并不容易。谁若是悟透了其中的玄机，必定会赢得好人缘。

某公司的一个员工，在与同事们午休闲聊时，随便说了几句上司的好话，"万经理这个人很不错，办事公道，对我的帮助特别大，能在这样的人手下做事，真是一种荣幸。"没想到这番话很快就传到了万经理的耳朵里，这免不了让他感到些许欣慰和感激。而同时，他对这个员工的好感也大为提升。有时在开会的时候，他也不忘对这个员工夸奖一番：这个人心胸宽广，人格高尚，真不错！

在背后赞美别人，是一种高超的技巧。因为人与人之间难得的就是在背后说好话，而不是坏话。如果朋友知道你在别人非议他时挺身而出、主持公道，一定会非常感激你。同时，在背后赞美别人，能最大限度地表现出说话者的"胸怀"和"诚实"，因此具有事半功倍的效果。

［巧借第三者来赞美］

当你在说别人的好话时，如果你当面说，别人会以为你是在奉承他、讨好他。当你的好话在背后说时，别人会认为你是出于真诚的，是真心地说他的好话，如此，别人也会领你的情，并感激你。假如下属当着上司和同事的面赞美上司的话，同事会认为这个人是在讨好上司，或者是在拍上司的马屁，这样就很容易招致周围同事的轻蔑。

所以，正面歌功颂德不一定会产生理想的效果，甚至还可能会产生相反的效果，这让你的上司脸上可能会很没面子，也可能会说你不真诚。与其如此，还不如在公司的其他部门，当自己上司不在的时候，大力地"吹捧一番"。这些好话总会传到上司耳中的。

善于在第三者面前去赞美一个人，能够使你同其他人的关系更加融洽。假如有一位陌生人对你说："某某朋友经常对我说，你很了不起！"相信你的内心定会有一番感动。那么，如果我们要想让对方感到愉悦，就更应该采取这种在背后说人好话的间接赞美他人的策略。因为这种赞美比一个健壮的男人当面对你说"先生，我是你的崇拜者"更让人舒坦，更容易让人相信它的真实性。

在背后说别人好话时，总是会被他人认为你是发自内心、不带私人动机的。这样的好处就是除了能给更多的人以榜样的激励作用外，还能使被说者在听到别人"传播"过来的好话后，更感到这种赞扬的真诚，从而在荣誉感获得满足时，还增强了上进心和对说好话者的信任感。

总之，赞美是为了满足他人的心理需求，也是对他人尊敬的一种表现。恰当地赞美别人，总是会给人以舒适感，同时也可以改善自己的人际关系。同时，当我们在面对别人的优点时，可以适当地直接赞美，但最好是采用间接赞美的方式赞美别人，这样会使你的赞美效果大增。

每个人都喜欢听他人说自己的好话，也就是赞美自己。但这并不是说，每个人都喜欢直接的赞美，有的人更喜欢间接的赞美，他们对直接的赞美很反感。所以，不要以为最好的赞美方式是直接赞美，其实，效果最好的赞美方式就是间接地赞美他人。

生活中总是会有一些人让人无法忍受，于是，我们最终爆发了，对他们进行了严厉地批评。可是，这样的批评结果让对方感到很受伤，并且以后也不愿意同自己亲近，这就导致了两人亲密关系的破裂。所以，人们在批评他人的时候，应当注意批评的方式。要知道，批评也要讲究艺术。

批评有方才不会彼此伤害

批评就像是一把双刃剑，它可以救人，也可以杀人。批评是批评者站在一个公正的立场，站在一定的高度，通过摆事实、讲道理的方法来对人与事进行一场公正的论证过程，它有着严谨而有力的逻辑。人无完人，没有人会保证自己没有缺点，就像谁也不能保证自己只有优点一样。因此，如果希望你的批评可以取得良好的效果，这就应该注意在方法上下工夫。

[批评应当注意方式]

一个人在犯错后，最不能接受的就是大家的群起攻之，这样势必会伤害他的自尊心。批评实际是一门沟通的艺术。批评的目的就是要打动对方，使对方充分认识到自己的错误，然后回到正确的轨道上来。批评不是为了贬低对方，纵使你的动机是好的，是有诚意的，但也应当注意方式和场合等问题。

当有其他人在场的时候，即使是最温和的方式，也可能会使被批评的人感到不满，认为你让他颜面尽失。所以，批评一个人时，最好不要在公共场合，尽量选择单独会谈的方式。为了让对方认识到自己的错误，没有必要当着众人的面公开批评他人。

另外，批评应当是把矛头指向错误，而不是犯错误的人，这样就不会影响他完美的自我形象，也就可以顺利地把批评建立在良好的情绪上，建立在友好的气氛中，使对方更容易接受你的批评。

　　在一家公司的圣诞晚会上，汤姆曾遇到了这样一个场景。在晚会上，受邀请的人大多数都是与公司有生意往来的合作伙伴，因此，这个晚会其实也相当于一个非正式的商务宴会。而来参加宴会的一个高级职员穿了一件不是十分合适的晚礼服，这时，正在同汤姆谈话的公关部经理看到后马上中断了和他的对话，径直走到那个职员面前。"你怎么可以穿这样的衣服？"经理的声音虽然不大，但还是有人能听到。

　　"对不起……之前准备好的衣服不小心出问题了，所以就……"

　　"那也不能穿成这样啊？"经理嫌弃地看着职员身上的衣服，"简直给公司丢人。"

　　面对经理的咄咄逼人，这位职员越来越觉得无地自容。

　　"不用再解释了，马上去换一件，要么就离开，不要在这里丢人了。"

　　被说得满脸羞愧的职员只好狼狈地离开了宴会。而看到这一切的汤姆觉得这个经理做得有点过分，他想这个经理应该不会做太久了。果然，几个月后，这个经理就被公司调到了外地的分公司，而外调的理由就是无法和下属很好地相处。

　　批评的目的就是为了帮助他人改正自己的错误。当你批评对方时，你是在告诉对方做错了。与此同时，也应当告诉对方怎样做才是正确的，这样的批评才是正确的。不要只是"指手画脚"，一定要让当事人明白：你是在解决问题，而不是在追究责任。

[批评也是一门艺术]

　　批评是一门艺术，这门艺术具有较强的穿透力，不当的批评将会刺伤对方的自尊，而艺术的批评将是奉献给对方，同时也是给自己的一份财富。批评是为了改变人，而不是为了让他人对自己反感。这确实需要掌握一些批评他人的艺术。

一位妇女，买了一件很漂亮的衣服，并决定穿着它去出席一场宴会。但丈夫却在很多人面前批评她说：你身材不好，穿上这衣服像奶牛一样。当然，这位妇女很受伤，便永远地把衣服锁进了衣柜，最终也离开了丈夫，理由是他没有尊重自己。

显然，这位丈夫不知道批评他人时应该首先尊重他人，纵然对方是与自己朝夕相处的妻子，也应该充分地尊重他人。如果一个人在批评他人的时候，不知道尊重他人，那么，他的批评将会是一把双刃利剑，有可能使双方都受到很大的伤害。

批评是建立在对方利益上的一种善意提醒，而不是埋怨，也不是指责。但批评总会令人心中不快，但有的时候它又是必需的，如果在对方能够接受的情况下进行，那就是一种技巧。

一些批评专家这样认为，未开口批评他人之前，应当首先检讨一下自己所持的态度，是积极还是消极？如果有敌意，或者存心找麻烦，那么在他的言语之中必然反映出来。情绪不好是很难掩饰的，而这种情绪的传染力却很强，一旦对方感觉这一点，也会受到同样的感染，会抛开你批评的内容，同你计较起来。而这种互为影响的情绪只会使批评陷入僵局。

金无足赤，人无完人。在这个世界上，每个人都会犯错，也没有人愿意犯错。在错误面前，你可能会忍不住大发雷霆。狂风暴雨过后，也许你会沮丧地发现，你的"善意"并没有被对方接受，甚至换来的结果可能让你后悔莫及。不管是对谁来说，批评都不是一件光彩的事。但是，如果批评的人能够尽量掌握批评的技巧和方法，那么，人与人之间的交流将会更融洽。

虽然有的人批评他人是出于自己的好心，但由于他们不知道批评的方式和技巧，结果，非但没有达到批评的目的，反而伤害了他人，还可能使两人的关系变得尴尬。

总之，就是批评的时候应当讲究艺术，掌握批评的法则，这样才可以让自己的批评更容易为人接受。

在日常生活中，每个人都会有过向别人提出要求，而被人直接拒绝的经历，这种经历的感受的确不好，然而，人生就是需要不断地说服他人，以寻求合作；反过来也可以说成是，人生是不断地遭到拒绝和拒绝他人。如果把拒绝的话说得八面灵光，可以使自己不必陷入两面为难的状态，相反，如果说得不好，可能就会导致被人嫉恨等负面影响，这就需要掌握一些拒绝他人的技巧。

灵活拒绝才不会进退为难

在社会交往中，难免会有人需要你帮忙，而恰在这个时候，你却由于某方面原因而不能帮他时，你就需要拒绝他。直截了当说出拒绝的话，恐怕很难说出口，也怕别人误解。然而，有时候必须拒绝对方，我们就需要掌握拒绝他人的技巧。

[灵活地拒绝他人]

人活在这个世界上，总会遇到一些这样的情况：自己的同窗好友或者同事等，在相处久了，会要求帮忙。如果自己可以做到那么应尽自己全力去办，假若朋友提出的某些要求过分，我们办不到，不是我们个人力所能及的。这就牵扯到了如何拒绝他人的问题，而不是硬撑，导致结果更糟。生活中总是有很多人在处理这类问题时感到很棘手，不知道该怎样拒绝，明知道有些事情办不成，但又害怕因此伤害了朋友之间的友谊，而硬撑下来。怎样开口拒绝，才不会伤害对方呢？

在拒绝他人时应该考虑到的方面：首先，当你在说"不"前，要让对方了解你之所以拒绝的苦衷和歉意，说话态度要诚恳，语言要温和。

在拒绝他人时，态度一定要和蔼。不要在他人刚提出要求时，就断然拒绝；不要对他人的请求迅速采取反驳的态度，或流露出不高兴的表情，或者去藐视对方，坚持永不会妥协的态度等，这都是不妥当的方式。

拒绝他人时，一定要注意不要伤害对方的自尊心。尤其是那些曾经帮助过你的人，来拜访你，请你帮他做事。从情面的角度出发，的确是很难拒绝。但是，只要你可以表示出你对对方意愿的尊重，坦率地讲出自己的难处，相信对方还是会理解并谅解你的。

拒绝对方，也要给对方留一个退路，留一个台阶下，也就是说要给对方留有面子，要保证对方能够自己下梯子。你必须自始至终耐心地听对方把话讲完，当你听完对方的话后，心里也就有了主意，此刻再来说服对方，也就不会让对方感到难堪了。

提起"海瑞"这个人，大部分人都会把他同"清官"这两个字联系起来，的确，他是明朝中一位品格刚正、耿直、廉洁的清官，百姓都将他称为"海青天""活包公"。海瑞为官一生，为国为民操劳一世，他的一生都在同一切邪恶势力作斗争。在海瑞为官的地方，贪官均闻风丧胆，而百姓却很是欢喜。他之所以会深受百姓的爱戴，就是因为他懂得如何巧妙拒绝"小人"的要求。

有一次，海瑞严厉处罚仗势欺人的董其昌，于是有一些官员来为董其昌求情，对海瑞说："圣人不做过分的事。"没想到海瑞却说："诸公岂不知海瑞非圣人耶！"仅仅这一句话，就把说客顶了回去。这句话不仅巧妙地表达了海瑞严办董其昌的决心，而又使得说客碰了软钉子，这也是拒绝"小人"要求时最好的办法。

[拒绝应当巧妙]

在我们的现实生活当中，我们总要面对各种各样的人和事，这其中，有的是积极的，有的是消极的；有的符合自己的意愿，而有的却不符合自己的意愿；有的我们可以赞成，而有的我们却不能赞成；有的我们乐意接受，而有的我们却需要拒绝。

人生活在这个社会中，就不可避免地要与他人产生各种各样的关系。不同的人在社会中扮演着不同的角色，每个人所面临的情况也不尽相同，每个人都应该始终明白自己的职责，做自己该做的事。但是，有时我们又需要面对一些自己感到压力或违背自己意愿的事情，这就需要我们去拒绝。如果我们懂得拒绝，就可以巧妙地使自己摆脱一些不必要的事务。反之，则会使自己做出一些违反原则的事情来。

快毕业了，刘伟的一些好友组织了一个同学聚会，他也应邀参加。在聚会上，他本来不想喝酒，自己也喝不了多少酒，可是想到这么多同学难得聚会，便在好友的强烈要求下，同大家喝了起来，谁知人多了，酒也越喝越来劲，越喝越多，最后大家都醉了。于是，同学之间的矛盾冲突也随之而来，最后双方打了起来，酿成一起流血事件。

而当时参加聚会的另一名同学李凯采取了一种巧妙的办法离开了聚会，避免了卷入这起事件。他当时看到大家越喝越多，又不听劝阻时，也不想破坏同学之间的友情，便考虑怎样才能妥善离开，他以上厕所为借口，到服务台给一个朋友打了一个电话，叫朋友马上拨此电话说找他有急事。正当大家喝得热火朝天时，服务员一句"谁是李凯，你家里有急事找你"，让李凯名正言顺地"安全撤退"。这也是因为他懂得如何友好拒绝他人，而使自己不必那么为难。

在这个故事中，刘伟和李凯不同的做法告诉我们，要学会灵活地拒绝，只有这样才可以使自己避免陷入到"进退两难"的境地。聪明的人知道如何拒绝，在不让自己为难的同时又不伤害到他人。

如果学会了拒绝他人的技巧，那么，就可以减少自己心理的压力，还可以表现出自己人格上的特性，更不会让自己陷入到被动当中。这样，自己的生活就会更加潇洒和轻松。

拒绝是一门艺术，也是一种生活的技巧，如果一个人能够灵活地运用它，那么，这个人将会生活得从容不迫，自己的人际关系也会更加良好。

生活中有的人为了"进"，总是会硬碰硬，不顾一切地拼命向前冲，因为他们认为只有风雨兼程、永不停息地往前赶才是一种"进"，才能达到目标，才能取得胜利。然而，有时候我们需要"停下来"或者"退几步"，好让自己更好地"进"。站在百尺竿头的人，如果想取得更大的进步，就不能向前飞跃，否则便会粉身碎骨。所以，他们只能先从竿头滑下，然后再去爬一百零一尺的竿子。这就是以退为进吧！

进退有度方能双赢

退，能够体现出人的宽容。如果说大海因宽容而变得浩渺广阔，陆地因宽容而变得生机盎然，天空因宽容变得辽阔的话，那么人也会因宽容而变得高尚。品德高尚的人总是更容易受到他人的欢迎和尊敬。而"退几步"的做法则能增进人与人之间的感情，同时还可以促进人与人之间的顺利合作。只有你懂得"退"，你才会更好地"进"。

[人生未必要强争]

很多人认为，人生一定要不断地向前进，而不应该后退。因为人生是一个不断向前的过程，如果一个人不跟随人生向前的话，就有可能会被抛弃。所以，人应当在必要的时候为了自己的利益要强争。其实，人生是没有强争的必要的。

人生有很多东西，是你的，不用争你就会得到；不是你的，你怎么争，最终你还是会失去它。争来争去未必会是一件好事情，倒不如顺其自然，自会水到渠成。人生强争又如何，争来争去是无果。人生未必要强争，争来争去终成空。

1959年，密特朗是法国国民议会的议员。在10月15日的晚上，他在巴黎天文台公园突然遭到他人的开枪袭击。这件事就是轰动一时的天文台公园事件。当时的新闻界和左翼组织几乎都迅速行动起来，向密特朗表示慰问，并且极力表示自己反对"法西斯主义"的暴行。可是当事情过后不久，凶手突然现身，并亲口表示天文台公园事件是密特朗本人策划的。一瞬间，密特朗从一个无辜的受害者变成了骗子和肇事者。

霎时间乌云压顶，谩骂声、讥笑声、责问声等各种评论像暴雨般向密特朗袭来。在任总理米歇尔·德勃雷在得知这件事情后，立刻建议取消密特朗的议员资格。当时密特朗很清楚，如果自己此刻进行申辩、反击都不会有什么效果，索性既不申辩，也不反击。他个人认为，对于这种栽赃陷害的事情最好的处理办法就是置之不理。

此刻密特朗只好把自己的愤怒深深埋进自己的心底，决定暂时隐退。平日，在外人看来，他只顾埋头读书，专心写作。每天清晨，他都会去树林散步，呼吸新鲜空气，欣赏田野的美景。大自然的美丽景色使他很快忘掉了心头的烦恼。1960年，密特朗曾到国外做了一次旅行，他先后到过中国、美国和伊朗等国家。密特朗在中国游览了不少城市，累积了许多见闻。回国后不久，他便发表了《中国面临挑战》一文，专门介绍新中国成立后所发生的重大变化，此书一出版，立刻就赢得了读者的好评，密特朗的名字又重新在法国社会上传扬。

1962年11月2日，法国举行立法选举，在此次的选举中，密特朗东山再起，一举击败竞争对手，再次成为国民议会议员。

这则实例中，密特朗的竞争对手为了使他丢掉职位，就设计圈套去陷害他，使密特朗有口难辩。面对这种情形，密特朗并没有采取硬碰硬的斗争方式，而是采取了以退为进的策略，以转移人们对此事的注意力，使它随着时间的推移而在人们心中淡忘，同时也没有忘记给自己创造条件，之后伺机复出。密特朗正是采取以退为进的策略，从而成功战胜了对手，赢得了胜利。

[人生要学会以退为进]

面对打击，不要以硬碰硬，巧妙利用以退为进，寻找东山再起的机会。要懂得退一步是为了进两步。下面这个故事也是一个很好的证明。

有一位美国画商看上了一位墨西哥人带来的三幅画，而每幅画的标价均为250美元，美国画商不愿出这么高的价钱来买画，于是双方唇枪舌剑，谁也不肯放松，一时气氛进入了僵局。而那位墨西哥人也非常生气，当着美国画商的面把其中的一幅画给烧掉了。

美国画商看到这么难得的一幅画被烧了，自己当然会感到可惜。他问墨西哥人剩下的两幅画他愿意卖多少钱，而墨西哥人的回答依然是250美元。美国画商见他仍不松口，再次拒绝了这个价格，墨西哥人干脆心一横，又烧掉了其中一幅。美国画商此刻看到就剩下最后一幅画，便求他别烧这最后一幅。

当他询问墨西哥人这最后一幅画的价钱时，墨西哥人说："这一幅画同三幅画的价钱一样吗？"结果，墨西哥人手中的最后一幅画竟以600美元的价格成功卖给了美国画商。

当时的画价格一般都在100美元到150美元之间，而这个墨西哥人这幅画为何可以卖得如此高的价钱？首先，他烧掉两幅画，就是为了引起那位美国画商的注意，这一举动便是采用了"以退为进"的战略，因为他"有恃无恐"，他知道自己的三幅画都是非常有名的人物所画的。烧掉了两幅，剩下了最后一幅画，所谓"物以稀为贵"。

另外，这个墨西哥人还知道，这个美国画商有个习惯，他喜欢收藏古董名画。只要他看上的画，不管多高的价钱，他都会买下来。聪明的墨西哥人用此计谋果然灵验，一笔成功的生意就这样做成了。

不过，顺利地完成"以退为进"的策略是需要强有力的后盾的，并且还应该把握好尺度，做到"不打无准备之仗"，心中没有十分的把握而轻易使用此计，一定会弄巧成拙。如果这个墨西哥人对美国画商喜爱古董的习惯丝毫不了解，不能肯定他一定会买下最后一幅画而去烧掉前两幅，如果最后美国画商没有买最后一幅画，墨西哥人可谓是"赔了夫人又折兵"，到时后悔也已来不及。退一步，按照你对对方心理的了解，直到对方自愿采取令你满意的行动，那么，你的"以退为进"才算是达到了目的。

在我们的现实生活中，人们常说："良药苦口利于病，忠言逆耳利于行。"此话不假，"是药三分苦"，越是苦药，它的药力越大，对疾病才会有更大的治疗作用；言语也一样，那些阿谀奉承的话，总是会使听者飘飘然，时间久了，听者的心中就会形成"老子天下第一"的心理，对外界就没有了戒心，慢慢就会消磨斗志，丧失了前进的动力，最终会落得个身败名裂的结局。

把忠言说得顺耳

其实，从某个角度来说，忠言似乎可以更加顺耳。纵观历史的长河，李世民好几次都想把魏徵斩首，但每次都因为种种原因没有杀。其中的主要原因就是李世民是个明君，如果换成周厉王，那么，魏徵即使不被杀头也早就被流放了。与其冒着生命危险对上司进谏逆耳忠言，倒不如学邹忌让齐威王自己悟出道理，同时还为齐威工保留了帝工的面了。

[忠言也可顺耳]

很多人都会说，"我说的是忠言"，那么就应该起到忠言的作用。顺耳总比逆耳好很多，也利于忠言的实现。以当今子女的教育为例，孩子不是李世民，他们幼稚无知，自然会弄不清善恶好坏，没有足够坚强的意志也不足为奇。做了一件小事，家长大骂一顿，孩子便会离家出走已经不是稀罕事。更有甚者会使孩子走上歧途……

顺耳忠言似乎更容易为人接受。生活中，凡事总是强求还不如自愿的好。给他人提意见，诉忠言原本就是为了让领导、他人采纳，为大家造福。可是，生活中就是有那么一些人，尤其是上司或管理者，总觉得下属没有他强。不管是谁提的意见，他都听不进去。其实自己也知道是一个好意见，可偏偏就是放不下臭架子。

对于这些人，如果要进言，逆耳忠言肯定不会有用，顺耳说不定还能趁他高兴的时候给采纳了。即使是"明君"，巧进顺耳忠言也比逆耳进言效果好。其实提意见也讲究技巧，顺耳忠言总比逆耳忠言更易达到目的。

山上住着一位老者，老者胡子雪白，但他却是一个大智大慧的人，谁都不知道他的真实年纪。村里人都很尊敬他，不管遇到什么事情，他们都来找他，请求老者提些忠告。但老者每次都是笑眯眯地说："我能提些什么忠告呢？"

一天，一个年轻人来求他给自己提几点忠告。但老者仍然拒绝了，但年轻人苦苦纠缠。老者无奈，只好拿来两块窄窄的木条，两撮钉子，一种是螺钉，另一种就是直钉。

另外，老者还拿来一把榔头，一把钳子，一个改锥。他先用锤子往木条上钉直钉，但是由于木条很硬，无论他怎么努力，也钉不进去，结果却把钉子砸弯了，他不得不再换一根钉子。一会儿工夫，老者砸弯了好几根钉子。

最后，老者用钳子夹住钉子，用榔头使劲砸。钉子总算弯弯扭扭地钉到木条里面去了。可是，木条也被钉成了两半。

于是，老者又拿起身边的螺钉、改锥和锤子三样工具，他把钉子轻轻地砸在木板上，然后拿起改锥拧了起来，结果没费多大力气，螺钉就钻进木条里了，而且天衣无缝。

而剩余的螺钉，仍是原来的那一撮。

做完这一切，老者指着两块木板笑笑说道："忠言其实不用逆耳，良药也不用苦口，人们总是说忠言逆耳、良药苦口，其实都是笨人的办法。硬碰硬又怎样？说忠言的人生气，听忠言的人上火，到最后还伤了彼此的和气，好心变成了驴肝肺，友谊变成了烫手山芋。我活了这么大，只有一条经验，那就是绝不直接给任何人提什么忠告。当需要指出别人错误的时候，我会像螺丝钉一样婉转曲折地告诉他人我的意见和建议。"

这个故事告诉我们，忠言未必要逆耳，顺耳也是可行的。在人际交往中，要会灵活地表达自己的意见和看法，做到"忠言不逆耳"，这样，自己的人际关系就会更加和谐与完美。

在《晏子谏杀烛邹》中，烛邹是一个为齐景公看鸟的人。一天，他不小心让鸟给飞走了，景公知道后非常生气，要砍烛邹的头。晏子很想救烛邹，但他并不急着表示自己的目的，而是旁敲侧击地向景公说出了烛邹该杀的罪名，从而使齐景公在无形中意识到自己的错误，最终饶恕了烛邹。如今看来，如果晏子当时直接说出景公的错误，那么景公一定会非常生气，这不但帮不了烛邹，还可能让自己受到牵连。从这里看来，忠言"顺耳"是否比"逆耳"更利于行呢！

忠言与药不可同类相比。药是用来给身体治病的，药苦但是可以治病；而忠言主治的是人的"心病"，正常人的心理是不喜欢逆耳忠言的。如果硬要说忠言是药，那么这种药也是顺耳的比逆耳的更具治愈能力。很多时候，人心就是因为听多了逆耳之言才会更加脆弱，而那些听了顺耳之言的人才具有更加高昂的斗志。

话前三思
让沟通更无碍

3

行要"三思",言亦要"三思"。言和行都是人的动作,一是嘴巴,一是肢体。嘴将自己的想法表达出来,身则将想法变成现实。一个想法是怎样产生的,好不好,全在于思考的效果。从主观上说,绝大多数人说话都是抱着一个良好的愿望,希望解决问题,处理好人际关系,传达自己的真情实感。但常常因为没有"三思",结果话不投机,甚至招惹麻烦。

沉默不言者人避之，高谈论座者人厌之，惟有说话得人心者人喜之。说话讲究技巧，说话要有艺术。中国有句古话叫：三思而后行。而今天有句对语言交流的忠告：三思而后言。即说话之前一定要经过缜密的思考，如此才能将话说到别人的心坎上，才能确保说话的质量。

智者善用脑带心说话

　　著名企业家、阿里巴巴网站的创始人马云曾说过一句话："傻瓜用嘴说话，聪明人用脑说话，智慧人用心说话。"这句话的意思是说，只用嘴巴、不用脑子所说出来的话是傻话，而聪明的人则经过大脑的思考再说话，而用心说话的人则又上升了一个层次。

［说话前需三思］

　　想说但不能说，想说却不该说，这些情况时时都摆在我们面前，倘若你一时冲动将这些话说了出去，后果是非常严重的。

　　除了特殊人群之外，世界上每个人天生就有说话的能力，但是并不见得所有的人都能把话说好。也许有人会说，不就是动动嘴皮子的事情吗？事实上，说话远远没有这么简单，想要把话说到让所有人都接受与喜爱，就必须学会三思而后言。

　　有一次，一个人匆匆忙忙地跑到一位哲人身边，说："告诉您一件新鲜事……"

　　"等一等！"哲人毫不客气地打断了他的话，"你要告诉我的消息，用三个筛子过滤了吗？"

　　"三个筛子？哪三个筛子？"那个人不解地问。

"第一筛子叫'真实'。你要告诉我的消息，是真实的事情吗？"

"不知道，我是从街上听来的……"

"现在就要用第二个筛子去审查了。你带来的消息不是真实的，至少也应该是'善意'的。你要告诉我的事是善意的吗？"

那个人不好意思地说："不，正好相反……"

哲人又打断了他的话："那么我们再用第三个筛子。我再问你，你这么急着告诉我的事，是'重要'的吗？"

"并不重要。"那个人羞愧地低下了头。

哲人说："既然你要告诉我的消息，既不真实，也不是出于善意，更不是重要的，你又何必说呢？说出来只会给我们两个人带来困扰罢了。"

生活中，我们的话语是否常常使人得益呢？说话之前不妨先思考、过滤一下，看看哪些话是应该说的，哪些话是没有必要说的。

那么，说话之前需要进行哪些思考呢？很简单，思考一下对方的身份，思考一下所在的场合，思考一下说的话是否过重，思考一下是否会令别人觉得难堪……总之，要确保自己所说的每句话都是有用的、有意义的。我们必须明白，这个世界没有后悔药可卖，一旦说错了话，对别人造成了伤害或是导致了不可弥补的局面，那么想要收回可就难了。

当然，每个人的性格不同，说话的风格也不尽相同，但不管你是谨小慎微的人，还是不拘小节的人，都必须懂得说话的艺术。一项调查显示，在谈话过程中出现的失误，大都是由于没有认真考虑而造成的。如生活中很多人喜欢开玩笑，但却不能把握玩笑的度，说话时往往不顾场合，不顾对方的身份，结果造成了十分尴尬的局面。这不仅影响自己的人际交往，对以后的事业、人生等也没有一点好处。

[说话时应点到为止]

直率之人没有城府极深、处心积虑的人阴险，特别是在说话方面表现得更明显。其实，生活中，不论是直率之人还是其他类型的人，要想与别人顺利交往，就必须学会适可而止的谈话。

直率固然可爱，但是也会引起许多人的误会，尤其是那些不了解你，与你有一面之缘的人，想要让他们喜欢你，就必须能够坦然地面对自己的不足和缺点，在自己的家人、好朋友或陌生人面前，做到三思而后言，点到为止。

有个人要过生日了，为了庆祝一番，他邀请了自己的四个好朋友张三、李四、王五和赵六来家里吃饭。这天晚上，张三、李四和王五都在约定的时间准时到了，只有赵六迟迟未来。

等了一会儿后，主人有些心急地说道："赵六怎么了？在干什么？真是急死人了，该来的到现在也不来。"

张三听到主人的话后，心里有些不高兴："既然你说该来的为什么不来，那么我是不是不该来的？"

于是，他对主人说道："对不起，我突然想起来家里还有点事，就先走了，告辞！"

饭局还没有开始，就有一个人走了，主人不免更加着急："真是的，怎么不该走的却走了。"

李四听到后不由得想："看来，我才是该走的那个人。"

于是，他也满脸不高兴地说道："不好意思，我家里也有点事，我得回去，再见了！"说完，他掉头就走。

这样一来，主人更加着急了，剩下的王五就劝他："你看看，朋友都被你的话气走了，以后说话一定要小心点。"

主人十分无奈地回答道："其实他们都误会我了，我根本没有说他们。"

王五一听这话坐不住了："你不是说他们，那就是说我了，那我也走！"说完，他也铁青着脸离开了。本来是一个好好的聚会，就这样被搅散了。

说话是一门高深的学问，成功的人生必须从"说话"这门功课开始修炼。早在几千年前，我们的老祖先就教育后人：讷于言而敏于行。除此之外，说话的背后，还体现了一个人的品格、修养、学识及胸襟。掌握这门艺术，就能驾驭奇妙的舌头，改变你的人生。

你可以去反驳别人，可以去调侃别人，也可以去批评别人，但是一定要注意说话的分寸，尽量做到不去伤害别人。说出的话如同泼出去的水，覆水难收。假如你伤害了他们，即使以后真诚地向他们道歉，换回了他们的原谅，但他们心里的那道伤痕却是抹不去的。

古希腊流传着一句话：舌头这个东西很奇怪，它可以用最美好的词语来赞美你，但也能够用最恶毒的言词来诅咒你，可以将蚂蚁说成大象，也能把小丑说成国王。但愿每个人都能够说一口流利漂亮得人心的话，练就一副好嘴皮子！

与文人说话讲究艺术，与农民说话讲究朴实；与男人说话重在洒脱，与女人说话要温柔如水……不同的身份，不同的性别，说话方式也不尽相同。所以说话贵在看清对象。

看清对方再说话

　　每一个人的性格都是独特的，每一个人的思维都是别具一格的。所以在待人处世时，要学会对人的性格做具体分析，见人说人话，见鬼说鬼话。比如对傲慢无礼的人说话应该简洁有力，最好不要跟这种人多谈，所谓"多说无益"；对沉默寡言的人就要直截了当；对深藏不露的人，你只需把自己预先准备好的腹稿倒给他听就可以了；对于瞻前顾后草率决断的人，说话时要把话分成几部分来讲；对行动迟缓的人说话时要有耐心……只要你能做到这些，你无疑就会赢得一个好人缘。

［见人说人话，见鬼说鬼话］

　　恰当地把说话中不同的问候语使用好，就能取得满意的效果。应该注意的是，对小孩或同龄人，说话要坦诚、亲切；对老年人或自己的师长，则要尊重他们，让人感觉到你这个晚辈懂礼貌、有教养。

　　如果谈话的对象是"流氓"，就要用"流氓"的方式对待他；如果谈话的对象是一个绅士，就要用绅士的方式来对待。只有根据谈话对象说话，才能得到更好的沟通效果。

　　有一则小故事很能说明这一点。

在一艘游艇上，来自各个国家的实业家们正一边观光，一边开会。突然船出现故障了！船身开始慢慢下沉。船长命令大副立刻通知实业家们穿上救生衣跳进海里。几分钟后，大副回来报告说没有一个人愿意这么做。于是船长亲自出马，没过几分钟，只见实业家们接二连三地跳进了海里。

大副感到很奇怪，就问船长："您是怎么说服他们的呢？"船长说："我对英国人讲，跳海也是一项运动；对法国人，我就说跳海是一种与众不同的游戏；我警告德国人说，跳海可不是闹着玩的！在俄国人面前，我诚恳地说，跳海是一种壮举。"

"您又是如何说服那个美国人的呢？"大副问道。

船长得意地笑道："那太简单了！我只说已经为他买好了保险。"

这个故事虽然只是个笑话，但也告诉我们一个道理，那就是要"看人说话"，并且，应精心地选择说话的内容和方式。不然你再能言善辩，别人不买你的账也是白搭。

"去什么山唱什么歌，见什么人说什么话。"虽说只是一句很常见的俗语，却有着极深的道理。此道理需要我们在日常说话中注意三点：

1.说话要根据文化知识的不同而有所差异。文化水平较高的人与文化水平相对较低的人说话，应尽量使用浅显易懂的语言，让对方能够听得明白。而与文化水平相对较高的人谈话，说话时则需要讲究一点语言的修饰，可适当地使用较为正式的谈话方式。

2.说话应根据说话人的身份地位而有所讲究。在一起谈话的人，往往会有着身份地位的差别，此时说话就不应太过随便，根据对方的身份地位可适当地说出自己的见解。要三思后才开口，切忌直言不讳。

3.说话要根据双方关系的不同而有所区别。一般来说，说话人与听话人之间一般有平等、上下、疏密、亲朋等不同关系，所以话语的多少、话语的亲密程度都要有所区别，这样才能使得谈话人之间有着轻松的谈话氛围。

[说话需看对象]

我们每天都在说话，不难发现这样一个问题：说话总是双向的，不论是在公共场合发表演讲，还是和别人随意交谈，除了说话人以外，还有说话的对象（听话人）。所以，说话人就不能想说什么就说什么，说话时要看对象，从对象的不同特点出发，说不同的话，从而创造一种和谐、融洽的气氛，做到见什么人说什么话，更好地达到说话的目的。

不同的说话人有着不同的身份、地位、性格、爱好及文化水平，所以即使是同一说话内容，也需要用不同的语言来表达。不同的听话人也有着各方面的差异，所以说话人应根据听话人各方面的差异而采取不同的语言表达方式。

朱元璋做了皇帝。一天，他以前的一位苦难朋友从乡下赶到京城去找他，其中一个人对他说：

"我主万岁！当年微臣随驾扫荡芦州府，打破罐州城，汤元帅在逃，拿住豆将军，红孩儿当关，多亏菜将军。"

他说的话很好听，朱元璋心里当然很高兴。回想起来，也隐约记得他的话里像是包含了一些从前的事情，所以，立刻就封他为大官。

另外一个穷苦朋友得知了这个消息，他心想："同是那时候一块儿玩的人，他去了既然有官做，我去当然也不会倒霉吧？"他也就去了。

一见朱元璋的面，他就直通通地说：

"我主万岁！还记得吗？以前我们一起替人家看牛。有一天，我们在芦花荡里把偷来的豆子放在瓦罐里煮，还没等豆子煮熟大家就抢着吃，罐子都被打破了，豆子也撒了一地。当时的你只顾着把豆子从地上捡起来往嘴里送，却不小心把红草叶子也一块吃了进去，叶子梗在你的喉咙口，吐不出来又咽不下去，令你苦不堪言，还是我出主意叫你把青菜叶子一起咽下去，如此卡在你喉咙的红草叶子才一起下了肚……"

他说这些话让朱元璋在文武百官面前颜面尽失，于是还不等他说完就叫侍卫

把此人拉出去斩了！

　　由此可见说话看对象是多么的重要。浪迹江湖的朱元璋和登上龙位的朱元璋还是一样的吗？所以即使是同一个受众，当他的身份地位有所改变时都要改变自己的说话方式。说话不看对象，轻则达不到自己想要的目的，严重的还会得罪一些本不该得罪的人，在以后的道路上就会多一些障碍甚至亡命天涯。

　　说话不仅要讲究场合，更应该懂得看说话对象。对于家人和关系比较亲密的亲朋，说话自然不用太过讲究，可以随意地表达，但对于初次见面的人则需有很大的讲究。一个人往往从外貌上就可以看出其性别年龄等外在的特质，但身份、职业、文化程度、个人品质修养等都是从谈吐中表现出来。故此，与人初次见面时不要急于表达自己，而是要耐心地去观察对方，从对方的谈吐中捕捉一些信息，从而使自己能够用最好的方式与之交流。如果对方说话很直，不会拐弯抹角，你也应该做到坦诚、实在；如果对方彬彬有礼，你也应该做到文雅、和气、谦逊；如果对方情绪低落，不爱说也不想听，你就应该少说几句，或者干脆不说。总而言之，说话前，一定要了解对象，看清对方再开口。

兴趣是打开谈话盒子的钥匙，千里马常有，而伯乐不常有，千里难求一知音。知即喜好，只有谈话的彼此双方于话题心有戚戚焉才会谈笑风生，即便是夜已三更，物已入眠，说者依然滔滔不绝，听者仍旧兴味盎然。

投其所好赢得好感

谈话看准对方的喜好，是一种愉快的与人相处的方式，不应该存在虚伪和恭维。

投其所好，是打破谈话僵局、缩短谈话双方距离感的良策，如此才可以把两个人的情感紧紧地连在一起，使谈话在轻松愉悦中度过。

[谈话入心者必惹人喜欢]

每一个人一生中都会有这样一种感觉，它往往表现于与别人沟通时的那种面部表情中，同时又是每一个人都在寻找的一种感觉，这种感觉就是重要感。

在和别人沟通的时候，你是一直在滔滔不绝地表达，还是在认真耐心的倾听他人说话呢？如果你在认真地听对方讲话的同时并问对方一些他感兴趣的话题，说话人则会感觉到你很招人喜欢，因为人们都喜欢谈论自己，都喜欢把自己当成谈话的主角，所以如果你愿意拿出时间来关心他感兴趣的话题，你愿意倾听他所讲出来的他非常感兴趣的话题，那么，你一定会是一个很受欢迎的人。

每一个人都希望自己能够受到别人的欢迎与喜爱，那么在表演或者是与人沟通时，怎样去说话才能够引起别人的注意，得到大众的欢迎呢？

受人欢迎离不开沟通，想要与人沟通就必须谈话入心，想要谈话入心就先要去了解别人的兴趣所在，并且同别人去沟通他最感兴趣的话题。两个人之间或多或少都会有共同之处，比如说想到什么样的城市去旅游，他说自己喜欢到什么样的城市，你可以跟他讨论那个城市，因为那是他最感兴趣的话题。当你跟他沟通这样的话题时，他会感觉到你对他的关切，理所当然就会喜欢你了。

智者说："谈对方感兴趣的事，对方一定会很乐意的。"古人说："话不投机半句多。"由此可见，只要抓住了对方的兴趣点，不仅不会"半句多"，而且会千句也嫌少，越谈越投机，越谈越入心。

谈话入人心者必惹人喜欢。爱因斯坦提出了一个适用于诸多领域的成功公式——"勤奋+方法=成功"，而在交际场上的成功公式则是——"态度+方法=成功"。交际，不仅需要友善、真诚的态度，而且需要正确、有效的方法。如果能够熟练掌握并切实运用交际的种种方法，在交际的过程中一定会获得很大的成功！

[兴趣是吸引人注意的魔术师]

说话好比变魔术，想要引人注意，就必须善于表达自己的情感与想法；注意在不同场合讲话的分寸；不讲不该说的话；在讲话中注意幽默感则能增加人际吸引，克服尴尬场面；在谈话中，注意谈及对方感兴趣的事情是最能达到良好沟通效果的，如果使之高兴，那么，你也不难与之接近了。

在欧洲举办世界童军大会时，爱德华·查利弗先生想赞助一名童军参赛。为了筹措这笔经费便前往拜会当时在美国数一数二的一家大公司的董事长，希望他能够解囊相助。

在爱德华·查利弗拜会之前，爱德华就已听说过这位董事长曾经开过一张面额为100万美金的支票，但后来由于种种原因那张支票就作废了，但为了做个纪念他就把支票装裱起来挂在墙上。

所以当爱德华·查利弗一踏进他的办公室，便立即针对此事，要求参观一下他的这张装裱起来的支票。爱德华·查利弗告诉他自己从未见过任何人开具过如此巨额的支票，很想见识见识，好回去说给小童军听。

那位董事长毫不犹豫地答应了，并将当时开那张支票的情形，详细地解说给查利弗听。

查利弗先生一开始并没提起童军的事，更没提到筹措资金的事，但他知道他提到的一定是董事长很有兴趣的事。结果呢？

在董事长说完他那张支票的故事，还未等爱德华提及此行的目的，就主动问他今天是为了什么事而来？这时爱德华才一五一十地说明来意。出乎爱德华的意料，董事长不但答应了他的要求，而且还答应赞助5个童军去参加该童军大会，并且要亲自带队参加，负责他们的全部开销，此外还亲笔写了一封推荐函，要求他在欧洲分公司的主管，提供他们所需的一切服务。爱德华·查利弗先生满载而归。

查利弗先生若非事前知道他的兴趣所在，一见面就谈得投机，引他打开话匣子，事情恐怕就没那么顺利了。

人与人之间会因为沟通变得仇恨，也会因为沟通变得和谐。这源于每个人各不相同的性格所产生的不同兴趣所在。在生活中我们常见到这样一种人，他们专门揣测他人的意图，迎奉他人的喜好，从而使自己做出讨人喜欢之举。当然这种人不值得效仿，但有一点对世人有所启发：他们为何要迎奉他人？无非是想要有人喜欢他们而已。所以，在人际交往中，能够满足他人的兴趣是我们不可忽视的一点。在与人交往谈话中，不能只顾着自己的喜乐或爱好，要时时考虑对方的兴趣和感受，因为当你的幸福与他们产生冲突时，很容易成为你们继续交流的障碍。

倘若你还没有被人喜欢，倘若你还没有使人对你产生兴趣。那么你就必须注意自己的谈话技巧了，要懂得谈论别人感兴趣的话题。俗话都说一个人对你的方式都是你教给他的，所以你要别人怎么待你，就得先怎么样待别人。如果你想赢得人心，首先要让他人相信你是最真诚的朋友。如果你想说服他人，应该首先从称赞与欣赏他人开始。

谈话要从喜爱他人的话题开始，这样，你就会得到别人的感激，因为我们总是喜欢那些对我们有兴趣的人。当然，你所表达的这份兴趣，并不是为了可怕的好奇心或者是为了得到某些你想要得到的事，而是顺其自然的，是为了更好地提供帮助或服务。只有这样，别人才会感激，会觉得荣幸，才会让你在不知不觉中达到自己的目的。

在社会交际中，语言是必备的也是最重要的工具之一。要想交际成功，在表情达意的时候要特别注意讲究礼貌。"言为心声"，语言是否文雅，反映了说话人的思想素质。思想素质高，尊重别人，说话就有礼貌，说话就文雅；相反，思想素质差，不尊重别人，说话自然就缺乏礼貌。

言之有礼

动听的话能够让人在寒冷冬季感知到春天般的温暖，反之，一句恶语则会如寒冬腊月的风雪，为自己和别人带来痛苦与仇恨。在我们日常生活中，正式和非正式的交谈中都有着许多的礼貌忌语。礼貌忌语指的就是在交谈中不礼貌的语言、谈话人所忌讳的言语以及容易引起他人误解或不快的语言。在这个日益文明的社会，谈吐之间，言语要雅，这不仅是社交的基本礼仪，还是对谈话人的一种尊重，更是个人修养的体现。

[讲礼貌用语，不讲忌讳之言]

讲话要雅指的是要用礼貌用语，不讲忌讳之言。如粗话脏话，必须清除。他人忌讳的语言是指他人不愿听的语言，交谈中要注意避免使用。容易引起误解和不快的语言也要注意回避。如谈到某人死了，可用"病故"、"走了"等委婉的语言来表达。参加婚礼时，应祝新婚夫妇白头偕老。在议论他人长相时，可把"肥胖"改说成"丰满"或"福相"，"瘦"则用"苗条"代之。在探望病人时，应说些宽慰的话，如"你的气色好多了"，等等。

都说入乡随俗，说话也要根据不同地方的风俗而有所讲究。在我们日常生活中，人们都比较忌讳说晦气的话语，因为那象征着不吉利。生活在港、澳、台的同胞们都喜欢讨口彩，忌讳不吉利的话语。香港人大都讲广东话，而广东话中"8"与"发"谐音，"4"与"死"同音，所以香港人都喜"8"厌"4"，在遇到非说"4"不可时，就用"两双"来代替。

夏衍是我国著名的文学家、剧作家、文艺评论家、翻译家、社会活动家，在其临终前还不忘以"请医生"而代替别人话语中的"叫医生"，时时处处都显示着对他人的尊重，深深地折射出这位当代文学巨匠的高尚品行。相反的，还有另一位作家，他戏称一位靠养狗致富的老同学是"狗养的"，虽是玩世不恭的戏称，却已在无形中侮辱了他人，更是贬低了自己，这不仅是对人不尊重的表现，更是个人文化素养低劣的体现。

[言于口而显于心]

语言诠释了一个人的道德修养、文化素质，它是表达意愿、思想感情的媒介和符号，是重要的社会交际工具。在与他人交往中，如若能做到言之有"礼"，谈吐文雅，就能够给人留下良好的印象，同样也将会有益于社交活动的拓展；相反，如果满嘴脏话，甚至恶语伤人，必会招致众人的反感，大大阻碍社交活动的步伐，最终沉寂于黑暗的角落里郁郁寡欢。

说话应言于口而显于心，所以说话时要多用谦逊、文雅的话语。如称呼对方为"您"、"先生"、"小姐"等；用"贵姓"代替"你姓什么"。如你在一位陌生人家里做客需要用厕所时，则应说："我可以使用这里的洗手间吗？"多用敬语、谦语和雅语，能够将你的高雅与文化素养自然地流露出来，从而赢得别人的尊重与赞赏。

孔子云："非礼勿言"它不仅体现了中国五千年的道德标准，还具有一定的现实意义。"礼"为每个人定位，现在，我们不把这个定位认为是先天决定的而固定不变，而是看做由于社会的分工与不同的人生道路选择，人们根据自己所在的不同位置，而扮演着不同的社会角色。千年历史沉淀后的今天，自然有着新的定位，那就是与人交谈时说话不要有损他人，这在一定程度上等于维护了自己的身份。

只有会说话才能获得别人的赞美，历史上因为说话而成就了人生的比比皆是。自由法国的首脑——戴高乐在访问法属非洲杜阿拉时，成千上万的人涌出来夹道欢呼："戴高乐！戴高乐！"在戴高乐穿过人群时，他就已经意识到了，"戴高乐"这个称谓已经不只属于他自己，而是属于整个民族，他已经成为一个活着的传奇人物，一个使他本人相形见绌的，却又比实际生活中一般人更伟大的形象。

后来戴高乐颇有感触地说道："从那一天起，我懂得我必须认真对待这个人，这个戴高乐将军。我几乎成了他的俘虏。在我发表演说或做出重大决定以前，我总得问问自己，'戴高乐会赞成吗？人们会希望戴高乐这么做吗？'……有很多事情我想做而不能做，因为对戴高乐将军来说，做这些事是不合适的。"这就是现代人们所谓的"克己复礼"。

和谐气氛的营造，和谐社会的构建，都需要人们从点滴的小事做起。一句礼貌用语，一举手，一投足，都有助于大大提升我们的文明。外国人来中国，第一件事就是学会说中国话"你好"，而身为中国人的我们又怎么会把它丢弃？文明的西方人，也是常把"Good morning"（早安）、"Good night"（晚安）之类的词语挂在嘴边的，而我们却总是因为事小而不为。

人为主，舌为仆。舌头按照命令行事，说人们想要说的话。然而，不幸的是，当今的社会，因为某些利益或是为达到某种目的，使得舌头成为主宰，而人类变为舌头的奴隶，人类似乎无法命令它的摆动，从而酿成大灾难。

为了防止恶语从口说出，有些人决定保持沉默，但是身处这个复杂的社会，沟通才能帮助人们成长，所以每一个人都不可能沉默一辈子。说话讲究艺术，它在于轻声细语有礼貌、不莽撞、不无礼。在适当的时机懂得说适当的话，从而避免即将发生的争执与批评。

聪明说话的源泉在于讲究礼貌，只有礼貌待人才能得体，才能改善人际关系。

知人心者方可语出惊人，使人欢喜。知人心即知对方的意图与心思。人类善于将自己的喜好藏于心，但只要能够仔细观察，善于分析，我们总可以洞察对方的意图和心思。或是一句话，或是一次交谈都会帮助人与人建立友好关系，从而成为无话不谈的真心知己。

知其心，让说话更有效率

[知彼方可行事稳操胜券]

想要在语言上达成某种共识，然后通过说话完成某项任务，就必须在双方初次见面，或者碰到很熟悉的朋友时，从其见面谈话的内容中，完全明白对方的兴趣与关心的对象。事实上，人类的心理问题，并没有单纯到可以迅速地让人完全明了。在谈话中，谈话人聚精会神地将自己置身于当时的话题中，这在谈话中是很自然的现象。然而，其中也有人对于眼前的问题漠不关心，只在话题里胡扯一阵，在这种情况下，我们根本就不需要去洞察对方的心理了。因为这种人不会将自己的兴趣或关注点，直接透露于话题里面。反之，他们完全改变姿态而去注意另外的话题，这种人通常都怀有极重的自卑感和欲求不满。所以，他们常将这些情绪从某一话题里呈现出来。

不懂得对方的心思或意图，只会像一只无头的苍蝇一样，进退都没有路可选择，所以只有学会善于洞察对方的心思与意图，办事情才能够快速地取得成功。

在人际交往中，一些聪明人很善于通过察言观色来揣摩别人的心意。和珅就是这样一个人，和珅的揣摩能力就表现在他高超的思维并轨功夫，有时他能够完全钻到乾隆的大脑里去，准确猜出乾隆的想法。

在清人笔记中记载着和珅猜中皇帝命题的故事：按照当朝惯例，顺天（指北京）乡试《四书》考题，例由皇上钦命，由内阁先期呈进《四书》一部，命题完毕，书归内阁。一次皇帝命题后，内监捧着《四书》送还内阁。恰巧此时和珅当值，便问起有关皇上命题的情况，而内监畏于龙威不敢多言，却又不敢不回答和珅的问话，于是只好说皇上手批《论语》第一本，在将尽批完时，才露出欣然的微笑，然后握笔直书。和珅沉思片刻，遂猜想皇上批字为"乙醯"一章。因为乙醯两字包含"乙酉"二字，而那年乡试就是在乾隆乙酉年举行。和珅以此通知他的弟子们，结果正如和珅所料，乡试的考题果然是"乙醯"一章。从这个故事中，我们足以看出和珅"以帝心为心"而洞察出对方的心思与意图的功夫非同一般！

[善于辨风测向]

交际中倘若能够察言观色，随机应变，善于辨风测向，办起事来才能水到渠成，胜利在握。

古时，有一举人经过三科，又参加候选，得了一个山东某县县令的职位。第一次去拜见上面的大人物，谈话间一时想不出该说什么话。沉默了一会儿，忽然问道："大人尊姓？"这位领导人物很吃惊，勉强说了姓某。县令低头想了很久，说："大人的姓，百家姓中所没有。"这时对方更加惊异，说："我是旗人，贵县不知道吗？"县令又站起来，说："大人在哪一旗？"对方回答道："正红旗。"县令说："正黄旗最好，大人怎么不在正黄旗呢？"此时这位大人物勃然大怒，问："贵县是哪一省的人？"县令说："广西。"对方回答："广东最好，你为什么不在广东？"县令吃了一惊，这才发现对方满脸怒气，急忙告辞出去。第二天，他的县令职位便丢了。究其原因，便是他不懂得察言观色。

由此可见，察言观色，见风使舵也不失为一种说话的艺术。可故事中的举人并没有注意这些说话的智慧，所以，他也与县令这个职位失之交臂了。

另外，在访问中，人们可能经常会遇见一些意想不到的情况，访问者应全神贯注地与主人交谈，与此同时，也应对那些意料之外的信息敏锐地感知，恰当地处理。

谈话中，主人虽然一边与你保持交谈，而眼睛却不时地看向别处，与此同时还有人在小声地讲话，此种境况就表明你的来访打断了主人重要的安排，故才使得主人不能全心全意地投入到与你的交谈中，因为他的心里始终惦记着那件对他很重要的事，虽然在接待你，却是心不在焉。此时此刻你最明智的方法是停止交谈，丢下一个最重要的请求告辞："您一定很忙，我就不打扰了，过两天我再来听回音吧！"你走了，主人心里对你既有感激，也有"因为自己的事，没好好接待你"的内疚感，这样，他会更努力地完成你的托付，以此来弥补对你的招待不周。

还有另外的一种情况是，主人与你交谈中，门铃或电话突然响起，此时你应该主动停止谈话，并请主人接待来人或接听电话。此种情况你不能听而不闻滔滔不绝地说下去，从而使主人感到左右为难。当你再次访问希望听到所托之事已经办妥的好消息时，却发现主人受托之后，费尽心思却不能如愿以偿或者事情办理的进展速度很慢，此时你的心里肯定会发急，但此时绝不可流露出抱怨或遗憾的神情，而是真诚地道谢，充分肯定主人为你付出的辛劳和努力，然后再以平缓的语言告之主人自己目前的处境，以求得主人对自己的理解和同情。此时的对方会很深刻地意识到纵使自己已费了不少心思但依然不能为你把事情真正解决，便会产生一种好人做到底的心理，从而更加进一步地卖力为你所托付的事而奔走。

在你与他人交谈时，对对方的言语、表情、手势、动作以及看似不经意的行为有较为敏锐细致的观察，是掌握对方意图的先决条件，善于测得风向才会使舵。

提起李嘉诚，可能大家都不会感到陌生，下面这个故事就是关于他的事例。

少年时期在茶楼打工时，李嘉诚就非常善于揣摩陌生人的心理，这使得他在以后的推销工作中受益无穷。

一次，李嘉诚推销镀锌铁桶。他跑到中下层居民区专找老太太卖桶，因为李嘉诚深知，老太太们一般都喜欢串门聊天，倘若她觉得铁桶好，自然而然会向别人宣传。也就是说，只要李嘉诚卖动一只，就等于卖出一批。结果不出所料，他的推销，大获成功。可见了解了他人心思，再办事是多么的容易。

从上述事例中我们能够看出，在办事过程中，善于观察对方的心理，了解对方的意图和心思，才能够达到更高的效率，也就是说能辨风向才会使好舵。成功来自于准确的判断力。只有对任何事情充分了解，详细研究，掌握准确资料，才能够自然而然地做出适当的判断，然后获得成功。

沟通是一门艺术，懂得恰当提问，才能够主导沟通方向，从而使提问者更好地掌握沟通的主动权，能够帮助提问者了解更多的情况，然后与对方和谐讲话，运用技巧帮助提问者解决问题。

巧妙发问，让沟通更顺利

[巧妙先发问，打开话匣子]

谈话好比投球、接球的动作，每一次投球都需要一个契合点才能够百分之百投中，谈话也一样，一个恰当的提问往往可以打开话匣子。如果一个人想要到一个陌生的地方发展，就必须懂得拓展人脉资源，而讲话往往是建立与人沟通，拓展人脉资源的最好切入点。

在一个谈论自己成功之道的宴会上，众多成功的企业家因为各种事务的繁忙而无暇出席。王涛的老板由于有重要事情要办而无法出席，便让公司职位最高的王涛代表自己来参加这次宴会。

王涛本打算露露脸应付一下就行了。没想到的是，全场只有6桌的晚宴，王涛偏又被拉到了主桌，坐在他旁边的是一位身价不菲的富翁。

身为代表出席晚宴的王涛感觉很是难熬。可是，他只说了一句话，便使得那位富翁滔滔不绝说了起来，从而缓解了王涛的尴尬处境。王涛的那句话就是巧妙的发问。王涛只是问："早就听说您公司的大名了，请问您的生意是怎样成功的？"一句巧妙的发问便让那位富翁眉飞色舞地讲起他白手起家的奋斗过程，不仅使王涛摆脱了尴尬的处境，还学习到了一些宝贵的创业经验。

提问可以让人在不同的环境中找到相同并且使人感兴趣的话题，从而建立两人之间的亲密关系。上述例子告诉我们，想要在不适应的场合得到对方的欢心，就必须懂得恰当提问，而且在提问前加上"请教"两个字更能显示出你的真诚。

沉默是因为两个人都无法运用语言达成共识，那么就多提些问题吧，或许这样才能够帮助你们找到感觉，从而打开话匣子。假如对方只是一味抽烟，你发现他熄火柴有某种习惯，就立刻问他："你熄火柴的动作很有趣，轻轻一弹就熄了，有什么小窍门吗？"看到对方的咖啡里加两勺半的砂糖，也可发问："对不起，为什么你非要放两勺半砂糖不可……"通常面对这类问话，人们都有会热心的回答，说不定还会唤起对方滔滔不绝的回忆呢？而对较内向、较羞怯的人，不妨巧妙地先发问，帮助他把话题开展并延续下去。

[恰当提问，让沟通更顺利]

有效沟通是一种很重要的技能，对于沟通，我们首先要明白的就是，它并不是自唱自演的独角戏，而是一场双向交流会。若想要获得与人沟通的机会，就要获得他人的好感，拉近与他人的距离，要做到这一点，就需要针对对方的情况，进行恰当的提问。只有这样，才能够帮助对方打开话匣子，使沟通更加顺利。

提问的技巧如下：找到能够回答、乐于提供答案的人，先与他交朋友，再进行提问；提问时，要创造一个他人乐于回答问题的良好氛围；在闲聊中引出问题要顺势，而不是一开口就进行盘问；提问时，若他人不愿意回答，就应该想一想自己提问的方式是否妥当，千万不要一味地追问，而应换一个方式套问；能够得到他人的回答是很珍贵的，因此要感谢提供答案的人。

另外，需要注意的是，在提问时，要针对问题本身和对方的特点，巧妙地运用不同类型的问题。

开放型问题。开放型问题指的是让对方充分发表自己的看法，阐述自己的意见或是陈述某些事实现状的问题，它能够使提问者得到广泛的信息。开放型问题适用于向对方了解详细、具体、全面的信息，通常是在问题涉及多方面或有多种解决方案等比较复杂的情况下使用。

封闭型问题。封闭性问题是指在特定的领域内得出特定答案的问题，它可以使提问者获取特定的信息。一般来讲，封闭型问题常用于查问或确认某些事实，以及对话内容不太复杂，只需要简单回答的情况。

假设型问题。假设型问题是指为对方假设某种相应的情境并提出问题，让对方自由发表自己的观点，它对鼓励对方评价、分析或表达其感受有着很大的帮助。假设型问题就是让对方想象在你假设的情况下会怎样做，从一定程度上来说，这可以帮助并引导对方思考更进一步的问题，或是按照你的期望做出决定。

诱导型问题。诱导型问题是指对答案具有强烈暗示性的问题，它可使对方毫无选择地按照提问者所设计的答案作答。采用诱导型问题是为让对方对你所提出的问题持肯定、支持的态度，对问题做出你期望的回答。

在沟通过程中，巧妙地提问能够帮助你不断获得所需的知识和信息，能够使一个没有兴趣的听众变成一个积极的参与者，能够使自己更快地得出结论。

交谈，是人际交往中不可或缺的。它是人们传递信息和情感、增进彼此了解和友谊的重要手段，但在与他人交谈时，也是有很多注意事项的。通常而言，讲出的话转瞬即逝，不会再像磁带一样倒放，交谈双方都是相互影响的，我们总要根据别人讲的话来决定自己接下来要说些什么，同样，我们的话也决定了别人后面要说的话。所以说，交谈时需静下心来，认真倾听，直到彻底听懂后再开口。

听懂信息再开口也不迟

只有听懂了别人的话，我们才会知道自己该怎么说、怎么做。只有注意听，我们才能够准确判断出对方的话是否已经讲完，才不至于冒昧打断别人的话。

[说话之前，要先听懂别人]

专心听别人讲话，听懂别人的话后再开口，是我们给予别人最大的赞美，这是极其重要的。

林克莱特是美国一个非常著名的电视节目主持人。在一次现场随机访问中，他问一位小朋友："你的梦想是什么，也就是说，你长大后想干什么？"那位被问到的小朋友想了很久，非常天真地说道："我长大了想要当一名飞机驾驶员。"

林克莱特接着问道："假如有一天，你所驾驶的那架飞机飞到了太平洋的上空，你却又发现你飞机油箱里的燃料已经不多了，你会怎么办？"小朋友想了一会儿，回答说："那我会先让飞机上的人系好安全带，然后我挂上降落伞先跳下去。"

小朋友的话音刚一落，全场的观众便都笑得前仰后合。林克莱特继续关注着那位小朋友，想看一看他究竟是不是在自作聪明。没想到的是，小朋友的眼泪瞬间却夺眶而出，就在那一刻，林克莱特深深发觉到了小朋友内心的悲悯之情。于是，他又问小朋友："那你究竟为什么要这么做呢？"小朋友立即回答道："我要马上去找燃料，找到后我还要回来！我还要回来！"

这个回答完全透露出了小朋友最真挚的一面。看了这则小故事，你是否问过自己，当你与别人交谈时，是否真的听懂了对方的意思？如果不懂，就不妨听对方把话说完，这也是听话的一门艺术。一个人在说话前一定要先听懂别人的话，倘若不明白别人的意思，就随便接话，只能说明你是一个蠢人。听话既不能只听一半，也不能将自己的意思强加在别人头上，要等别人将意思表达完整，听懂话后再发表言论。

［剖析话语，乘虚而入］

在现实生活中，一个聪明的人总是善于剖析话语，之后乘虚而入，紧紧抓住对方的"漏洞"不放，以不容置疑的论证将对方击败。

在美国历史上，林肯是一位极有声誉的总统。在担任总统以前，他曾当过一段时间的律师。

一次，得知自己亡友的儿子小阿姆斯特朗被控谋财害命，并经初步判断有罪的时候，林肯便以被告律师的资格向法院申请查阅全部案卷。在不断查阅案卷的过程中，他发现原告一方的证人福尔逊所提供的证据是：某一天晚上11点钟，证人在月光下清楚地目击了小阿姆斯特朗用枪击毙了死者……在一番认真的查阅之后，林肯极力要求重新复审。

于是，复审便开始了。

依照当时美国法庭的惯例，被告律师的林肯与原告证人的福尔逊，必须进行一场面对面的对质。

林肯："你说你曾认清小阿姆斯特朗？"

福尔逊："是的。"

林肯："你在草堆的后面，而小阿姆斯特朗在大树之下，两者相距二三十米，请问，你能认得清吗？"

福尔逊："看得很清楚，因为月光皎洁明亮。"

林肯："你肯定自己不是从别的方面认清的吗？"

福尔逊："嗯，我能肯定自己认清了他的脸蛋，因为月光正照在他的脸上。"

林肯："你能肯定时间是在11点吗？"

福尔逊："能够肯定。因为我回到屋里看了一下时钟，那时是11点1刻。"

当林肯听到对方如此肯定的对话时，便转过身对在场的观众说道："现在情况已经甚为清楚，这个证人是一个彻头彻尾的骗子。因为只有在月光的照射下，才能看清被告的脸庞，而案发那天晚上，正值上弦月，到晚上11点的时候，月亮早已下山，所以并不可能有月光照射到被告的脸上。既然如此，福尔逊所说的'看得很清楚，因为月光皎洁明亮。'显然是其捏造的虚假证词，倘若以此而定被告的罪，于情于理，则是不能成立的。"

听到林肯极有说服力的话语，在场的观众均迸发出一阵阵热烈的掌声。与此同时，福尔逊就像泄了气的皮球，一股脑儿地瘫在证人席上。

从这个故事中，我们能够得知，林肯之所以能够运筹帷幄，就在于他能够在听懂别人的话语后，乘虚而入，有力地揭穿对方的谎言。因此，从某种程度而言，只有在听懂别人的话语后适时加以反驳，才能在整个推论的过程中具有无可辩解的逻辑力量。

在交际中，我们应设身处地地倾听对方，让对方把话说完。通过对方的话语，明白对方的感受和内心世界，用心去体味，真正去感受对方，然后再在适当的时候发表自己的言论，这样你就会成为交际圈中的能说将军。

我们每天都在说话。你在说话时，必须顾及听话的人。古人说得好，"到什么山唱什么歌"，这句话的意思就是说，见到什么人就要说什么话，说话要看人。只有懂得他说话的意图，才能了解对方日常生活的行为方式和思维习惯，发现对方的兴奋点，然后对症下药，最终制服并控制对方。

做一个看人说话的智者

求人办事想要成功，就必须懂得看人说话，讲究方法，只有说话让对方喜欢、接受，才能使达到说话的目的。因为每个人几乎都有这样的习惯：喜欢听别人提及自己的事，谈论他本人所关心的事。所以求人成事者有必要多花心思研究对方，对他的喜好、品味有所了解，这样才能顺水推舟。善于观察他人，清楚事情的起因，也就很容易知道事物的结果。知道事物的结果，就很容易知道对方做这种事情的动机所在。

[看人说话，才能马到成功]

做到说话看对象不是一件容易的事，这就需要我们时时处处做有心人。在听别人说话时，细细品味他人说话的艺术；在看书时要注意欣赏书中人物的语言。这里需要补充的是，还要涉猎一些谈"说话艺术"方面的"专业书籍"，不断地积累经验和知识，学会看人说话。

说话不分关系深浅，想要别人喜欢听你说话，就不能马虎了事。首先对人要做到谦和有礼，安静从容，不要过于高傲也不要紧张或自卑。不管对方的身份是什么，与你的利害关系如何，要冷静，要微笑，在知道对方一些爱好或资料后，不妨多说些对方会感兴趣的话题。另外要学会看人脸色，不要给人增加明显的负担，更不要只顾自己高兴，让对方为难，这样他对你的印象就会大打折扣。所以，要时刻保持对人对事的公平，与人说话时要保持微笑，不要过分张扬你的喜好与好恶。

　　我们都知道有一条成语叫"对牛弹琴"，它讽刺的就是"说话不看对象"的人。琴弹得再好，对牛也没有任何意义。说话也一样，不看人说话也没有任何作用，有时还会招来不必要的麻烦，甚至杀身之祸。如：我们对一个目不识丁的老太太大讲WTO，讲普希金、雪莱，她懂吗？岂不是白费口舌？又如我们称一位未出嫁的姑娘叫大嫂，你想后果会怎样？直言朱元璋皇帝过去放牛煮豆故事的穷苦朋友被杀，岂不是祸从口出？"人上一百，形形色色"，我们说话一定要顾及听话的人——形形色色的人，要了解听话者的身份、年龄、职业、爱好、文化修养等诸多方面的情况，只有这样，我们所说的话才有意义，才能达到预期的目的。

运用灵活的
语言应变能力，
打破谈判僵局

——————●——————

④

　　成功的商务谈判都是谈判双方出色运用语言艺术的成果。在商务谈判当中，谈判者可以通过姿态、手势、眼神、表情等非发音器官来表达信息，这些无声语言常常在谈判过程中发挥着重要的作用。谈判形势的变化是很难预测的，常常会遇到一些意想不到的令人尴尬的事情，这就要求谈判者具有灵活的语言应变能力，打破僵局，巧妙地控制谈判局面。

在现实生活中，有很多商品都存在着价格虚高的问题，因此消费者在购买时就一定要学会讨价还价。在商场上同商家讨价还价时，如果想为自己争得利益，就必须巧妙运用语言，这也是最行之有效的方法。

运用口才技巧不吃价格亏

从生存需要的角度出发，讨价还价可谓是商场中永远也不会改变的合奏曲。作为商家，只要你能够抓住每一个顾客的购物心理，然后再运用口才学的技巧，我们相信，没有心思顽固到不会改变的顾客、只有顽固地咬紧价格不变的商人。同样的，作为消费者，只要善于运用口才技巧，同样不会多花冤枉钱！

[讨价还价时，抓住对方心理]

讨价还价在商场上是司空见惯的事，只要能够巧妙地利用语言，就能够抓住对方心理，从而达到目的。

举个例子：如果你提供的是优质服务和质优价廉的商品，不想用降价来取胜，面对着顾客强烈压价的要求，拒绝的语气一定要够坚定，同时还要平心静气地和顾客讲明白商品不能降价的原因。

人们在购买商品的时候通常会先问："这件商品能打多少折扣呢？"销售员就可以这样回答："非常抱歉，由于我们的产品在质量上是从不打折扣的，因此在价格上面也很难打折扣。"

顾客接着问："××公司答应若是我们买它们的产品，就给我们九折，你们怎么这么死板呢？"

销售员："根据我们了解，给折扣的公司早已把那10%的利润打入到了售价之中。本公司绝对不用这种'羊毛出在羊身上'的办法讨好客户。事实上，那只是一种变相欺骗客户的行为。这件商品已经是最合理的最低售价，您肯定也会选择有信用而诚实的公司吧？"

在上面这个例子当中，销售员抓住了公司的声誉而做起了文章，这样使消费者感觉到这家公司确实是能够让人信任的，它们宁可冒减少销售量的危险，也从来不会欺骗消费者。那么这样一来，消费者就很容易上钩了。

有位商人曾经给人讲过这样一件事情："当你中意一块饼时，但是饼的主人却执意不给你，拼命地保护着饼，那么你就绝对不要伸出手去要。你可以先装出无所谓的样子，然后再趁对方不注意的时候，偷偷地咬下小得不会让对方察觉到的那么一小口，那饼的主人至少就不会感觉到心痛。到了第二天，再过来咬一口，再一口，最后，直到整个饼都被你吃光了，对方也许还没回过神来呢。"

讨价还价的时候也是这样，一点一点逼近对方的"底价"，最后一举拿下。而且永远不能让对手觉得，你从他手里夺走了某些利益，无论是多么细微的利益。

[讨价还价时，让对方投下时间和精力]

小李是个买东西从来都不喜欢讨价还价的人，有一次他想要买一台电视机，就直接对售货员道："我要买这台电视机，850元，卖不卖？"

售货员说："不卖。"当小李转身离去之时，售货员会追到门外吗？当然不会，因为他并不了解小李的终极目的是什么，同时售货员可能更不喜欢别人对他这样无礼的态度。

后来，有个人告诉小李这样一个道理：如果想要有所收获，就需要投入更多的时间与精力。通常星期一下午两点是家电用品顾客较少的一个时间，得知这个情况后，小李在星期一下午两点时来到家电卖场，他要求售货员介绍所有的电视机产品，解释它们的性能，售货员差不多花了两个小时的时间，但最后小李并没有买下电视机，而是告诉售货员要等到明天和太太一块过来看看再做决定。事实上到了这一步，售货员已经花费了三个小时在争取这笔生意。

到了星期一下午的同一时间，小李又找到了那个售货员，售货员把星期一的过程重新为小李的太太做了一次讲解。但最后小李说："在做决定之前，我还需要带一位专家来替我决定，我岳父对每种电视机的性能都了如指掌。我们明天见！"

到这一天为止，售货员已经花费了六个小时来做小李的这笔生意了。

到了第二天，售货员不得不又为小李的岳父介绍了一番，售货员已花了九个小时来和小李做这笔生意了。

介绍完毕，小李一个人走到售货员面前说道："我是真的想买这台电视机。我除了一支笔、八分钱外，也就只能够付出850元，我想要这个型号，是不是可以商量商量。"

售货员并没有立刻回答小李的话，小李立刻转身从店里面出去。售货员在后面追小李。因为他对于小李的这笔生意已经下了很多投资，他也就当然希望得到报酬。

售货员说："行啦！行啦！看你有诚意，就卖给你算了。"

为什么售货员最后一次能够接受小李"卖不卖"的方式（虽然并没有用到这个字眼），其原因就是小李让售货员在这件事情上花费了大量的时间，售货员的心理一定是这样的："这家伙花费了我九个小时，简直比鬼还精灵，就卖给他吧！否则他到最后还不知道会有什么诡计。"

小李让售货员在毫无觉察当中吞食了他的时间与精力，到最后，终于迂回取得了胜利。

由上文可知，为了满足生存的需要，我们根本不可能因为现在许多商品价格"虚头"太大而不去购买，要生存就一定会消费。若不想被商家"痛宰"，就一定要学会讨价还价。那么，又该怎样和卖主讨价还价呢？

首先就是需要树立一种自我保护的意识：在买东西时，同卖主讨价还价并不丢面子。现在有些人，觉得还价会被那些商人瞧不起。但若不愿还价，商家要多少你就给多少，看起来好像很阔气的样子。殊不知，这正中了经营者下怀，既多赚了钱，又省了力气。可能你只是一时充了面子，但实际上商家在心里已把你看成"冤大头"了。

所以，在面对商品的不合理价格时，一定要毫不客气地砍价，除非遇到实在不能讲价的地方，再照价掏钱。事实上，砍价能为你节省一笔不必要的开支，是合理合法的事情。如果你掏80元钱和同事掏40元钱买到的东西是一样的质量，你该多冤。所以高价格未必高质量，小心挨宰哦！

总而言之，看中某件商品后一定要学会杀价，只要擅用语言技巧，你就再也不会吃这价格的"亏"了！

对于经商的人来说，尤其是基层的商品销售人员来说，在销售各类商品时必须说动买方，只有成功说服消费者购买自己的商品，才有可能取得更大的业绩。因此，对于一名销售员来说，必须拥有丰富的口才技巧。

嘴上功夫到位，销售达成更易

[把话说得恰到好处，生意自然成]

食品推销员林丰本想以套话"我们又生产出一些新产品"来开始他的销售，但他很快意识到这样的说法是错误的。所以，他立即改口说："路克先生，如果有一笔生意能为你带来2万元，你会有兴趣吗？""我当然有兴趣了，你说吧！""今年秋天，香料与食品罐头的价格最起码能够上涨20%。我已经算好了，今年你能出售多少香料和食品罐头，我告诉你……"接着林丰便把自己算好的数据写了下来。长久以来，林丰对顾客的生意情况可谓是了如指掌，这一回同样的，他又为此而让食品店老板路克先生定了一笔很大的货，而且全部都是香料与食品罐头。

在平常的生活当中，人们可能体会不到能说会道也是优点；但在营销活动中，就要求一个人必须做到能言善辩，这样他的才干才能得以施展，他也会利用适当的"花言巧语"促进营销的开展。

菲菲正想着购买一套音响设备，但是同类商品的种类实在太多，再加上个人经济方面的限制，她一时犹豫不决，很难做出决断。就在她徘徊不定时，一位年轻的营业员看穿了她的心思，于是他便上前问道："你很想买我们商店的这套音响是吧？但不可否认的是它的价格看起来很昂贵，你需要慎重考虑再做出决定。

我想你不妨再到其他商店比较比较，也许这对你来说是很有利的。"这些话正说到顾客心里："货比三家不吃亏"，于是菲菲也真的就去其他几家商店观察与比较。经过对比，菲菲发现第一家商店中的音响设备，虽然价格稍贵，但在质量上，如外观、音质、音色等，都好于其他的。于是，菲菲又回到这位年轻营业员的商店，毫不犹豫地买下了那套音响。

在现实生活中，对于从事营销工作的人来说，语言是同客户互相沟通的媒介，一切营销活动首先是通过语言建立起了最初的联系，从而使得营销活动不断进展，最终而达到营销的目的。所以，是否拥有良好的语言交流能力，直接关系到营销活动的成败。因为当你把话说得恰到好处时，就会拉近自己与客户的距离，那么生意也就很容易做成。

有一个化妆品公司新推出一种产品，让两个推销员到市场上去推广。A推销员一天卖了2盒，B推销员卖了近50盒。毫无疑问，B干得不错，而A肯定失败了。那么，A究竟失败在何处？原来A失败在嘴上。

为什么说他失败在嘴上呢？请听一听他的推销词："喂，大姐，你买我的化妆品吗？我们公司新推出的化妆品可好了，您买吧？"人家不是瞪他一眼，就是甩下一句："又是一个骗钱的，走开走开！"试想，在人们对新产品百般挑剔的今天，光靠你这么几句机械的推销词，能让女士们心动吗？

而B的推销词大抵是："大姐，对不起，打扰您了。如果您不忙的话，我想向您介绍一下我们公司最新推出的化妆产品。别小看了这样一盒化妆品，它的实际美容效果丝毫不比在电视上做广告的那些产品差。我们不做广告，为的就是不让消费者替我们花冤枉的广告费。我们不但在价格上比那些产品低一半，更重要的是我们的新产品全部使用天然营养素，绿色环保，可以起到护肤、润肤的效果，而且绝无副作用。我们的产品还有一项承诺，三年内您使用它如果出现副作用，我们包退包赔。大姐您不妨试一试，先不付钱，您觉得效果不错，我再上门来收费。"听了推销员这样诚恳的话，谁能不心动呢？

俗话说"货卖一张皮，人靠一张嘴"，作为推销员，就是要靠嘴吃饭。你对新产品推销得好与不好，除了你兢兢业业，努力想办法推销以外，更重要的还要看你向客人说了多少有用的话。如果推销员的"嘴功"不到位，客人是绝对不会买账的。

[巧用语言，也是一种很好的促销方式]

在商业活动中的人际交往里，语言交际可谓是一种建立在心理接触基础上的交流方式。所以，心理因素对于语言交际的影响最大也最直接，而且最为关键。营销人员在同客户交谈的时候，一定要想办法使自己的语言与对方的心理相贴近，尽可能地消除由于心理障碍造成的隔阂。原因是人们接受任何事物，首先应该是在心理上的接受，只有把话说到顾客心里，事情才更容易办。

一位女士怒气冲冲地拿着一双有质量问题的皮鞋来到了商场。正值鞋厂的营销人员到商场了解鞋的销售情况，他听完这位消费者的诉说后，立马回了一句："你现在的心情我很理解，假如我买了这样的鞋，我也会气成你这样。"听了这位营销人员的话，那位女士的火气消了一半，态度也从先前的执意退货到答应更换一双。

语言高手都善于幽默。英国著名思想家培根曾说过："善谈者必善幽默。"幽默也是一种评议艺术，它的魅力就在于话尽管没有直切主题，却让人通过曲折含蓄的表达方式心领神会，然后会心一笑。

一位营销人员在市场上推销灭蚊剂，他滔滔不绝的演讲吸引了一大堆顾客。突然有一人向他提出一个问题："你敢保证这种灭蚊剂能把所有的蚊子都杀死吗？"这位营销人员机智地回答："不敢，在你没打药的地方，蚊子照样会活得很快活……"短短的几句玩笑话不但活跃了气氛，同时也使人们接受了他的推销宣传，他带来的几大箱子灭蚊剂一时之间就销售一空。

无独有偶，在一家公司举办的十分隆重的化妆品展销会上，有几位年轻的营销人员利用她们的专业术语详细地向消费者介绍了公司化妆产品的原料、配方、性能与使用的方法，给人们展现了她们业务精通的一面。尤其是她们在回答消费者提问时机智幽默，给人们留下了很好的印象。

当消费者询问："你们的产品真的像广告上说的那样好吗？"一位营销人员立即回答道："在您试过之后会感觉比广告上说得更好。"消费者疑惑："假如买回去，用过以后感觉不那么好怎么办？"另一位营销人员笑着说："不，我们想念您的感觉。"

在这次展销会上，正是因为营销人员们巧妙的语言说动了消费者，展销会获得圆满成功，既提高了销量，又大大提高了产品品牌的知名度。在其后召开的总结会上，公司经理特别强调，是营销人员语言训练有素促成了这次展销活动。在总结会上，他还要求其他工作人员也应像营销人员那样，在"说话"艺术与技巧上面下番功夫。

如果幽默语言能够在营销活动中得到很好的运用，就既能活跃气氛，又能为营销工作创造一个良好的开展环境。幽默语言就像是一种极具艺术魅力的广告语，若能够恰当运用，就能够给人们留下深刻印象，让人们从笑声中联想到一个企业的品牌，不失为一种绝好的促销方式。

在实际操作中，营销人员的语言交际需要注意的地方还有很多，例如说话要文明，不用污言秽语，要客观真实，等等。归纳起来就是：营销语言也是一门需要研究的艺术，必要的时候不妨"花言巧语"一番，但一定要拿捏好分寸。

说话需要巧妙，需要会说，"会说话"指的并不是那些轻浮的花言巧语，而是庄重的语言技巧。"会说话"巧在职场上的语言要表现在多个方面。首先是能够巧妙地打开人与人之间交流的大门，让对方觉得愿意与你交流。其次是能巧妙地接受和拒绝对方的意见，不管是接受或者拒绝，让对方认为你都是通情达理的。再次就是能够通过巧妙的语言化解双方之间产生的分歧与矛盾问题。

在商业谈判中，如果能够巧妙地运用语言技巧，不但能赢得期望的谈判效果，还可能带来营业额的高增长。

掌握技巧和策略，你也能成为谈判高手

［谈判高手，以"言"取胜］

在商务谈判的场合里，可以尽量使双方能够在一种开心的气氛中谈话，最好是在笑声中进行。在各种谈判中，常存在一些不利因素，比如双方交谈时，对方怨天尤人，埋怨产品不好，希望能换一个品种，或对服务不满，表示强烈异议等。总而言之，要想消除谈判中的不利因素需要有耐心，同时还要心平气和，并且一定要讲究方法和策略。

德国一家汽车公司有一位汽车推销员吉瑞，他对各种汽车的性能和特点都非常了解。本来，这对他推销是极有好处的，但是遗憾的是他喜欢争辩。当客户过于挑剔时，他总要和顾客进行一番唇枪舌剑之战，而且常常令顾客哑口无言，事后他还不无得意地说："我令这些家伙大败而归。"可是经理批评了他："在舌战中你越胜利你就越失职，因为你会得罪顾客，结果你什么也卖不出去。"后来，吉瑞认识到了这个道理，逐渐变得谦虚多了。有一次，他去推销怀特牌汽车，一位顾客傲慢地说："什么，怀特？可我喜欢的是胡雪牌汽车。你送我都不要！"吉瑞听了，微微一笑："你说得对，胡雪牌汽车确实好，这个厂设备精良，技术也很棒。既然你是位行家，那咱们来讨论怀特牌汽车怎么样？希望先生能多多指教。"于是，两个人开始了海阔天空式的讨论。吉瑞借这个机会大力宣扬了一番怀特牌汽车的优点，终于做成了生意，到后来吉瑞成为了一名著名的推销员。

为何吉瑞以前争强好胜却遭到批评，后来不再和顾客争辩反而成了模范推销员呢？原因就在于他掌握了一项重要原则，那就是：在和别人做交易时不宜争辩。

在商务活动中，巧妙运用语言，就会带来营业额的高增长。

在一个卖场休息室里有一个经营咖啡和牛奶的小店，刚开始服务员总是问顾客："先生，喝咖啡吗？"或者是："先生，喝牛奶吗？"结果其销售额很不理想。后来，老板要求服务员换一种问法，"先生，喝咖啡还是牛奶？"结果其销售额大增。究其原因，第一种问法，顾客没得选择，很容易拒绝，而后一种是选择式，在大多数情况下，顾客都会选择其中的一种。

假如你想应聘一家公司的某一个职务，而且你希望的年薪是3万元，可是经理最多只能给你2万元。经理如果说"要不要随便你"这句话，就有攻击的意味，你可能扭头就走。而实际上高明的经理不会那么说，他会说："给你的薪水，是非常合理的。不管怎么说，在这个等级里，我只能付给你1.5万元到2万元，你想要多少？"很明显，你会说"2万元"，而经理又好像不同意，说："1.8万元如何？"你继续坚持2万元。于是经理投降答应了你的要求。表面上，你好像占了上风，沾沾自喜。但仔细分析一下，实则是精明的经理运用了选择式的提问技巧，让你自动放弃了为自己争取3万元年薪的机会。

如果你是一名消费者，在与店主谈判时，你有没有运用语言技巧呢？我们不妨来看一则笑话。有一次，一个贵妇人打扮的女人牵着一条狗上了公共汽车，她问售票员："我可以给狗买一张票，让它也和人一样坐个座位吗？"售票员说："可以，不过它也必须像人一样，把双脚放在地上。"面对这个女士的无理要求，售票员没有直接回绝，而是提出了一个附加条件：像人一样，把双脚放在地上，实际上狗是无法做到的，这也就等于是变相的拒绝了。

掌握语言技巧在谈判中往往会收到意想不到的效果，所以，作为一名谈判人员，一定要努力学习，掌握有关的语言谈判技巧和策略，使自己成为一名谈判高手。

[谈判高手的语言艺术]

不可否认，成功的商务谈判就是谈判双方出色运用语言艺术的成果。

想要在商贸洽谈中让语言发挥实际的效果，就要注意以下四点：

第一点：针对性必须强。

在商务洽谈中，双方的语言都是表达自己的愿望和要求的，因此一定要有极强的针对性，做到有的放矢。模糊和啰嗦的语言，会使对方疑惑、反感，降低己方威信，成为谈判的障碍。针对不同的商品、谈判场合、谈判内容和谈判对手，要有针对性地使用语言，才能保证谈判的成功。比如对脾气急躁、性格直爽的谈判对手，运用简短明快的语言可能受欢迎；对慢条斯理的对手，采用春风化丝雨般的倾心长谈可能效果更好。总之，在谈判过程中，一定要充分了解谈判对手的情绪、性格、习惯、文化和需求状况的不同，恰如其分地使用有针对性的语言。

第二点：表达方式一定要委婉。

在谈判过程中，语气要平和，表达情感时尽量要委婉，这样就很容易被对方所接受。例如，在否定对方要求时，可以这样说"您说的有一定道理，但是与实际情况稍微有那么一些出入"，然后再不露痕迹地提出自己的观点。这样做既不会有损对方的面子，又可以让对方心平气和地认真倾听自己的意见。其间谈判高手往往努力把自己的意见用委婉的方式伪装成对方的见解，提高说服力。在自己的意见提出之前，先问对手怎样解决问题。当对方提出以后，如果和自己的意见一样，要让对方相信这是他自己的观点。如果你这样去做了，就会使谈判对手有一种被尊重的感觉，他就会从心里对你产生认同感，因而更容易达成一致，最终才能获得谈判成功。

第三点：根据情况灵活应变。

在实际谈判过程中，往往会遇到无法预料的令人尴尬的事情，所以就要求谈判者具有灵活的语言应变能力，有一定的应急能力，巧妙地摆脱困境。当遇到对手逼你马上做出选择时，你若说"让我想一想"和"暂时很难决定"之类的语言，便会被对方认为缺乏主见，从而在心理上处于劣势。那么不妨这样做：装作不经意地看看表，然后有礼貌地告诉对方："真不好意思，10点钟了，我得出去一下，与一个约定的朋友通电话，请稍等五分钟。"这样一来，你就非常得体地赢得了五分钟的思考时间。

第四点：适时沉默。

在实际谈判的过程中，在碰到特殊情况时，不妨适时沉默一下，也许会取得意想不到的好效果。

有这样一种口才艺术，它通过隐藏的各种手段使对方进入激动状态（愤怒、羞耻、不服、高兴），从而导致情绪失控，使对方在无意识中受到操纵，去干你想让他干的事，这就是激将法。归根结底，人是情感动物，因此在人际交往中，当你想让一个人按照你的意愿去做事，一定要想办法调动感情的力量，来激发他的积极性，调动其热情和干劲儿。于是，在"激将"的策略之下，就能成功办事。

激将法是游说的重要手段

[激将口才，让你如愿以偿]

在实际运用中，激将法可以把对方的愤怒、自尊感、羞耻感、羡慕感或嫉妒感等全部激发出来，在这种情况下，处于激动之中的对象会稀里糊涂地就上了激将者的当。

来看下面的例子：

在1812年的时候，拿破仑发动的侵俄战争失败了，于是，俄、英、普等国组成反法同盟军，开始反攻。拿破仑虽取得一些战役的胜利，但从总的趋势来看，真的是每况愈下。在这种情况下，法国的盟国奥地利一面继续积极备战，一面以停止结盟为要挟向法方提出了种种条件，都被拿破仑一一拒绝了。

时间到了1813年7月，在德累斯顿的马尔哥和宫，拿破仑会见奥地利使者梅特涅。他想借此机会威胁梅特涅，并且探听他最近和沙皇会谈的结果。拿破仑腰悬宝剑，腋下挟着帽子，接见梅特涅时真是威仪十足。他们彼此说了几句客套话，问候了弗兰西斯皇帝后，拿破仑面孔一沉就单刀直入："原来你们也想打仗。好吧，仗有你们打的。我已经在包岑打败了俄国，现在你们希望轮到自己了。既然你们愿意，就这样做吧，在维也纳相见。本性难移，对你们来说，经验教训没有任何作用。我已经三次让弗兰西斯皇帝重新登上皇位，而且我还答应永远和他和平相处，我甚至娶了他的女儿。当时我就对自己说：'你干的是蠢事。'但到底是干了，我现在非常后悔。"

看来拿破仑发火了，甚至忘掉了自己的尊严。于是梅特涅愈发冷静，故意刺激拿破仑这头好斗的野牛。他提醒拿破仑说，和平取决于你，你的势力必须缩小至合理的限度以下，不然的话，在今后的斗争中，你就要垮台。拿破仑被激怒了，声言任何同盟都吓不倒他，不管你兵力多么强大，他都会取胜。接着，他说他对奥地利的军队有准确的了解，每天都收到这方面的详细情报，等等。梅特涅打断他的话，提醒拿破仑，说自己如今的士兵都是小孩子，而不是大人。拿破仑更加激动了："你根本不会懂一个军人是如何想的。像我这样的人，根本不会在乎100万人的生命。"话毕，他把帽子摔到地上，梅特涅并没有替他捡起来。

拿破仑也注意到了他这种无言的蔑视，不得不继续说道："我和一位公主结婚，只是想把新的和旧的、中世纪的偏见和我这个世纪的制度融为一体。那是在自己骗自己，现在我充分认识到自己的错误。我的宝座也许会因此而倒塌，但是我要使这个世界埋在一片废墟之中。"听了这些话，梅特涅依然无动于衷。拿破仑见恐吓不成，就改用甜言蜜语，哄骗笼络。在梅特涅准备离开的时候，拿破仑拍着他的肩膀，语气平和地说："好啦，你明白事情是怎样的，你不会对我开战吧！"梅特涅马上回答："陛下，你完了。来时我已有此预感，去时就肯定无疑了。"事后，梅特涅曾对人说："他什么都给我讲清楚了。这个人一切都完了。"时隔不久，在第六次反法同盟的行列中，奥地利加入了。

在拿破仑和梅特涅的这次较量中，很明显胜利者是梅特涅。一贯以权谋多变著称的统帅拿破仑不能控制住自己愤怒的情绪，连连失态，说些大话、气话，想借这个机会胁迫梅特涅。反之，梅特涅却能冷静处事，不辱使命，不失时机地以言辞激怒拿破仑，使其内心世界暴露出来。虽然梅特涅话语不多，不过他一是表达了对欧洲和平的看法，即取决于拿破仑；二是也从中得出结论，拿破仑偏执己见，不思变通，在欧洲各国联合进攻下，失败是绝对的。后来的结果也正如梅特涅所言。

聪明一时的拿破仑本来也想使用激将法，结果自己却热了起来，正中了梅特涅的计。

这个技巧对于日常的交谈也非常实用。对方打开话匣子时，佯装怀疑，表示不相信，是使你的好奇心如愿以偿的万能钥匙。有些人老练成熟，便是用反驳，或向他人挑战，让别人亮出了他的绝学。这一切都是不知不觉之中，令对方情不自禁地就范，这也就是浑然天成的激将法。我们来看这样一个例子：

有一位个体服装店老板郭某生意越做越大，营业额大幅度上升。于是，税务部门要他补交税款，可是郭某拒不承认营业额增大。当地的稽征员多次上门催讨，全部都被他搪塞过去了。

这天，另一稽征员老郑找到郭某。经过短暂的交谈后，老郑便以关心的口吻问道："有笔大生意，不知道你有没有兴趣？"

"生意人，哪会不感兴趣！什么款式？多少？"

"上次那种套装，大概有三百套吧。"

"我正要批进一些套装来换季，你开个价吧？"

"每套要200元。如果全要，可打八五折。唉，可惜你是没这个肚量了！"

"没那个话！我全要了！"

"全要？郭老板我提醒你：老规矩，所有的货款都必须在两个月之内还清啊！"

"你可别门缝里看人啊！两个月，我还卖不出来吗？"

"这可是四万多元哪！"

"这不算啥！今年以来，我一个月就能卖三万左右。"

"那既然这样，你先把这几个月漏的税补交了再说吧！"

"你？……天哪！"

在实际运用中，探测别人的意图与态度是激将法的常用之处。激将法常被用于探测别人的意图与态度。它的巧妙之处就在于：对于别人高深莫测的只言片语，你要佯装不屑一顾，暗中揣度对方的心底，并点点滴滴将秘密引到他们的舌端。一定要把握好时机，对方一旦发烧，便会不顾一切地吐而后快，最后，就会在不知不觉中落入你事先精心为他编造的网中了。

综上所述，激将法可以说是游说的一个重要手段。在现实生活中，人们往往会感情用事，如果在说服他人或者求人办事时，摸透其心理，不妨采用一下激将法，也许他会动用其所有关系，尽力帮你把事办好，以显示其威力。总结一下，"激将法"中的"激"，就是要从道义的角度去激对方，让对方感到不再是愿不愿意去干，而是必须去干，应该去干的。

在商场上，得体的语言通常能赢得客户的好感。所谓得体，就是适合语言环境，用语恰如其分。得体的语言能给你的形象添彩，并进一步促成交易。

大方得体为你的言语加分

[说好得体的开头语]

常言道："话不投机半句多。"开头语说得是否得体，将直接影响着你与顾客接下来的交谈。

当顾客走进商店时，推销员要做的第一件事就是与顾客打招呼。可就是这看似简单的一句招呼语，或者说推销员向顾客的主动问话，问的时机、语气和方式如何，有没有把握好分寸，都会产生不同的效果。如顾客走进商店，推销员问一声"您买什么"，有些顾客听了会很不受用，有些顾客会默默不语，有些顾客可能会反问："不买就不能看看吗？"一时间使气氛陷入尴尬之中。因此，推销员如何说好开头语，是很有讲究的。

具体来说，开头语要说得得体，通常有以下几点要求。

一、把握时机，恰当表达

当顾客在店中停留，或直接注视某件商品，或顾客间相互谈论某件商品，或面露疑惑需要帮助时，"您好！请问您需要帮助吗？"这样恰当的第一句话，在任何时候、任何场合都不会过时。但说这句话时一定要亲切、真诚，绝对不要过于冷漠或过于热情。亲切、真诚的态度能拉近与顾客的距离，同时也不会使对方感觉到有压力。

二、把握主动，语言巧妙

在多数情况下，巧妙地使用转化语能变被动为主动，使气氛变得更加融洽。

例如，推销员正在埋头整理商品，没注意到来商店的顾客，这时顾客可能会说："先生（小姐），请把这件商品拿来我看看。"推销员应立即将手头的活儿放下，用略带歉意的语气问顾客："是您用还是家人用？"这样一句自然、得体的转化语，能瞬间变被动为主动，巧妙弥补刚才对顾客的冷落，可为进一步的发展奠定基础。

三、把握需求，随机应变

推销员主动与顾客打招呼，其实质是为了通过与顾客的交流，了解顾客的需求，促成购买。这就要求推销员要学会区分不同情况，灵活地调整问话内容，做到随机应变，因人而异。比如不要总是追问顾客："先生，您买什么？""小姐，您需要点什么？"这样会令顾客失去自主性，心里产生反感。推销员可针对顾客的年龄、性别、形象等特征，或根据顾客在商店里的动作和表情来灵活问话。开头语说好了，就可以进一步了解顾客的真实想法，然后提供全面、有针对性的服务。

在行销中，上门推销是一种很常见的方式。下面我们就来看一下上门推销的"开场白"该怎么说。

上门推销时，推销员通常习惯于这样说："先生，您需要××吗？"这是最常见的用于推销的方式。以这样的话作为开头语，显然是不合适的。因为这不明确的问话显得很唐突，十有八九会遭到拒绝。那么，应该怎样说出得体的开头语呢？

假如你要推销一个高级水果榨汁机，当敲开房主的门时，如果你说"我想问问您是否愿意购买一个高级水果榨汁机"，这样的话，显然是不对的。正确的问法是："请问，您家里有高级榨汁机吗？"你这样一问，有水果榨汁机的房主可能会说："我家有，但不是高级的，你的高级水果榨汁机是什么样子的呢？"当房主这样说的时候，你就可以拿出样品，并顺势发挥，促使对方与你达成交易。若房主没有水果榨汁机，则可能会好奇地问："高级水果榨汁机是什么样的？它的特点是什么？它有什么好处？"房主说出这样的话，显然是渴望对高级水果榨汁机进行了解。这时，你就可以拿出样品介绍了。显然，这样的开头语至少能够为你自己赢得一次商谈的机会，避免顾客的一句"不要"将你拒于门外。

贝尔那·拉弟埃是一名推销奇才，当他被推荐到"空中客车"公司中，他所面临的第一项挑战就是出使印度。这件任务非常棘手，因为这笔交易已由印度政府初审，未被批准，能否重新寻找成功的机会，就要看特派员的口才如何了。

作为特派员，拉弟埃深知身上所担负的重任，他稍做准备后就飞往新德里。接待他的是印航主席拉尔少将。拉弟埃见到对方后，所说的第一句话是："正是因为你，使我有机会在我生日的当天回到我的出生地。"拉弟埃的这句开头语，看似简单，实则非常出彩，内涵极为丰富。它表达了两层意思：一是感谢主人赐予良机，让他在自己生日这个值得纪念的日子来到印度；二者说明印度是他的出生地。而后者更有意义，共同的故乡，顿时拉近了拉弟埃与拉尔少将的距离。不用怀疑，拉弟埃在这次谈判中取得了胜利。

通过阅读上面这个事例，相信你会从中受到启发。

［销售中怎样说话使语言更得体］

一、避免使用命令式语句，多用请求式语句

命令式语句是说话者单方的意见，是不受顾客欢迎的。请求式的语句是尊重对方，以协商的态度请别人去做，易使顾客接受。

举例来说，顾客问推销员："你们厂生产的玩具还有没有货？"推销员答："没有了，这个问题下个月再谈。"这样只会将顾客推给别的厂家。若是说："本厂的玩具已全部订出去了，不过我们已在加班生产，您愿意等几天吗？"这样说或许会挽留住顾客。

二、少用否定句，多用肯定句

对推销员来说，否定句是一种禁忌，应全力避免。在很多场合中，肯定句是可以代替否定句的，且往往有着惊人的效果。

举例来说，顾客问："这件衣服有没有蓝色的？"销售员若回答"没有"，这就是否定句。顾客听后的反应肯定是"既然没有了，我就不买了"。若是回答"这件衣服只剩下红色和黄色的了，这两种颜色也不错"，这是一种肯定的回答。虽然两种回答都表示没有蓝色的衣服，但否定句似乎是拒绝，而肯定句则使人感觉温暖。

三、要一边介绍，一边看顾客的反应

销售员千万不要唱"独角戏"，而是应一边介绍，一边看顾客的反应，提一些问题了解顾客的需求，以调整自己的说话方式。因为每个顾客的心理都是不同的，所以在销售时要做到因人而异。

四、语言生动，声音悦耳

时代在发展，推销员必须紧跟时代的步伐，以现代的流行语与顾客讲话，更能打动顾客的心。例如，20世纪五、六十年代，人们的称呼都是"同志"，此后又变为"师傅"，现在则称"先生"、"女士"、"小姐"等。

推销员的声音优美动听，讲究抑扬顿挫，会使顾客听着备感舒心。对此，推销员必须恰当地进行声音方面的训练。

五、说话要看语境

我们知道，说话总是发生在特定的情景氛围中的。因为语境能直接影响说话双方的情绪以及说话效果，所以，推销员还要刻意营造、追求良好的情境氛围。说话时，要随着语境的变化选择语言方式，热烈的、轻松的、详细的、简略的……如果说话内容或方式不恰当，必招致顾客的不满，也将影响到销售额。营造良好的情景氛围，能使语言轻松明快，说话人心情愉悦；也能让顾客易于接受信息，激发其购买欲望。

六、掌握双方语言交流的对接点

销售的过程也可以说是语言交流的过程，如能把握住双方语言的对接点，就能恰当地理解顾客的想法及意图，给顾客以明确的答复和指导，最终促成交易。

作为一名经商者，要想得到客户的青睐和尊重，说话的艺术性非常重要。有时候，"反语"运用得好，会产生意想不到的效果。

正确运用"反语"

[正话反说的经商艺术]

"正话反说"的技巧在经商过程中的巧妙运用，往往能出奇制胜，收到意想不到的良好效果。

相传在古时候有两家对门的酒店，长期以来不分伯仲。一天，一家酒店为了吸引顾客，就贴出广告：本店出信誉担保！出售的完全是好酒，绝不掺水！而另一家则贴出：本店素来崇尚诚实，出售的皆是掺水一成的陈年老酒，如有不愿掺水者，请事先声明，但醉倒与本店无关！这与"三碗不过冈"可说是有异曲同工之效。结果那"不掺水酒店"门可罗雀，而"掺水酒店"门庭若市。可见，不同的说话方式，所带来的结果也是不同的。

一直以来，"王婆卖瓜，自卖自夸"都是人们所推崇的经商之道，但常念此经有时不免给人一种夸大其词的感觉，于是一些聪明的经商者开始运用反语进行宣传。下面我们再来看几个经典案例。

某地有个卖西瓜的商店，名声很响。有一天店主在门前打出广告"今天西瓜不太甜"，结果顾客纷至沓来。原来，该店平时非常注重店家信誉，以诚待客，货真价实，消费者对该店的印象非常好。该店说的"不太甜"，其实仍比那些吹嘘"咬一口，甜掉牙"的瓜店的商品要强许多倍，所以很多顾客都愿意到这家店买西瓜。

国外有一家钟表店，给其中一款手表打出的广告是这样的："这种手表走得不算很准，24小时会慢10秒，请君买前三思。"这则广告表面看起来是在揭短，实际上却是在显长，结果钟表反而很畅销。

在大喊"服务至上"的今天，俄罗斯有一家商店却出人意料地打出了不给顾客退货的广告。广告推出后，不但没有影响生意，反而顾客云集。原来，该店的老板看到了近来商业信誉已被一些经营假冒伪劣产品的人所败坏，人们对大多数商品都失去了信任感。在这种情况下，承诺给顾客退货就等于间接承认商品质量不过关，并不能吸引更多的顾客。反之，如果商店经销优质商品，就一定会受到欢迎。于是，该店做出了"不给退货，专营优质商品"的广告，同时，它们从品牌生产厂家进货，商品上柜台前都要进行严格检查，确保商品的质量是一流的。从此，该商店名声大震，许多人都慕名而来。

有时候，说反语比正说更有力量！

在语言艺术中，"正话反说"是一种迂回术。它是以彻底的委婉，欲擒故纵，找到合适的发话角度，达到比直言陈说更好的效果。

[反其道而行：运用逆向思维]

何谓逆向思维，逆向思维是对司空见惯的似乎已成定论的事物或观点反过来思考的一种思维方式，也就是古人所说的"反其道而行之"。

与常规思维的最大区别是，逆向思维是反过来思考问题。运用逆向思维去思考和处理问题，事实上就是以"出奇"达到"制胜"。因此，逆向思维的结果常常令人大吃一惊，喜出望外，有着"曲径通幽"之功效。

举个简单的例子来说，营销资源永远都是有限的，如何使有限的营销资源实现最大的产出，这与营销人是否有优秀的口才联系密切。比如同样都是给1%的返利，A说："我们老总只批了1%的返利，我也很无奈，您就将就一下，下次我再给您多申请一些。"B说："我们老总只批了0.5%的返利，我想方设法给您说好话，反复强调您是我们的重要客户，最后老总特批了比别人多半个点的返利。您这次可得多进些货，不然下次就无法享受这么优惠的待遇了。"A和B两个人的思维迥异，一个从左到右，一个从右到左，其效果也截然不同。这就是逆向思维所带来的好处。

说出与本意相反的话语通常能让你达到预期目的。

在北京的一条街道上，同时开了三家裁缝店，他们的生意都还算可以。可是，因为离得太近了，竞争非常激烈。为了招揽更多的生意，裁缝们在门口的招牌上做起了文章。

一天，一个裁缝在商店的招牌上写了这样一句话：北京城里最好的裁缝！

看到这种情况后，另一个裁缝也毫不客气，他连忙写了一块招牌，第二天挂了出来，招牌上写的是：全中国最好的裁缝！看起来好像比第一个裁缝更厉害。

第三个裁缝眼看着前面两个裁缝相继打出了这么大气的广告，心里甚是着急。如果自己不想出一个更好的招牌，恐怕就要成为"生意最差的裁缝"了。按照常规思维思考，能超越前两个裁缝的招牌就只能是"全世界最好的裁缝"了。但这又有点儿太虚假了，反而容易引起顾客的反感。

思考良久，第三个裁缝终于挂出了他的招牌，后来，这个裁缝的生意比前两个同行要好很多。

究竟他打出的广告是什么呢？原来，第三块招牌上写的广告与前两者相比气势要小很多：本条街最好的裁缝！

事实上，世界上的每件事物都有两面：对立和统一。人们在认识事物的过程中，实际上是同时与其正反两个方面打交道。遗憾的是，由于日常生活中人们养成了一种习惯性思维方式，即只看其中的一方面，而忽视另一方面。如果转变一下思路，从反面想问题，便能获得一些创新性的设想，为处理事情提供更好的方法。

当然，这种说话艺术不仅需要有灵活冷静的头脑，还要有渊博的知识作基础。因此，在商场上打拼的人平时还需多多积累知识，储存经验，以备将来之用。

在谈判的过程中，出现僵局是很常见的一种情形。谈判双方都会有自己的底限和上限，只有在重合的部分，才可能达成一致。在不断让步中又并存着拒绝，拒绝对方的要求，提出自己的建议。不断出现抗拒和僵局是正常的。但是，倘若处理不好，就有可能把谈判推向"死胡同"；相反，如果能恰当地应用某些谈判策略和方法，还是能够起死回生、化险为夷的。

谈判死胡同的缓解之法

[化解僵局的八大实用招数]

一般情况下，谈判中出现僵局时，可采取以下策略或技巧。

一、先保持头脑冷静，不与对方发生正面冲突

过于激烈的言辞会将谈判双方推到对立面，很容易造成僵局。如果遇到这种情况，千万不要抱着非要置对方于死地的想法，更不能因为迫切想获得胜利而过于压制对方。这样做不但没有丝毫的缓冲余地，还很有可能使谈判不欢而散。只要在不伤及己方的利益下，让对方一步也是一种善意的做法，这么做可以让对方保住面子，并对你产生好感，这对于日后的谈判，会起到正面的影响效果。

二、更换谈判组成员

现实中，经验丰富的谈判者不会触怒对方而被要求离席，因为他可能要在换人策略中扮演一个关键角色。所以，经验丰富的谈判者可能会要求己方中可能刺激对手的成员离开，这不失为一个有效的策略。要知道，这一暂时的退却很有可能换来最终的胜利。

三、用新方法解释问题

如果自己的提议不能令对方满意，就不要一条道走到黑，而应试着从别的角

度来考虑问题。当自己的谈判方式无法说服对方时，就试着用对方能接受的方式来说服对方。经验丰富的谈判者通常会在谈判之前考虑几套对付对方的方法，这一套不行，就换另一套，做到随机应变。

四、采取横向式的谈判

当谈判气氛变得紧张，双方的情绪均处于低潮时，可以采用避开该话题的办法，换一个新的话题与对方谈判，以等待高潮的到来。横向谈判是回避低潮、化解尴尬的常用方法。由于话题和利益间的关联性，当其他话题取得成功时，再回来谈陷入僵局的话题，就会有所突破。

五、用轻松的话题缓解紧张气氛

当谈判陷入僵局时，不妨转移话题，谈一些毫不相关的东西，比如娱乐新闻或者有趣的故事，以使紧张气氛得到缓解。聪明的谈判者会通过这些看似不相关的话题，引起对方的兴趣和共鸣以作为下一步双方谈判的主旋律，并且逐渐将对方的思路引到轨道上来，为打破僵局、抢占谈判主动权赢得良机。

六、暂时休会，使双方冷静头脑

暂时的休会是使双方冷静的最好方法，由于双方的情绪都很激动，此时稍有不慎，随时可能有"爆发"的危险。至于休会的时间，可以依据各个谈判的实际情况而定，可以是20分钟，也可以是5个小时，甚至更长时间。在休会时间，要给自己充足的时间考虑谈判策略，并做出重新的部署，以保证下次谈判的成功。

七、回顾双方已达成一致的问题

谈判的内容通常牵涉的方面很广，不只是单纯的一项或两项。当谈判内容包含多项主题时，可能某些项目已商谈出了结果，某些项目却始终无法达成协议。当谈判出现僵局时，你可以用这样的话来"鼓励"对方："看，许多问题都已解决，现在就只剩这些了。如果不一起解决的话，那不就太遗憾了吗？"这种说话通常有助于僵局的打破。

八、选择其他谈判地点

当判桌上的进展不容乐观时，可以使用"脱离现场"这一策略。它是谈判陷入僵局或无法继续进行时所采取的一种策略。众所周知，"交际场所"充满了愉快、轻松的气氛。英国人喜欢到"绅士俱乐部"，芬兰人去蒸气浴室，日本人则会在公众澡堂。这种策略对双方重新建立合作是大有帮助的，它能使大家统一意见。这个策略的最大价值在于：避开正式的谈判场所，把谈判转到轻松的环境中。当然，如果把全部谈判都搬到俱乐部来进行，也是不合适的。运用的时候一定要把握好分寸。

当然了，在实际的谈判中，最终采用哪种策略需由谈判者根据双方情况来决定。一种策略可以在不同的谈判僵局中发挥效用，但并不意味着在所有类型的谈判僵局中都适用。只要僵局构成因素有所差异，包括谈判人员的组成不同，各种策略的使用效果就有可能是大相径庭的。那些应变能力强、谈判实力强，又懂得灵活运用各种策略与技巧的谈判者，一定能够成功化解、处理所有的谈判僵局，并最终实现谈判目标。

懂点职场语言，
让你职场如鱼得水

5

身在职场中的你，每天都要和同事、领导说话，这是无可避免的。说什么、怎么说，什么话可以说，什么话不可以说，都是有"讲究"的。身在职场，"说话"也是一种艺术。作为领导者，怎样带领好你的员工，让他们团结一致，努力为公？作为一名员工，怎样做才能够让你的上司赏识你，让你的才能得到发挥呢？懂得职场语言，你就会如鱼得水。

在职场上，与人沟通同样很重要，尤其是同上司的沟通。如果没有掌握一定的技巧的话，就有可能会得罪自己的上司。不管在什么场合，都应当注意同上司沟通的技巧。在与上司沟通的时候，应当注意的是，上司也是普通人，他们也希望下属能够尊重他们，能够像同事一样同他们沟通。

掌握与上司沟通的语言技巧

在职场中，在与上司沟通的时候，应当具备一定的交际能力和肢体语言技巧，同时还要设身处地地理解上司。作为员工，与上司、领导打交道是常有的事情。大部分员工的感受都是"伴君如伴虎"，上司在员工心中永远都是不可捉摸的，无法猜透其意图。于是，员工总是战战兢兢，缩手缩脚，如履薄冰。其实，并非"老虎的屁股摸不得"，而是在于怎样"摸"，这就要求员工掌握住与上司沟通的语言技巧。

[莫要妄图猜测上司的想法]

上司毕竟是上司，在管理员工或者下属的时候，他还是希望员工不要随意猜测他们的想法，这是因为，如果有哪个员工这么做的话，就有可能会扰乱民心，导致领导的管理工作出现障碍。所以，莫要妄图猜测你的上司或者领导的想法。

《三国演义》里有曹操怒斩杨修这么一则故事。

曹操屯兵时间长了，打算出兵，但被马超据守；打算收兵，但又害怕被蜀兵笑话，心里一直犹豫不决。正好侍从端上鸡汤，曹操看到碗里有鸡肋，于是心有所感。正在思考的时候，夏侯惇进入帐内，询问夜间巡夜的口号。曹操立刻随口说道："鸡肋！鸡肋！"夏侯惇于是把这个口号传给了军士们，都说"鸡肋"。

杨修听见传的号令是"鸡肋"二字的时候，就命令随行的将士开始收拾东西，准备回去。于是就有人把这件事告诉了夏侯惇，夏侯惇把杨修找来，询问原因。杨修说："从今天晚上的口号就可以看出魏王很快就会退兵。鸡肋，吃了没有肉，丢弃了又有味道。今天进攻如果失败了，就会遭到他人的耻笑。在这里呆着没有什么好处，倒不如早早回去。不久魏王就会班师回朝的，所以，提前收拾行李，免得到时候慌张。"

夏侯惇听他这么一分析，也立刻收拾行李。于是，军寨里的士兵没有一个不是收拾行李准备回去的。这天晚上曹操心烦意乱，提着自己的斧头行走。看到夏侯惇等将士正在收拾行装，曹操很吃惊，连忙问夏侯惇为什么这么做。夏侯惇说："杨修知道您的意思。"曹操立刻把杨修叫来问为什么，杨修便把鸡肋的意思告诉了曹操。曹操怒曰："你怎么敢造言，乱我军心！"便命人把杨修推出去斩了。

由这个故事可以看出曹操只是犹豫不决，以"鸡肋"作为夜间的口号，但并没有下令退兵的意思，但杨修自认为自己洞察了曹操的真实意图，便自作主张，这无疑是视领导权威于不顾，是其罪之一；大军初败，军心、士气为重，而杨修这么做等于是扰乱军心，是其罪之二。

所以，这就告诉我们，不要用自己的想法代替领导的想法，也不要随意猜测领导的意图。猜测正确了，可能不会遭到领导的责备；但如果猜错了，就有可能会使自己的大好前程断送掉。一个聪明的职场中人应该非常明白这一点。

[灵活地与领导沟通]

没有哪一位上司喜欢下属在办公室盛气凌人，那样只会让他感觉受到威胁，如果以后你再想升迁就不容易了。所以在与上司进行语言沟通时，要学会表达自我，语言要清楚，声音要洪亮、语句要通俗易懂，表达的意思要让上司很快明白，不要装腔作势。

说话人人都会，但你的话是否说得动听、有效果，却是不一样的。通过说话的过程给领导或者上司留下一个良好的印象，并不是每个人都可以做到的。尤其是在与上司沟通的时候，善于利用说话的技巧就显得格外重要。上司掌握着属下员工的生杀予夺大权，不小心说错了话，后果将难以设想。

与上司交流沟通的时候，不要代替上司做出某件事情的决定，而应该让上司说出自己的决定。比如：刘婷年轻干练，也很开朗，入行不几年，职位不断升迁，不多久便成为单位里的主力干将。前几天，公司的新老板走马上任，刚上任没多久，领导就把刘婷叫到办公室并说："刘婷，你经验丰富，能力又强，这里有个新项目，你就多费心盯一盯吧！"

受到新老板的重用，刘婷欢欣鼓舞。恰好这天要去某个城市进行谈判，刘婷合计后，觉得人多，坐公交车不太方便，人也受累，这有可能会影响谈判效果；打车的话，一辆车坐不下，两辆又太贵；还是包车好，经济又实惠。

刘婷想好后，并没有直接去办理。在职场呆了一段时间的刘婷，觉得这件事情应该向上司汇报一下。于是，刘婷来到上司的办公室，并说："老板，您看，我们今天需要出去一下，"刘婷把几种方案的利弊给老板分析了一番后，紧接着就说："所以，我决定包一辆车！"说完这句话，刘婷发现老板不知什么时候面露不悦了。上司生硬地对刘婷说："是吗？可是我认为这个方案并不好，你们还是坐长途车去吧！"这时刘婷愣住了，让她想不明白的是一个合情合理的建议竟然被打了回去。

"按理说这是没道理的呀，傻瓜都能看出来我的方案是最佳的！"刘婷大惑不解。

通过这个故事可以看出：刘婷凡事向老板汇报的意识很好，错就错在她"措辞不当"。她不该说："我决定包一辆车！"在老板面前，这无疑是无视老板的尊严和威严，所以，说"我决定该怎样做"是上司最忌讳的。

假如刘婷能这样说："老板，我们有三种方法，各有利弊。我个人倾向于包车，但我做不了主，您经验丰富，帮我做个决定好吗？"老板听了之后，一定会愿意做个顺水人情，答应员工的请求，这样岂不是很好？

总之，在同上司沟通的时候，要注意一定的沟通技巧。不要盲目地同上司沟通，也不要没有任何原则地同上司沟通，否则容易让上司对自己生厌，更容易让老板远离自己，从而使自己的人生发展受到限制。所以，一个人在职场上应当注意同老板沟通的技巧，这样的技巧可以保证自己的职业生涯更顺利。

会说话的人，在职场上与同事相处总是会觉得如鱼得水。所谓"会说话"的人不是指那种胡搅蛮缠的人，也不是那种无理也能赖三分的人，而是指那些能够因时、因地、因人而动，善于巧言令辞打动人心，使对方感到震撼、信服、同情或感激，从而能在整个说话中掌握主动权，结果可以使自己的意思较顺利地得到实现的人。

与同事的说话之道

不管同哪一位同事谈话，都应记住："人人都非同寻常！"即使再烦、再累、情绪再不佳，也要把对方作为一个重要人物来看待。凡是需要向对方说几句恭维话时，哪怕仅仅是一句简短的评价，比如"你看上去特别有精神"等这类的话语时，一定要双眼注视对方、全神贯注，不可因为其他的事情而走神，不然这样容易让人误解你的意思，说了还不如不说。

[与同事交往善于运用幽默]

会说话的人都离不开这样一种既简单又困难的风度——幽默。与同事相处，幽默可以帮助你省掉不少的麻烦，同时还不会因此得罪他人。所以，与同事交往的时候，要多多运用幽默。

有一位企业的老总在年初的领导大会上遭到了一位副总的不断质问，因为她认为企业在上年所报销的医药费实在太少了。

那位副总厉声地问道：去年一年中，企业在这方面的花销到底是多少钱？

这位老总说出了一个几十万元的数字。

"我想我快要晕倒了。"副总说。

这位老总依然面不改色地解下了自己的手表和领带，往桌子上一放说："在你晕倒之前，请接受我的这笔投资吧！"

于是在场的其他领导都会心地笑起来。

这位老总幽默地表达了一个相当重要的信息，即企业也很重视员工的需要，他本人也确实关心。如果有必要的话，他可以牺牲自己，但是企业的资金有限也是事实。那位副总当然不会晕倒，她只是在伪装。老总的这个小小的幽默不仅没有让她感到更加气愤和不平，相反倒会使她顿然沉思，甚至猛醒，把对企业和领导的抱怨和不满都化作了理解和同情。

一句幽默的话语和一个幽默的行为，其效果远远超过了一份长篇大论的反驳和纠正。幽默是生活中最自然的调味品，它不仅为生活增加笑料，它更是一种修养，一种知识，一门功力特别深的素养。

[与同事交往，注意他人的表情]

只要身在职场，不管是在外跑业务还是在办公室里呆着，只要与同事进行交往就都离不开语言，但是你是否会说话呢？俗话说"一句话说得让人跳，一句话说得让人笑"，同样的目的，如果表达的方式不同，那么，其所造成的后果也会大不一样。说话应该注重场合和分寸，最关键的就是要得体。说话不卑不亢，肢体语言完美优雅，说话幽默风趣，这些都是说话的艺术。不过，拥有一份自信也是十分重要的。懂得语言的艺术，恰恰能够使人更加自信。娴熟地使用这些语言艺术，你的职场生涯也会非常成功！

俗话说："最会说话的不是嘴，而是眼睛。"因为它是心灵的窗口，许多微妙的感情，都可以从眼睛里得到明确的答案,这话显然很有道理。有些人虽然眼睛不大，但却十分动人，关键就在于它富有表情。

表情就是人的感情形象,它就像一个谜团，微妙，复杂，却极有魅力。表情没有固定的概念内涵，但它是有动感的，而且是瞬息万变的，通常它十分含蓄，并且富有暗示性，因而给人一种回味的美。一张缺乏表情的脸就不完整。恰恰相反，一个生动的表情也许立刻会使一副平庸的面孔变得光彩照人。

丽丽与丹丹是同事，在几天前由于工作上的问题而互不相让，斗起嘴来，最终搞得不欢而散。从此之后，彼此视若异己，互不往来。某日，二人不巧相遇在一家商场的楼梯上，两边人来人往，各自奔忙，可不知为什么，那一瞬间两人似乎都感到有人在看着自己，而且已经俨然清楚了她们之间的恩恩怨怨。所以为了表现自己的风度，也为了不在大庭广众之下尴尬，两人都不约而同地相视一笑，而后点头擦肩而过，期间谁也没有开口，但双方都已感到，两人以前的是非恩怨都在这个笑容里烟消云散了，次日将是一个阳光灿烂的大晴天！

的确，人的脸会说话，喜怒哀乐都会从脸上看出来。曾有古人说："情在脸上现，怒从脸上生。"另外，尤其要注意的是，不管是在正式的场合上，还是在其他的非正式场合上，人们格外看重眼、手和腿，但是却忽略了脚，这是因为人们通常认为，脚只是走路的工具，而不是说话的工具。其实脚也会说话，也同样起着相当重要的作用。

在与同事交谈的时候，不要把脚抬得过高，同时还不断地摇晃。因为这样容易让他人觉得你很轻浮，缺乏教养。如果不断地用脚拍打地面，这会让人们觉得你对他的话感到满不在乎或漫不经心，甚至有蔑视的意味。

总之，在与同事交往的时候，要注意自己的语言技巧，同时还应当注意自己的肢体语言。不要在同事面前暴露出任何不得体的语言，包括肢体语言和表情语言。运用得体的语言与同事交流，可以增强自己对他人的感染力。

任何一位上司或领导，在与下属沟通的时候，都应当注意自己的语言技巧，同时还应当注意尊重下属的人格尊严。如果一个领导不知道尊重自己的下属的话，他就别想让他的下属对他做到永久的忠诚。在与下属交流沟通的时候，要掌握一定的语言技巧，这样，双方的沟通才会更加顺利和有效。

把握与下属沟通的尺度

领导在与下属进行交流的时候，应当把握好交流沟通的尺度。最重要的尺度就是空间的距离，即与员工之间保持什么样的距离最合适，不要让对方产生空间被侵入的感觉。较近的距离可能会使对方产生好感，也可能会导致对方感觉不自在。

[怎样与下属进行语言沟通]

沟通其实就是人与人之间传达思想和感情等各种信息的过程，是心灵之间的碰撞，是用语言、形体动作、文字、声音所表达出的一种情感，是思想的融合、观念的统一，是人类生存的必备条件之一。在沟通中，也许一个微笑，一个手势，一句问候，都可能拉近彼此之间的距离，都可以为自己创造机遇，甚至影响他人的行动，激发对方的士气，让别人改变想法，等等。

有位朋友说，他在外漂泊许多年，每次在面临应聘新的职位时，都需要填写自己的履历表，在特长一栏里那位朋友并不是像其他人那样，写着琴棋书画之类的东西，而是填写了"沟通"。对此，几乎所有的老板在对他进行面试时都要考证一番，然后便是试用期，然后就是正式聘任、重用。

所以，对于漂泊的人来说，沟通非常重要。漂泊的人应该感谢漂泊的生活，正是漂泊的生活让自己学会了沟通，或者说是逼迫自己学会了沟通。身在职场，几乎所有人时时刻刻都面临着沟通的问题，与客户沟通、与上司沟通、与同事沟通、与下属沟通、与家人沟通，等等，可以说，不会沟通的职场中人将会在职场上寸步难行。

要想得到他人和整个社会的认可，就必须学会沟通，但沟通并不是作秀，也不是为沟通而沟通，而是为解决问题而沟通。沟通讲究诚意，在让对方明白自己意思的同时，更要了解对方的意思，这才是真正的沟通。

一些职场中的领导经常说"沟通其实很简单"，其实，这句话并不是百分百地正确，沟通人人都会，但作为领导人，在与下属沟通时一定要把握好沟通的语言技巧。不要因"沟通很简单"而随心所欲地与下属进行沟通，从来不知道考虑下属的心理感受。

[与下属沟通要尊重他人]

职场中人都有这样的体会：任何沟通都是沟通双方之间的一种交流和联络，包括情感、态度、思想和观念等的交流。沟通不是为了让对方屈服，而是在寻找双方都可以接受的方法。因此，沟通的方式往往比内容更重要，这就要求人们在沟通的过程中，首先应当引起对方的关注和取得对方的信任，这就要注意避免用命令式语气，也尽量避免"我"这样的词语，而用"我们"来取代，让下属觉得彼此是一体的，为着达成共识而努力。

同时，还要尊重下属的反抗情绪，以避免同其发生争辩，因为争辩非但不是自己的胜利，只是一种伤害的开始。掌握好沟通的语言技巧，在与下属进行沟通时就会比较顺利一些。

在与下属沟通的时候，要注意细节。一个看起来很平常的小细节就有可能会影响一个人的一生。就像吸毒者一样，开始认为吸一口没什么事，然而就是这一口却毁了一个人的一生，正所谓"千里之堤，溃于蚁穴"。这给管理者一个启示，对待下属，一定要善意，尤其是功劳显赫者，更不能马虎对待。

善待员工就是要多与他们进行沟通，给他们良好的工作环境。作为上司，在与下属进行沟通时，不应当表现傲慢的神态，更不能居高临下。所以，领导者在与下属沟通时，应该为下属着想，沟通时要注意下属的感受。所说的话不但是自己想说的，更应该是下属喜欢听的，这样才可以使沟通达到高潮。

陈天明是一家制造类企业的采购经理，在工作上颇有成就，深受公司领导层的赏识。他对下属的要求十分严格，他作为一个中专生能走到今天多半是因为这个原因。因此，他期望他的员工也能像他一样，一心只想着工作上的事，为公司尽职尽责。

但是，他与下属的沟通存在着很大的问题。平日里，他俨然一副太上皇的模样，与下属沟通时盛气凌人，不懂得尊重下属的感受，不考虑下属能不能接受他的意见，更不会和下属打成一片。他的行为引起了下属的不满，同时也挫伤了下属工作的积极性。

这个故事讲的是一个很现实的问题，它告诉我们，作为上司，在与你的下属沟通的时候，要学会尊重下属。若不能认识到这一点，只是一味地抬高自己的位置，对下属不能真心地尊重，这样，在下属的心目中你就无法树立更高的威信。

所以，一个上司或者领导要掌握同下属沟通的语言技巧，只有这样，才会使自己与下属的沟通更顺畅，也才能赢得更多人的尊重和信任。

同事团结才能够顺利开展工作；同事关系和睦才会拥有快乐。物竞天择，适者生存，同事之间要拥有和谐、团结的友谊之情，也要存在一份危机、竞争的紧张之感，才能够适应工作环境，才能够更好地工作、发展，并且在工作中成熟自己，无形之中提升自己的工作能力，在未来的发展中不被社会淘汰。

面对分歧，可议不可吵

[争吵只会打破同事的团结]

不管怎样，牙齿也会咬到舌头，同事也会在朝夕相处中产生分歧，作为公司的一员，如果因为分歧而发生争吵，只会使得同事之间产生仇恨，工作起来也会因为两人的这种不和而影响公司正常运营。

王强是一家百货公司的采购员，一次与同事李林分到了一起，共同到外地出差采购货物。虽然是同事，但是两个人的接触并不多，不过两个人还是比较高兴的，说说笑笑往目的地行去。

很快，车子就行驶到了高速公路上，这时，王强突然发觉路线好像不正确了，于是他连忙对司机李林说："你是不是走错路了啊。我以前也到过XX，不过从来没有见过这条路啊。"李林被他这么一说也迷惑了："真的吗？"王强说："我也是感觉。你是司机，你还不知道？"听王强这么一说，李林就硬着头皮继续走了下去。虽然他并不清楚自己是不是走错了路，但是碍于面子还是继续开下去。

但是，不久后他便开始了不安，因为他也发现了问题的严重性，于是赶紧跟王强说清了事实。王强一听也急了："你怎么现在才说啊？你以前没有去过

XX？哎呀，都怪你了，明天肯定不能按时返回了。"李林知道自己错了，只好解释说："我也是刚看到路标才发现问题的，我也不是故意的啊。"说着就开始想挽救的办法，王强或许是气坏了，便大声地埋怨道："知道错了，还不返回啊？真是知错不改！"而且还一直唠唠叨叨。

李林也生气了："高速公路上，哪是想拐就拐的啊？这你都不知道吗？"王强更生气了："早知如此，何必当初。你是司机还是我是司机啊。"就这样，他们又错过了接下来的一个出口，于是，他们不得不继续向错误的方向行驶……

争吵使得工作难以顺利进行，使得同事之间出现隔膜。其实事情发生的源头并不是多大的问题，只要他们能够团结合作，各自退让一步，那么也就可以以最快的方式争取到弥补的时间，可惜他们只顾着争吵而忘记了正在进行的工作。

争吵是每一个人都不愿意的事情，可是因为某些原因往往会彼此争吵起来。在面对这些措手不及的争吵时，作为争吵一方的自己应该大度一些，首先冷静下来，想一想为这件事争吵值不值得，自己到底有没有错，如果自己没有错，就站在对方的角度考虑一下，你就会发现：

争吵是一件无意义的事情。每一个人都希望工作顺顺利利，做事情开心快乐。但是争吵能够将我们的这份好心情带走，甚至于恶化工作时的态度，从而影响自己的前途。

争吵是一件可笑的事情。为着不值得的一件小事弄得不可开交，甚至于在公司中损失自己的形象，从而成为同事之间谈话之余的笑柄，岂非得不偿失。

争吵是一件愚蠢的事情。老板喜欢的员工永远具有乐观向上，积极认真的态度，同时更加喜欢自己的员工能够有一张化干戈为玉帛的巧嘴，永远不会与同事争吵。所以说如果你因为自己的一时冲动而当众争吵，既无聊又愚蠢。

［讨论能够使问题云开雾散］

与同事产生了分歧，而且同事气焰高涨，或许一时真的会令人无法忍受，但是请你冷静下来，用自己的微笑去面对别人的高傲，本着解决问题，通过讨论的态度去工作，那么同事肯定也会为自己刚才的态度惭愧，而且还会帮助你拨开工作中的迷雾。

李菲，聪颖慧智，但是为人有些好强。所以，在公司中经常会和小组成员发生矛盾和分歧。经理与其讨论了多次，但收效甚微。这天，李菲和张良被安排在一起做搭档，共同进行一个广告的设计。张良，大智若愚，总给人一种傻乎乎的感觉。李菲看在眼里就觉得自己优越感倍增，便对张良指手画脚的。

在李菲的安排下，他们俩开始一起分头进行同一个目标的信息采集。很快，他们就完成了这些工作，开始了文案的设计工作。李菲看了张良采集的信息，很不高兴地说："你的这些想法根本就没有什么意义。"转而又高傲地说："你看我的，一定会非常引人注目的。"张良看了看，发现李菲的从整体上看也不错，唯一不足的就是太过招摇。

于是，他也发表了自己的看法："你的也很不错，不过我觉得如果能够和我的融合到一起就更好了。"李菲又认真地看了看，张良的确也非常不错，简约而不简陋。但是，她觉得张良的设计理念和自己想要形成的风格太不相容。因此，她否定了张良的想法，说："但是我们两个的很难融合到一起，而我觉得还是我的相对好一些。"

看着李菲傲人的态度，张良没有像别人那样生气，而是以一贯低调的态度说："正因为难以融合，所以，我们才更应该讨论一下呀。你来'主导'。"

或许是因为张良的大度和合作的态度，李菲很快就接受了他的建议，而不是像与其他同事那样大肆争辩。很快，他们的文案完成了，反响也非常好，是李菲所经手的广告中，效果最好的。

讨论是退一步的智慧；讨论是忍一时风平浪静的气度；讨论是一种促进和谐，团结同事的催化剂；讨论是帮助自己树立良好形象，惹人喜欢，愿与你共同合作的招牌。在遇到困难问题，出现分歧的时候，或许同事的态度是令人无法忍受的低姿态，但是你能够压抑自己的情绪，温和与其商量，才会让对方看到你的宽容，才会让对方对自己刚才的所作所为感到不好意思，才愿意马上改正态度与你共进共退。

　　事实上，同事之间产生分歧是很正常的现象，但是分歧是为了让大家更好的合作，而非通过争吵解决问题。如果你在解决分歧的过程中通过恰当的讨论，不仅会使你们之间的争吵不复存在，还会让同事对你刮目相看，欣赏你的人品与修养，并且通过与你合作从而认可你的能力。在以后的分歧之中会主动提出与你讨论，从而解决公司难题，幸运的话还有可能让你们建立一种亲密无间的友谊。

拒绝是一门艺术，拒绝同事的要求更是一门艺术。同事之间接触频繁，请求帮助的机会也就会大大增加。灵活有技巧的拒绝可以让对方在笑声中谅解你的"无能为力"，灵活有技巧的拒绝可以让对方不舍得、不忍心再要求你、为难你，灵活有技巧的拒绝可以让对方哑口无言、知难而退……

巧妙机智地拒绝

或许有些时候，当别人请求我们帮助时，我们的确有困难或者是的确不太乐意。但是，在拒绝对方的时候，必须得讲究技巧，这个技巧是问题的关键。掌握得好，就能够轻松而清楚地向对方传达自己的意思，并很容易得到他人的谅解和认同。反之，则很可能将同事之间的关系搞僵。

[妙趣横生，轻松拒绝]

巧妙的拒绝分为很多种，我们可以找一种比较适合自己的性格，同时也比较适合当时环境的方式。比如说，如果你为人有亲和力，与周围的人相处得都非常不错，那么你可以选择意趣盎然的表达方式。

启功先生不仅是我国当代著名的教育家、国学大师，而且还是一个美名远扬神州的书画家，再加上他为人慈祥谦和，容易亲近，所以，很多人都向他求要书画，而他通常也都会答应对方。就这样，向他求画的人越来越多了。的确，启功先生的画作令人叫绝，所以，就出现了不仅有因为喜欢启功先生的画作的求画人，还有许多目的不单纯的求画人。

面对越来越多的求画人，启功先生也没有时间应对了。时逢启功先生患了重感冒，无法起床，于是被戏称为国宝熊猫的他只好婉拒，将一张"提示"纸贴在门上，上面写到："启功冬眠，谢绝参观；如敲门窗，罚款一元。"这样一来，就没有人再去打扰他了。

看一下，启功先生拒绝他人要求的时候都在做些什么。当无法接受别人的请求的时候，他选择了软拒绝——委婉相拒，这样的拒绝，别人一般都非常容易接受。另外，虽然他选择拒绝对方的方式也是通过话语，但是这种不通过当面交流的方式能够很好地避免双方面对面的尴尬。再来看他都说了些什么。

首先，他说"启功冬眠"，这表明了他不能够接受要求的原因；第二，他说"谢绝参观"，这表明了他的立场；第三，他说"如敲门窗"，说出了其不希望的要求方式；最后，他说"罚款一元"，小小的"惩罚"使整则贴示意趣盎然，而四句话连起来更是令人倍感绝妙。

［以子之矛攻子之盾，令其知难而退］

成功拒绝对方，首先要做的就是让对方知难而退，或者给对方一个换位思考的方式，让其认识到自身的难处。这种拒绝方式，最有效而且也最能够令人心服口服，即使对方不服也没有办法。

美国总统富兰克林·罗斯福聪明睿智，是美国历史上执政时间最长、最有威望的总统。这位伟大的总统在没有就任总统职位以前就是一个值得人们信赖的人。罗斯福在担任国家海军部海军部长的时候，曾经遇到过这样一件事情。

有一次，一位好朋友向罗斯福打听有关美国海军部在加勒比海小岛上的军事情况。此时，罗斯福立刻意识到了问题的严重性，但是他并没有指责他的朋友，而是选择了一种独特的拒绝方式：他神秘地望了望四周，凑近朋友，低声说："你能保密吗？"他的朋友非常激动，然后信誓旦旦地保证："当然能！"罗斯福微微一笑，转而学着朋友的样子认真、坚定地说："那么，我也能！"

职场中工作的人们也应该多多向聪明的罗斯福学习一下，那样不但可以轻松搞定难题，而且还丝毫不影响与同事之间的关系。首先，当听到朋友打听有关国家机密问题的时候，罗斯福并没有像常人那样生气地指责朋友。的确应该这样，或许朋友并没有太多其他的想法，或许只是好奇而已，所以我们就不要太敏感，轻松的心情才能够更好地发挥自己的思维组织才能，才能够更好地解放我们紧张的口腔器官。罗斯福也没有严厉地拒绝朋友，因为那样很可能会影响到两个人之间的关系。

面对尖锐的问题，罗斯福只是采取了一种"以子之矛攻子之盾"的方法，"你能保密吗？能。那么，我也能。"多么巧妙的推理，将朋友的立场立刻转换到了自己的位置上，这样一来，朋友就立刻体会到了自己的苦衷，一切自然也就不言而喻。

对于拒绝，我们一定要本着真诚的态度，只有这样，对方才能够更好地接受。比如，这个时候你可以说："我可以帮你做些其他的什么吗？"面对拒绝，我们的态度一定要温和而坚定，只有这样，你才可以在不伤害同事面子的同时还向同事表示出你的坚定立场。你可以苦笑着说："这件事情，我真的是无能为力啊，如果是我能力可为的，我一定当仁不让。"面临拒绝，你还可以幽默风趣，这样一来，对方在接受被拒绝的时候很可能也能够开心一笑，不至于伤害到两个人的关系。面对拒绝，你还可以巧妙机智，这样可以让问题化解得无影无踪，就像罗斯福所说的那样："我也可以。"

世界上无人喜听批评，但是没有"指出错误"就是主张错误，很多时候，我们不得不批评对方，即使其是自己的顶头上司，或者是至尊无上的帝王。此时，若没有像魏徵大丞相的胆识，就一定不要尝试严词力谏，还是应该巧妙地指出上司的错误，比如说可以为其做一首雅诗，或一个形象的比喻。

借用巧妙的比喻指出对方的错误

批评对方的时候，我们一定要照顾到对方的感受，对领导来说，就更应该如此。人的性格不同，喜好也就不同，心理变化更是微妙莫测，但庆幸的是，每个人都希望对方可以赞美自己，即使是在批评的时候，这一点也亘古不变，这就是人之本性使然。正如英国著名小说家毛姆在其《人性枷锁》中说过的一句话："身居高位之人，即使请你批评指正，他所真正要的还是赞美。"所以，在我们批评对方的时候，还是最好指出其"被包装过"的缺点。

[暗喻有声]

很多时候，批评对方并不是想批评就可以随便批评的，因为有些人会直接关系到自己的前途甚至是生命大事。对待上级，就像是在陪伴君王。所谓"伴君如伴虎"，能够保全自己性命已属不易，更何况批评君王呢？然而，懂得批评艺术的人就可以做到。

一次，张思先立下大功，宋太祖赵匡胤高兴到极致的时候随口许下了承诺："你这次为君做出如此重大贡献，我决议让你官拜司徒。"由于宋太祖只是兴起夸谈，所以，很快就忘掉了这件事情。而张思先却深深地记在心中，但是他又不能贸然行事，即使事情很明显是宋太祖做得不恰当，正所谓"君无戏言"。

张思先左等右等，时间如流水般飞逝而过，可就是不见宋太祖的任命。皇上不主动提出来，做臣子的怎么好意思开口呢？张思先知道，即使宋太祖只是遗忘，自己也不能轻举妄动。张思先很聪明，他想到了一个好办法。

这天，张思先故意骑着一匹奇瘦无比的马从宋太祖必经之地经过。当看到赵匡胤过来的时候，张思先装作非常紧张的样子，赶快下马向其请安。赵匡胤转眼看到了张思先的马，很不解地问道："这匹马怎么这么瘦啊，是不是你没有好好地喂养它啊？"张思先回答："一天三斗。"赵匡胤更加疑惑了："吃得这么多，为何会这么瘦呢？"张思先认真而委婉地说："我答应给它一天三斗粮，但是，我没有给它吃那么多啊！"话毕，赵匡胤心领神会，大笑起来。第二天，就按照许诺将张思先封为司徒长史。

如此巧妙的比喻，不知道内因的人并不能够听懂、看透，但其中深意即刻已在光天化日之下传达当事人之心。这样的批评不但是任何人都不会反感的，而且效果显著，因为它妙趣横生，完全照顾到了当事人的面子和心理，是职场从业人员不可不学的妙招。

[巧喻有方]

很多时候，当上司做出了一个决定后就很难改变了，但是若其决定存在不妥，那么做下属的就应该积极向其提出，然而若其性子极偏，也听不进去他人劝阻的话，就很容易发生冲突了，很可能会造成"犯上"的局面。这个时候，下属很可能会陷入有理难言的境地。其实，事情并非没有可解决的办法。只要你懂得巧妙、委婉的艺术，那么，指出他的错误也可以是所向披靡的事情。

春秋时期，吴国国王下定决心要出兵攻打楚国。但是，这一做法却得到很多大臣的反对："攻打楚国虽然成功的希望很大，但是假如其他诸侯国也在这个时候乘虚而入，后果将不堪设想。"虽然如此，吴王伐楚心意已决，任由忠心耿耿的臣子如何劝谏就是听不进去，而且还说："若有劝谏者，就处死。"但是，如果任由吴王随意行事，将是对吴国的不负责任。所以，大臣们纷纷议论，只是依然不知如何是好。

这个时候，侍奉吴王的一个少年侍卫想到了一个办法。第二天一大早，他就拿着自己玩耍的弹弓到了花园里转悠，并且一连三天都是这样，即使衣服被露水沾湿也依然如此。吴王知道了这件事情，感到非常好奇，就询问缘由。侍卫认真地对吴王说："禀报大王，我在打鸟。"吴王又问其收获。侍卫答道："我没有打到鸟，不过却看到了一件很有意思的事情。"吴王非常好奇。

侍卫说："花园里有棵树，树上有只蝉。蝉悠闲地鸣叫，却不知道有一只螳螂正在它身后。我看到那只螳螂死死地盯着它，拱着身子，准备捕捉它。不过，螳螂的不远处还跟着一只黄雀。"吴王更加好奇了："黄雀要捕捉的是不是螳螂？"侍卫装作赞扬、崇敬的样子说："是啊，对，那只黄雀伸长脖子也准备着去啄食螳螂。"

转而他又得意地笑了笑说："不过，它不知道我的弹弓早已瞄准了它。它们都一心瞄准自己的猎物，仿佛成竹在握，却全然不觉其身后也充满危机。"听过侍卫的话，吴王豁然开朗，大悟，连连说："的确如此，的确如此。"随即取消了伐楚的行动。

一系列的比喻，巧妙而顺理成章，即使君主明白你的劝谏用意，已经明理的他也不会再追究这个问题了。说服吴王，这位年轻侍卫成功医活死马，比喻的批评方式功不可没。

首先，为了引出君王的话匣子，侍卫采取行动而非直接言语开道。结果成功收获吴王的主动交流，这是指出吴王错误的第一步。这样一来，君王必然静下心来，细听你的话中话。花园里有树，树上有蝉，蝉后有螳螂，螳螂后有黄雀，黄雀后有弹弓，这一系列关联紧密的利益关系，就如同春秋争霸时候诸侯国之间的关系。树栽在园中，蝉伏于树上，螳螂盯着蝉，黄雀瞄准着螳螂，一个个都沉醉于眼前的猎物，殊不知其已面临了灾祸。这明明就是贪心君王的写照。虽然侍卫只字未提吴王欲攻打楚国的个中利弊，但却是巧妙暗喻之。如此一来，不仅没有打破君王的规定，还成功指出了吴王的错误，最重要的是给了吴王自己做决定的权利，效果也就不言而喻了。

暗喻是指出领导错误的好方法，巧妙的比喻，言人所未言，析人所未析，表人心中之意。不仅可达到指出领导错误的目的，而且还能够用最少的言语全方位、立体化地表达自己的心意，最重要的是可以充分地保全领导的权威和面子。这对于下属来说，是一种批评领导再好不过的方法了。

古人云："人非圣贤，孰能无过。"世人皆常有过失，这种过失有些时候可以被当事人发现并改正，而有些错误却是当事人在无知无觉的情况下造成的，这个时候，他就需要有人可以给予一些提示，或者说是批评。而人们又存在这样一种心理：不喜欢被人批评。那么，作为一名上司，在下属犯了不得不批评的错误的时候，你该怎么做呢？说些什么，才能够使对方更好地认识到错误，并愉快地接受，进而改正呢？其实这个不难，只要你能够悉心体察对方的心理和性格，悉心修炼自己批评的表达艺术即可。

适当运用"糖衣炮弹"之法

批评是一门技术活，技术高超的批评可以使对方和你心有灵犀，不点自通；而随随便便毫无美感的批评却如一柄利剑，直穿人心，造成难以弥补的后果。因此，批评下属一定要讲究技巧，只有恰到好处才能够更好地实现批评的初衷和目的。不管你选择怎样的批评方式，你都应该注意一些共性的问题。

[照顾对方感受，适可而止]

众所周知，毛泽东幽默风趣，睿智博学，与人讲话的时候通常是旁征博引、引经据典，所以，从他口中讲出来的话总是闪烁着智慧的光芒。这种光芒闪耀在生活中的事事处处，即使是在批评别人的时候，也毫不褪色。

一次，毛泽东发现自己房间里的沙发根本就没有使用价值，就让人将这个多余的沙发搬出去交公。可是，过了好久，卫士们还是没有将沙发搬出去。

毛泽东疑惑地问："怎么没有搬出去啊？"

一名工作人员说："门太小，搬不出去。主席，干脆就留在屋里吧！"

毛泽东一想，知道卫士们遇到了难处。于是，亲自走上前去，看了看沙发，又审视了一下房门，然后没有直入正题，而是幽默地问道："你们说说，是先盖起房子后搬进来沙发的呢，还是先摆好沙发再盖房子的啊？"

卫士们笑笑说："主席，当然是先修房子后搬进来沙发的嘛。"

毛泽东也笑了："那，这沙发能从这道门里搬进来，怎么就搬不出去了呢？"然后意味深长地看了看大家，就离开了。

大伙一听，恍然大悟：原来主席是在批评大家做事情不懂得动脑筋呀。于是马上就又招呼着干了起来，将沙发搬了出去。

首先，毛泽东在发现工作人员还没有将沙发搬出去的时候，他没有像很多领导那样大动干戈：就这么一丁点儿小事都办不好。相反，他只是笑了笑，向工作人员询问原因。另外，他还积极深入到工作人员的立场去审视客观情况，思考解决办法，这就使他更加清楚了工作进程缓慢的原因。

接着，他也并没有因为工作人员不懂得积极思考问题而怪罪苛责，而是幽默地提问、开导，这样就使员工懂得积极思考，进而主动认识到自己的错误。最后，他适可而止，并没有将工作人员的问题点明，而是"扬长而去"。其实，他该做的工作已经完成，他相信接下来的工作，工作人员一定会处理得非常好。

如果职场中也有这样的领导，那么一定是公司之福、员工之福了。在批评下属的时候，要懂得批评的目的是什么，达到这个目的后就应该适可而止、鸣金收兵了，这在一定程度上照顾到了员工的面子，会使犯错误的员工心存感激并且积极地改正错误。说话要讲艺术，但不说话也是说话艺术中关键的一点。

[严厉背后是春风]

虽然说，在批评下属的时候应该注意照顾到对方的感受，这样能够保全对方的自尊和面子。但是，批评艺术不仅仅只有这一种，只要你可自圆其说，达到殊途同归的目的，也不失为一种好方法。松下幸之助就是这样一个另类的领导者，他奉行的一句话是：挨骂就是进步的原动力。

松下幸之助，是日本商界中的"经营之神"。他出生于日本一个农民家庭，从小孤苦无依，9岁就已经开始了辍学谋生的生活。长久以来的社会历练和磨难，使他养成了直面人生的习惯，他受益于此，也将它带给了自己的每一个员工。

一次，有一位厂长做错了事情，松下生气万分。他怒发冲冠，暴跳如雷，对这位犯错误的厂长破口大骂。不仅如此，他还一边拿着火钳敲火炉，火钳被敲得当当作响，骂声一声高过一声，怒火一浪高过一浪。最后，这位厂长终于经不住他严厉的批评，吓昏了过去。

过了一会儿，松下拿酒将他灌醒了。看着厂长恐惧的神情，松下微微一笑，非常温和地说："你可以回去了。不过，这火钳因为你而被敲弯了。在你走之前，必须先把它弄直。"

这位厂长如释重负，赶忙照做。当厂长重新将火钳递给松下的时候，松下微笑着说："干得不错，比以前还要好。"当厂长舒着长气走出公司大门的时候，松下的秘书已经等在门口了。秘书按照松下幸之助的嘱咐将这位厂长送回家，暗地里嘱咐他的夫人要注意厂长的行为，以免伤害到其自尊，并防止其因无法承受而自我伤害。

第二天一大早，松下打电话给这位厂长，他十分友好、关切、真诚地说："我没有别的事，就是想问你是否还在意昨天的事情啊……"在松下的安慰下，这位厂长的感情喷薄而出，心灵受到了极大的冲击，他深深地感受到了松下对自己的器重和恨铁不成钢，但同时又对松下充满了敬畏。

在批评下属的时候，一定不要说带有侮辱性、全面否定性等批评员工人格的言语，比如说："你这个笨蛋"、"你什么都干不成"、"你从来都没有干过一件像样的事情"、"你不去学学某某人吗"、"你这是目无领导"……应该多说代表客观事实、建议性的内容，比如说："这件事情……"、"我可以这样认为吗"、"下次继续努力"、"相信你一定会做得更好"、"你在这个方面做的就很好嘛"……

事物具有两面性，好的可能会变为坏的，坏的说不定也能够转化为好的。其间这种微妙的转化，是事物性质变化的关键。一个失败的撑舵人，很可能将一帆风顺的船只驶向险境，而一个成功的撑舵手却可以将险情转而利用为快速前行的动力。同理，职场生活也是如此，作为一个成功的领导者，你是怎样将坏消息通报为好消息的呢？

传达坏消息的策略和方法

对一个公司来说，稳定非常重要，而稳定中最难的就是安抚下属的心。心不安定，工作的积极性自然不高。可是，航行在大海上的公司必然会面临狂风巨浪，坏消息不可避免。这个时候，是瞒着下属呢，还是和员工一起共患难呢？事实证明，后者更有利于一个公司渡过难关。但是，在向下属通报坏消息的时候，切不可大意、随便，因为这样做的后果通常会比前一种行为还要糟糕。所以，向下级通报坏消息，上司一定要注意讲究策略和方法。

［真诚道歉，勇于承认错误］

大家都知道，沃伦·巴菲特是股市界高手中的高手，他所掌控的公司伯克希尔·哈撒韦资产无数。然而，股神也会出错，巴菲特有的时候也会做出一些有损公司的投资，这样的事情不可避免，但是只要犯错，就会损害股东们的利益。对此，巴菲特经常会真诚地向股东们道歉，于是，即便他每一年都会通报一些坏消息，却丝毫不会产生动摇军心的作用力。

2009年2月28日，巴菲特又向股东们发出了一年一度的"致股东信"，通报了许多坏消息。

比如，巴菲特说："2008年，在投资方面我干了不少愚蠢的事情。我至少犯了一个重大的错误，还有一些看起来并不严重的错误，但也造成了不良后果。"

比如，巴菲特说："此外，我还犯了一些很粗心的大错，当新情况出现的时候，我本应反省自己的想法，然后迅速地采取行动，但是我却没有那样做。"

比如，巴菲特说："我们确信，经济会在2009年变得混乱不堪，而且可能还会持续下去，但这个结论并不能告诉我们股市的行情。"

比如，巴菲特说："但是，有一点是毋庸置疑的。"

比如，巴菲特说："不过，如果有价格令人满意的高品质经纪公司，我们还是会考虑与其合作出手收购的。"

比如，巴菲特说："另外，我们持有的债券和股票的市值会随着市场的趋势而出现大幅度缩水。查理和我对此并不担心。事实上，如果有资金可以增加头寸，我们很愿意看到这样的价格下滑。"

尽管如此，伯克希尔的股东们也绝大多数没有产生动摇的想法和行动。那么，是什么让股东们毫不担心地紧紧跟随巴菲特呢？让我们看看巴菲特向股东们通报坏消息的话语吧。

首先，你可以看到在通报坏消息时，你发现巴菲特全部在说心底的话，毫无隐瞒而且万分真诚。巴菲特向股东们通报的时候，先向股东们承认了自己的错误，真诚的态度使股东们不禁产生恻隐之心，进而不忍心苛责巴菲特；另外，巴菲特在向股东们检讨了错误后，还指出了所犯错误的原因，这样是在向股东们介绍客观情况，从而使股东们了解问题，判断问题，理解问题，从而更客观地认识问题。

接着，巴菲特还向股东们分析了客观现状，让股东们对犯下错误之后应该面临的问题有一个了解；然后，巴菲特又表明了对未来的展望，这样，就将股东们的眼光引向了充满希望的未来。如此一来，股东们就清楚了事情发生的全部图景，从而更容易接受坏消息，忘记坏消息，忽视坏消息，迎接好消息。

[对坏消息进行铺垫]

在通报坏消息的时候，除了坦诚和将心比心外，还可以采取打预防针的措施。在向对方通报坏消息之前，先给对方增加一些抗风险免疫力，可以大大地减轻灾难降临时候的震慑力度。

王先生在一次生病住院的时候，被意外地查出了另外的疾病情况——恶性肿瘤晚期。这一消息对正憧憬抱孙子的王先生来说，无异于重磅炸弹。

医院的主治医生在发现问题后立刻委婉地向王先生的家属通报了消息："恐怕您父亲的情况有一些严重，我们在做检查的时候还查出了其他的疾病。但是，只要我们积极治疗，应该还是可以争取好转的。"然后，他们将检查结果交给了王先生的儿子。

一瞬间，王先生的儿子痛不欲生，但是由于医生先前的铺垫，他还是很快接受了这个事实，并积极地配合医生的治疗方案。就这样，医患双方相约瞒着王先生，开始了紧张的治疗。

当然，这个治疗远不像鸡毛蒜皮的小病症那样简单，不久就引起了王先生的怀疑。王先生总是向家里人询问病情，而家里人通常都说："没关系，现代医学先进了，检查的程序自然细致了。咱们就趁着这个机会在医院给你的身体做一个全面的检查啊。"

而精明的王先生并不相信，他开始向医生询问。医生通常安慰说："没什么，您的儿子孝顺，想给您做一些全面检查啊。"然而，病情开始了迅速扩散和恶化，治疗的工作越来越细致、频繁……真相再也瞒不住了，医患双方商量着将这个坏消息告诉生气的王先生。但是，他们考虑到医生的安抚作用更大一些，就选择了让医院来通报病情："我们在前一段的检查中，发现了您身体中有些可能威胁到您生命的细胞。不过您已经进行了很多治疗，相信只要坚持下去就一定可以好转的。我们保证。"

由于有医生的保证，王先生对此并没有太大的震惊，更何况他早有察觉和怀疑。就这样，心态积极的王先生相信了医生的话，并开始了积极、主动的治疗。

王先生的儿子和王先生之所以能够很快就接受坏消息，很大原因是因为通知者注意了表达方式。当医生向王先生的儿子通知坏消息的时候，首先进行了大量的语言铺垫，然后才将病情通知单交给他看。

由于铺垫的作用，王先生的儿子已经做好了心理准备，虽然他是第一个接到通知的人，但相对还是可以接受；接下来，医患双方对王先生进行了"欺瞒"，这实质上已经是在进行铺垫了，比如"全面检查"，这就在向王先生透漏他的身体可能不够健康，再加上时间的作用，王先生就能够猜想到一二了，也就自己做好了心理准备；最后，王先生的儿子在向王先生通报病情真相的时候请来了医生，这也是一个非常好的做法。

由此可知，在向下属通报坏消息的时候，在选择一个比较适当的地点和场合，准备好充分的尊重和真诚态度后，你可以先用"恐怕"、"将"、"不得不"、"因为"、"由于"、"我担心"、"可能"等词语为你将要说的话进行铺垫，这样的软语言可以起到很好的缓冲效果，能够在最大限度上减少对当事人的伤害。接着，你可以采用拥有"不过"、"我将尽力帮助你"等内容的语言，这类可以给接到坏消息的当事人希望、未来的话语可以很大程度地将当事人引出消极、悲伤，引向积极和主动。

事物的小节是构成其整体的基础，虽小但是不能够忽视。从某种意义上来讲，一个很不起眼的细小环节就可能会影响到事物整体的发展，甚至会影响到事物的性质。同事之间的交流也是这样。有的时候，我们或许会觉得小节不值得注意，但是正是这种"不值得注意的小节"，却很可能会影响到你在同事心目中的整体形象，对你的发展非常不利！

别让不拘小节让你陷入职场麻烦

在与同事讲话的时候，不要太随意，不要大声喧哗，不要粗言粗语，不要骂骂咧咧，不要随性乱扯，不要忽视小节。小节不小，小节正是大问题的反应。与同事说话更是要注意，稍有不注意，就将成为影响他人、影响自己、影响办公室环境的大问题。

[与同事交谈，别说粗话]

生活中，很多人在和同事说话的时候都不那么注意，尤其是面对熟悉的人，时不时都会冒出一两句粗话，或者肆意地与同事开玩笑，或者随性地说说闹闹，从不注意说话时候使用文明语言。虽然说这不算什么大问题，更不是有伤原则的大问题，但这样的小细节，却代表着一个人，折射着一个人的素养和品性，影响着一个人的人生。

小王是一位地地道道的农村人，从小粗声粗气，说话大大咧咧。或许是因为习惯，大学毕业后的他仍然没有改掉说粗话的毛病。工作后，他就遇到了麻烦，同事们都不太愿意和他接触，总是有意无意地疏远他，尤其是女同事。

这天，小王刚走到公司门口，便碰到了相邻办公室的同事。他高兴地打招呼，边走边喊："嗨，哥们儿，你怎么也这么晚呀！他娘的，昨晚忘记关窗户，感冒了，他娘的。"

同事赶紧说："小声点儿，马上就到办公室了。形象，形象！"

小王才意识到自己说了粗话，不过他并不在意："这有什么，真性情嘛，骂骂咧咧才痛快！"

同事脸色都变了，急急忙忙跟小王道别，快速走进了自己的办公室。

小王看了看，很蔑视地摇了摇头。

走进办公室，小王就很气愤地跟身边的同事描绘刚刚发生的事情。

同事说："人家也没做错什么啊，你也该改了，别总是说粗话。"

小王更生气了："滚蛋，你丫也帮着别人说话。跟我穿一条裤子的交情都他娘的死哪儿去啦？"

一句话，身边的同事也不理睬他了。

从这段对话中可以看出，导致小王得不到同事欢迎的原因就是：爱说粗话。粗话是一种文化现象，但是它却并不能够登大雅之堂。所以，在工作场合还是不说为妙。同事之间虽然不是外人，但是言语却代表着你的形象。与形象欠佳的人相处交往，会很大程度地影响到自身的形象，所以再好的同事也不愿意与此类人接触过于频繁。另外，粗话虽然不能够完全代表一个人的品性，但是却可以使人产生戒备心理。况且，经常粗言粗语，很可能会影响到办公室的其他同事。

[请同事帮忙，要懂得感激]

同事之间朝夕相处，甚至比和家人呆在一起的时间还要长。彼此之间，熟悉得不能再熟悉，互相帮助也就成了家常便饭。于是，许多人就认为不需要太客气，也不必要太客套。话虽不错，但是熟悉归熟悉，谁都不能忍受对方毫无感激的"要求"。

　　小俊是一个非常容易和同事打成一片的人，对环境的适应能力非常强，能够很快地融入到一个陌生的集体。当大家都还觉得彼此不甚熟悉的时候，小俊就已经把同事们都当成了"自己人"。所以，他经常帮助别人，也经常向别人求助，而且没有觉得有什么不妥。

　　这天，小俊又遇到了难题，苦思冥想，工作还是没有大的进展。中午下班时间到了，小俊还是没有完成任务，于是他就决定留下来加班。

　　看到旁坐的同事从身边走过的时候，他下意识地便说："哎，给我带点午饭吧，什么都行。"可能是由于工作紧张的原因，他当时头都没抬一下，而办公室里有好几个人，这位同事也没在意，笑了笑就离开了。

　　下午上班，这位同事空手而来。小俊看到就大大咧咧地说："我的饭呢？你没有给我带啊！"

　　同事不好意思地笑了笑说："我以为你不是跟我说的啊。"

　　"你这女人真没有贤妻良母的潜力。"小俊摇着头感叹道。

　　这时，同事急了："我有什么义务给你带饭啊，又不是你的使唤丫头。"

　　小俊也有点纳闷了："我难道没有帮助过你吗？你怎么不懂得助人为乐、互帮互助呢！"

　　虽然带着调侃意味，但是这位同事还是觉得不能够接受："你真可怜，连'帮助'都强求。"

　　可以看出，并非这位同事不想帮助小俊，而是因为觉得小俊说话有些过分。两个人发生口角的原因主要是小俊用语不恰当。首先，在有求于人的时候，小俊不懂得说"请"；第二，在别人无意"犯错"的时候，小俊竟然说出带有攻击色彩的语言；第三，在别人反驳自己的时候，小俊仍然没有意识到自己说的话语已经到了让他人不能够接受的程度。

　　同事之间，互相帮助其实非常正常，而且大家应该都是非常乐意帮助他人的。但是，当你在请求别人帮助自己的时候，一定要懂得真诚、尊重和感激，因为没有人愿意当"使唤丫头"。类似"请"、"谢谢"、"不客气"等用语，看似小节，但是却能够起到大的作用，若不懂得使用，很可能会让人觉得有"被强求"之意。

学会运用
幽默的语言

———— • ————

6

　　幽默是知识和智慧的结晶，也是善良的表达。在人际交往中，幽默起着润滑剂的作用，帮人们度过难堪，化解尴尬。所以说，幽默更是一种胸怀，一种境界。幽默运用智慧和各种搞笑的技巧，常常使人发笑、惊异或啼笑皆非，同时，幽默往往言有尽而意无穷，进而让人从中受到教育。若想在人际圈里，获得更高的分值，就必须学会运用幽默的语言。因此，幽默成为现代人的必修课。

幽默有一种无形的力量，不管在生活上还是工作中，都可以让人显得更优秀。幽默犹如一束美丽的鲜花，开在人心，散发幽香；幽默就像一株顽强的小草，长在人心，永显生机；幽默像一块石头，知冷知热，永驻人心，沁人心房……

懂幽默之人好感倍增

幽默可以增加一个人的魅力。幽默能让人们在人际交往中游刃有余、左右逢源，从而使人们在事业上妙解难题、突显魅力。所以，幽默可以让人们记住你，而且只记住你的优点。

[幽默，令您魅力倍升]

在这个世界上，完美的人是根本不存在的，每个人都有这样或那样的缺陷和不足，但这并不是你成为有魅力的人的阻碍和借口。一个具有魅力的人知道如何去运用幽默来提升自己的魅力；一个既具有幽默感又具有魅力的人，缺陷也无法影响他在人们眼中迷人的形象，甚至其不足也会在一定程度上增强其魅力。

在美国，曾有一位极其肥胖的女政治家。有一次，她积极地参加美国竞选，在竞选过程中，她幽默的风格不但没有因为其外形上的劣势处于下风，还使她在竞选中获得了良好的印象，这都源于她非常幽默。在竞选演讲中，她轻松地以自嘲的口吻说过这样一句话："有一次，我穿着白色的泳衣在大海里游泳，不料，竟然引来了苏联的轰炸机。呵呵，因为人们误以为发现了美国军舰啊！"结果，选民被她的幽默魅力打动，不仅不在意她的肥胖，而且还有很多选民在竞选中支持她。

由此可见，幽默可以让一个人的人格魅力快速提升。人们忽视她的外形，而更看重她的魅力就是明证。幽默是一种心理艺术，只有懂得并能运用这一不可或缺的艺术的人，才是更健康、有魅力的人，才能够更好地生活、学习、工作，更好地面对和解决人生中的难题，更加清楚地看到竞争对手的优点。

懂得幽默的人有着遮盖不住的魅力。幽默可以掩盖自身的不足，甚至也可以让不足拉近与他人之间的距离，终能放射出异彩光芒。其实，谁没有软肋和缺点呢？当你遇到类似的事情或者被人嘲笑自身无法改变的不足的时候，就向这位聪明幽默的女政治家学习一下吧。只要你换一个有趣的角度，换一种轻松的心态，换一种另类的思维方式，用幽默导航，你也可以让自己像这位女士那样大放光芒。而此时，如果你以无奈、伤心或者没有信心对待他人和自己，你所面对的不是伤身就是伤心，而还可能在黯然神伤、消极落泪的时候失去更多。

懂得幽默的人有着非同寻常的能力。幽默可以在无形无声中让对方尊重自己，认同自己，肯定自己，心甘情愿信服自己。因为幽默是一种润滑剂，它可以帮助人们更好地交流沟通，它可以巧妙地指出对方的无礼，它可以让对方自己批评自己。所谓在无形中退敌，正是充分发挥出幽默所具有的魅力。

[幽默，增强魅力的法宝]

人生在世，尴尬无可避免，这很可能会威胁到我们良久得来的风度、魅力和好口碑。但是，幽默的人却从不认为尴尬能够让自己的人格魅力降低。这是因为，他们通常可以借助幽默化险为夷，巧妙应对，及时地抓住机遇，让自己的魅力光环更加闪耀。

1993年，"93大连（香港）经贸合作洽谈会"如期在香港举行。时任大连新任市长的薄熙来也参加了这次洽谈会。然而，会议刚开始，有位记者毫不知趣地向薄熙来提出了一个令人尴尬的问题："薄先生，您的父亲是中共高官，您做了市长，是否并非因为政绩，而是因为沾了老子的光？"一刹那，空气凝聚了。记者的摄像机、人们的所有感官都汇聚到了这位新市长身上，众人期待看到薄熙来如何对这一尖锐问题进行应对。

即使对于实力有加的薄熙来说，这也是很棘手的问题。只见他微微一笑，并十分幽默地说道："我很欣赏这位记者先生的直率，也许他的问题正是很多人的疑问。我不否认自己'沾老子的光'……我曾沾的光使我终生受益。当我还是一个正在认识社会和人生的中学生时，因为家庭牵连被关进监狱。五年的监狱生活磨炼了我的意志，让我学会了思考，懂得了公正、民主、法制对一个社会的重要性；温饱、自由、尊严对一个人的重要性……如果没有一个倒霉的老子，我也许得不到这份礼物，这岂不是沾了大光？至于个人政绩，我不便评价，这是大连市民的事……我是大连人民选出的市长，而大连人民是不会视他们的权利为儿戏的！"

看完这个小故事，你是不是也被薄熙来的聪明机智所打动呢？的确如此，薄熙来的回答令人叫绝，但是请注意，这样的回答是以幽默做后盾的。这聪明机智的回答仰赖于幽默的性格，假如没有健康的心态，薄熙来一定会很生气，至少会感到有些尴尬，或者可以"无可奉告"。但是，不管什么样的回答，都没有这样的回答效果好，其他的回答都可能会破坏人们对这位新市长的美好期待和无限信赖。

幽默是一种显示人格魅力的法宝。因为幽默源于健康的心态，幽默可以帮助人们更机智地处理难题，幽默帮助人更恰当地面对他人的无理责难，幽默使得您更从容地抓住危机，突显魅力。很多时候，我们都要面对来自他人的责难，尤其当你是一个极有魅力的大众人物时。也许人们并不是真的要使薄熙来难堪，也许是"机智"想考验新市长，但是不管怎样说这都是一个危机，只有你巧妙地回答才能够将"危机"变为"机遇"。抓住危机，薄熙来给了他的市民一个更好的印象，而这也让大连市民更加信任自己所选的新市长。

幽默是生活的调味剂和助推剂，它可以帮助我们更好地与人沟通，更巧妙地化险为夷。恩格斯曾说："幽默是具有智慧、教养和道德的优越感的表现。"只有你不断地培养自己的智慧、道德和修养，你的为人处事也可以很有魅力。幽默散发出来的魅力能量无限，它可以让人具有魅力，让具有魅力的人更有魅力。总之，幽默是一个让人魅力升级的法宝！

　　一个有幽默感的人，在他的身体里总有着很多的幽默细胞。这种人不论处在什么场合，都可以说出适合场景的幽默之语。要想说话幽默，在日常生活中就应该多留意，哪些是既讨人喜欢，又让人感到开心的语言，加上平时对幽默感方面的训练。相信，在不久的将来，你的说话水平，一定就能达到你想要的那种水准。

选对场合，说对幽默

　　幽默的谈吐是任何人都想要的。因为这种幽默的谈吐，不论在什么样的社交场合，都可以发挥巨大的作用。幽默的谈吐总可以使紧张的气氛变得轻松活泼，并且可以使说话人的观点更容易让别人接受。

[说话幽默的基本条件]

　　首先，说话幽默的人应当具有高尚的情趣和乐观的心态。幽默的谈吐是建立在说话者健康的思想和高尚的情操之上的，幽默的话语可以帮助人们对他人提出善意的批评。所以，幽默总是会要求说话的人具有较高的思想境界和涵养。

　　一个心胸狭窄、思想龌龊的人是不可能幽默的。幽默总是属于那些心胸开阔，又具有古道热肠的人。说话幽默的人往往是心宽气朗的人，因为他们对生活总是充满了热情，对他人也总是很宽容。

　　其次，说话幽默的人应该具有很强的观察力和想象力。幽默的谈吐要求说话人具有快速的反应能力，还有敏捷的思维。一个反应迟钝、思维混乱的人是不可能说出适合场合的幽默之语的，只有那些对生活善于观察和充满想象力的人才会说出适合场景的幽默之语。

　　最后，说话幽默的人应当具有很高的文化素养和较强的语言表达能力。幽默的谈吐是一个人聪明的标志，所以它要求一个人具有较高的文化素养和较强的语言表达能力。如果一个人有着很高的语言和文化修养，达到了上知天文，下知地理的境界，那么，这样的人是不会被生活中尴尬的局面所难倒的。

文化素养高、善于语言表达的人，总是可以在日常的生活中讲起话来得心应手，游刃有余。而且，这些人说的话也总是生动、活泼、有趣。

最关键的一点就是，幽默只是一种讲话的手段，而不是目的，不能为了幽默而变得幽默，更不能借用幽默达到邪恶的目的。一个真正具有魅力的人，往往会根据场合选用适当的幽默之语。因此，一个人要想成为真正幽默的人，就必须学会恰当地运用幽默的语言。

[说话幽默的好处]

一句幽默的话，可以帮助人们消除彼此之间的误会，可以巧妙地与他人搭话，还可以增强说话人的交际能力。幽默的话语往往让他人产生一种亲切的感觉，所以说，幽默感是一个人具备良好人格的标准。

人们常说，幽默的语言是人际交往的润滑剂。因此，幽默感是一种高雅的情趣，也是一个人智慧的体现。幽默的人总是可以灵活地处事，并且轻而易举地同周围的人建立良好的人际关系。人与人之间的交往总是会产生一定的摩擦和矛盾，只要人们善于运用幽默，那么就可以将快要燃起的硝烟之火浇灭。幽默总是可以帮助人们摆脱尴尬，进入到一片更加融洽的氛围之中。

幽默可以帮助一个人更好地闯荡事业。这是因为幽默可以帮助人们建立更好的人际关系，而融洽的人际关系对于一个人的事业有着巨大的作用。幽默的人总是可以出色地协调自己的人际关系，不但不会得罪他人，而且还可以让他人对自己有更好的印象。所以，幽默是一个人事业成功的助推器。

对于家庭而言，幽默可以帮助人们缓和家庭矛盾，可以让家庭气氛更加活跃和热闹，可以使夫妻之间的关系更加的稳固，使家庭成员之间更加平等与和谐。一句幽默的话总是可以使家庭生活更加富有情趣。

　　幽默的话可以帮助人们摆脱困境，消除烦恼。小说家马克·吐温同他的小说一样幽默。曾有一次，他到一个小城去，临走前有人告诉他，那里的蚊子很厉害。

　　当马克·吐温到了这个小城的时候，找到一家旅店。在登记的时候，一只蚊子老是在马克·吐温面前徘徊。旅店的职员感觉很尴尬，急忙驱赶蚊子。可马克·吐温却说道："贵地的蚊子好聪明啊！原来它是在偷看我的房间号码，好方便它晚上光临，让自己饱餐一顿。"

　　马克·吐温的话刚说完，人群立刻爆发出一阵笑声。那天晚上，马克·吐温睡得十分香甜。原来旅店的所有职员都在当天晚上想方设法地使这位幽默的作家不被蚊子叮咬。

　　在这里，马克·吐温用幽默的话提醒了旅店职员，使他们明白了自己的职责，从而也保全了职员的面子。由此可见，幽默的话语总是可以在某些尴尬的场合发挥其巨大的作用。

　　有人说，幽默的话语就好比一曲优美动听的曲子，可以让人身心放松。幽默的话语还可以像一阵清风，吹散人们心头的阴霾。幽默总是可以让人们在无法使他人满意的场合产生满足感，并且还可以避免他人产生过激的行为。

　　一个人应当学会幽默地说话，慢慢地培养自己的幽默细胞，这样自己的人际关系就会更加和谐，自己的工作和事业就会更加顺利，自己的爱情也会更加甜蜜。

在社交中，幽默是人际关系的润滑剂。幽默可以调和一个人的人际关系，使其人际关系变得宽松、和谐，让人们在一种轻松愉快的气氛中完成社交任务。假如你的幽默感很强，那么，你的言谈举止就能够吸引别人，以至于从心理上控制他。同时，幽默还可以借助诙谐的语言巧妙地缓解尴尬或冲突的局面。由此，幽默可以使双方摆脱窘困，进而使自己的交际道路更加平坦。

幽默不过分，气氛更愉悦

在运用幽默的语言的时候，应当注意幽默应该适度、得体，不能太过分。否则，将会给人以油嘴滑舌的感觉，使人反感，进而弄巧成拙。幽默的人应具有豁达的胸怀，广博的学识，机敏的应变和良好的修养。只有做到这些，才能运用自如。幽默的语言不仅使别人乐于接受，还会使别人或自己身心愉悦，受益匪浅。

[幽默可以缓解生活中的危机]

幽默在人们的生活中发挥着巨大的作用。幽默不仅可以让人的人格魅力得到提升，还可以让人的生活更加轻松，更能够帮助人们缓解生活中所遇到的尴尬或危机。

弗洛伊德曾经说过一句话："最幽默的人，是最能适应的人。"幽默是人际交往的润滑剂，一句幽默语言能使双方在笑声中相互谅解和愉悦。作家冯骥才在美国访问时，一位美国朋友带着儿子去看他。他们谈话间，那位壮得像牛犊的孩子，爬上冯骥才的床，站在上面拼命蹦跳。如果很直接地请他下来，恐怕会让孩子的父亲感到难堪，也显得自己不够热情。于是，冯骥才便说了一句幽默的话："请你的儿子回到地球上来吧！"那位朋友说："好吧，我和他商量商量。"冯骥才幽默的话，既达到了自己的目的，又显得自己很风趣。

里根说："在生活中，幽默可以使人们身体更健康；在政治上，幽默可以使个人的形象更加出色。"他就任美国总统后第一次访问加拿大期间，他发表演说时不断被举行反美示威的人群所打断，加拿大总理皮埃尔·特鲁多感到难堪，紧皱双眉，而他却满脸笑容地对特鲁多说："这种事情在美国时有发生。我想这些人一定是从美国专程赶到贵国的。他们想使我有一种宾至如归的感觉。"一席幽默的话使特鲁多顿时眉开眼笑了。里根决定恢复生产新式的B₁轰炸机时，引起了许多美国人的反对。在一次记者招待会上，面对一帮反对他这一决定的人说："我怎么知道B₁是一种飞机呢？我只知道B₁是人体不可缺少的维生素。我想，我们的武装部队也需要这种不可缺少的东西。"他这席幽默的话透露出了他的坚定态度，反对的人也就不再说什么了。

在生活中，每个人都有可能会遇到带有挑衅性的问话，往往用幽默的语言回答要比直接驳斥有更好的效果。爱迪生致力于制造白炽灯泡的时候，就有人曾这样取笑他："先生，你已经失败1200次了。"可是爱迪生诙谐幽默地说："我并没有失败，我只不过发现了一千多种不能制造电灯的材料罢了。"

［ 幽默可以扩大个人的交际圈 ］

在与他人初次见面的时候，幽默的谈话可以赢得对方的好感。当两个人发生冲突的时候，幽默的谈话会冰释前嫌。具有幽默感的批评性谈话，使人乐意接受。在工作劳累的时候，来点幽默的笑话，可以帮助人们获得高效的休息。所以说，幽默不仅是人际交往中不可缺少的润滑剂，也可以帮助人们扩大社交圈。

在抗日战争取得胜利后，著名国画大师张大千正要从上海返回四川老家。行前，他的学生糜耕云设宴为大师饯行。这次宴会邀请了梅兰芳等社会名流出席。宴会伊始，张大千先生向梅兰芳敬酒时说："梅先生，你是君子，我是得宾客大笑。

正是因为张大千的幽默，梅兰芳才会和张大千成为挚友。设想张大千并不是一个懂得幽默的人，依照梅兰芳的性格，他是很难同张大千建立深厚友谊的。正是由于幽默，张大千与梅兰芳彼此之间的交际圈都得到了扩大。

在社交中，幽默的语言发挥着举足轻重的作用，幽默可以松弛紧张的情绪。现实生活中，由于缺乏幽默感常常令人碰得头破血流，但还是没能解决问题。但是，如果来点幽默，许多问题就会迎刃而解，从而就能使矛盾化解于无形，将个人的交际圈扩大。

幽默具有很多神奇的力量，它往往可以给人们带来很多意想不到的好处。幽默不仅能使你成为一个受欢迎的人，使别人乐意与你接触，愿意与你共事，它还是你工作的润滑剂，促使你更好更快乐地完成工作。这些都是其他的方式所不能达到的，也是一种最省力的交际方式。

一个人如果能够恰如其分地把个人的聪明运用到智慧的幽默中来，就会使别人和自己都享受到快乐。那么，他就会得到更多喜欢自己和钦佩自己的人，也会获得更多关心和支持自己的朋友。这是因为在社交中，言谈举止体现了一个人的精神面貌，一个人应该开朗、热情，让人感觉随和亲切，平易近人，容易接触。在社交中，谈吐幽默的人往往取胜，没有幽默感的人在社交中往往会失败。

在交际场合，幽默的话语可以迅速打开交际局面，使当时的气氛轻松、活跃。在出现意见分歧的难堪场面时，幽默、诙谐便可成为紧张情境中的缓冲剂，使朋友、同事摆脱窘境或消除敌意。另外，幽默、诙谐还用来含蓄地拒绝对方的要求，或者对他人进行一种善意的批评，更重要的是幽默可以扩大个人的交际圈。所以，要想成为具有幽默感的人，就要在平时多积累一些妙趣横生的幽默故事。

在生活中，幽默慢慢摆脱其他表情的束缚而逐渐演化成一种处事智慧。它能让我们在困境中摆脱挣扎，巧妙地获得更广阔的生存空间，想要海阔天空并不容易，那需要大气度、大智慧，只有那些懂得生活的人才具备。正如王蒙所说："幽默是一种成人的智慧，一种穿透力，一两句话就把那畸形的、讳莫如深的东西端了出来。既包含着无可奈何，更包含着健康的希冀。"在生活中，我们常常会对身边的幽默一笑了之，从未感悟其中的人生哲学，过后又匆匆将它们忘掉。其实，幽默可以彰显个人的人生智慧。

幽默是种智慧

[幽默彰显人生智慧]

幽默可以彰显一个人的智慧。但是，在现实生活中，大部分人对幽默只是一笑而过。只能说是马鸣萧萧，不能从中受到启发。强颜欢笑只能是故作笑容而不是幽默，因为幽默是自然流露出来的。巧妙的释怀，不需要任何模仿。只有那些即使在困境里还能笑对人生的人，才是真正具有大智慧、大气度的人。

幽默这种智慧之花，是永不凋谢的。幽默者不仅可以摆脱困境，保护自己，而且还可以塑造自我，完善自我。不懂幽默的人有何情趣可言？人类语言如恒河沙砾，面对不同的境况、不同的人，简短的一句得体话便能变被动为主动，变严肃为欢快，何乐而不为呢？如果适得其反，那么只会雪上加霜，令自己进退维谷，甚至面临危机。

幽默可以被当做一种脾气，但绝不可以当做主张，更不是一种职业。幽默的拉丁文原文是液体，换句话说，好像贾宝玉心目中的女性，幽默是水做的，不能说具有什么力量。倘若我们把幽默当做一贯的主张，那么就会从液体变成固体，好比卖笑的人表情慢慢成了僵硬。所以，幽默并不是一种力量，而是一种变通。

在美国历史上，林肯、罗斯福等很多重要人物都养成了幽默的好习惯。有一次，林肯与一位朋友边走边交谈，当他们走至回廊时，一队早已等候多时、准备接受总统训话的士兵齐声欢呼起来，但他的那位朋友却始终都没有意识到他该离开。这时，一位副官走上前来提醒他退后八步，这位朋友才发现自己的失礼，立即涨红了脸，但林肯立即微笑着说："白兰德先生，你要明白也许他们尚不清楚谁是总统呢！"一句简单的话就把白兰德现实的尴尬消除了。

在这个故事中，林肯为我们展现的就是幽默的人生智慧。现实生活中，我们难免会遇到尴尬局面，要么出于自身，抑或来自他人，但只要注意多一点幽默，尴尬反而会拥有意想不到的收获。幽默具有极大的包容量和亲和力。由此可见，幽默不仅可以使人很轻松地化解尴尬，还可以树立自己的形象，展现自己的人格魅力和人际吸引力。

幽默体现的是一种智慧。不论身处何地，具有幽默感的人都受欢迎，可以化解许多人际的冲突或尴尬的情境，往往能使人怒气难生，化为豁达，亦可带给别人快乐。幽默在带给人豁达的心胸外，还可以带给别人愉悦的心情。

[幽默可以增加人生的快乐]

幽默的人往往具有乐观的性格，一个具有一定幽默感的人在与他人的交往中更容易取得大家的信任和喜爱。一个具有幽默感的人能从自己不顺心的境遇中发现某些"戏剧性因素"，从而使自己达到心理平衡。德国作家布拉尔说过："使人发笑的，是滑稽；使人想一想才发笑的，是幽默。"不管怎么说，幽默总会给人带来快乐，让人们感受到春一般的温暖。

幽默不仅是一种人生的智慧，它还是一种增加人生快乐的智慧。幽默的人不但可以缓解自己的尴尬局面，同时还可以给他人带来快乐，而自己也在这个过程中收获快乐。如果一个人能够随机应变，那么他就可以凭借自己的幽默来打破尴尬和沉闷的困境，使在场的人都收获快乐。

南非共和国前总统曼德拉，在他70多岁的时候，有一次应邀参加演讲，可说着说着把讲稿次序翻乱了。这时，他不慌不忙地说："我把讲稿的次序弄乱了，你们要原谅一位老人。不过，我知道在座的一位总统，曾在一次发言中也把讲稿页次弄乱了，而他不知道，照样往下念。"所有在场的人听了他的话无不捧腹大笑，顿扫冷场的气氛。

德国柏林空军俱乐部举行盛大宴会，一位年轻士兵在斟酒时，不小心将酒洒到了当晚的主角乌戴特将军的秃头上。士兵十分惊慌，全场立马寂静无声。这位将军却轻轻抚着士兵的肩头说："小兄弟，你认为这种治疗有效吗？"全场立刻哄堂大笑。将军的宽厚、幽默使紧张的场面松弛下来，变得轻松，欢乐。

在这里，如果两位伟人都不懂得使用幽默的话，恐怕后果将会无法想象。不管是在什么场合，只要一个人善于使用幽默，那么他就会不断地得到人生的快乐。在人生中，不管个人使用的哪种幽默，它们都可以起到一定的作用，它们一样是人生智慧的表现。要打造自己的口才，言谈中一定不可少幽默。

幽默的人往往都是那些大智慧的人，他们不仅可以解除自己和他人的尴尬，还可以让他人从中得到快乐。幽默是人生的一种大智慧，一种生存的大智慧。一个人如果能够学会幽默，那么，他将不仅仅是一个乐观的人，更是一个生活的智者。

在人们的习惯里，大家都不喜欢听到批评，即使真的是自己做错了事情。别急，幽默可以帮你解决这个难题。幽默就像一缕春风，春风扫过，路面很干净，但有一股沁人芳香；幽默就像一滴雨露，雨露打过，浸湿了花草，但却尽是滋润的甘甜；幽默就好比一声鸟鸣，鸟鸣过去，睡人惊醒，但却惊讶春的美丽……

给批评加点幽默，效果更显著

有时候批评一个人不需要很直接的批评，幽默的批评更能够使人接受，也更能够起到批评的效果，还能够让对方铭记在心、不再犯错。而在批评别人时，不懂得利用幽默元素的人通常会被人认为不近人情，而幽默的批评更能服人心。

[幽默的批评是甜蜜的激励]

幽默的批评，能够使批评的氛围变得轻松而和谐起来。当你在批评自己的下属的时候，如果能够稍微加点这幽默的原料，那么严肃的批评也会成为甜蜜的激励，更重要的是能够让别人对你心服口服。

美国第三十位总统约翰·卡尔文·柯立芝，是一位十分严肃并不太喜欢说话的人，但他却是一个深谙幽默之道的人。据说，他曾有过一位粗心的秘书，这位秘书经常在工作中出错。柯立芝注意到这些以后并没有马上生气地批评女秘书，而是采用了幽默的行为来达到自己的目的。

一天，这位女秘书穿了一件很漂亮的衣服，柯立芝见到后就非常幽默地说："今天你穿的衣服真漂亮，很适合像你这么年轻的小姐。"女秘书听了以后，非常吃惊。正当她飘飘然的时候，柯立芝接着又说："但，不要骄傲，我相信，你的公文也可以像你一样漂亮。"事后，这位女秘书的工作很少再出错了。

在这个故事中，柯立芝的批评不仅没有让女秘书生气和尴尬，而且对症下药，轻松地从根本上解决了问题。女秘书在以后的工作中很少出现错误的情况，就是柯立芝幽默批评的最好回应。试想，如果柯立芝严厉地将女秘书批评一顿，那么女秘书很可能也会注意自己的问题，但肯定不会对柯立芝心服口服，而且柯立芝很可能就再也看不到女秘书靓丽的倩影和美丽的笑脸了，这样的批评将是伤人的批评。

幽默批评不仅是一种爱的艺术，它更是一种甜蜜的激励，还是一种令人心服的批评，这样的批评方式人们一般最能够接受。但是，你在感叹叫绝的同时，是否会觉得这神秘的幽默与自己遥远无期呢？其实，用柯立芝的话来说，"这很简单！"据说，事后柯立芝的一位朋友知道这件事情之后，好奇地问过柯立芝是怎样想出了这个方法。柯立芝回答说："您看见理发师给人刮胡子吗？他们总是先给客人涂上肥皂水。这是为什么？原因就是为了刮起来不疼。"是的，就是这样"不疼的刮"的道理帮助了柯立芝，才使柯立芝在自己的总统生活和工作中更加游刃有余。

有人将柯立芝的这种批评艺术称为"肥皂水"艺术，寓意就是在温情中让人更好地接受自己的批评，从而达到更和谐、有效的效果。人生在世，与他人发生矛盾、不满等的可能性非常之多，我们不能逃避，也不可能逃避，所以我们就应该认真地面对它的后续——批评。批评得好，能够起到事半功倍、润物细无声的效果；而批评得不好，则可能让你与他人发生不必要的麻烦和矛盾。所以，当你需要批评别人的时候，一定要首先冷静一下，思考出幽默的批评话语，因为被幽默包装后的批评更服人心。

[幽默的批评服人心]

在我们的生活和工作中，我们面对的人是纷繁复杂的，素质、品性各有高低，这就不免会遇到一些不太懂得自重的人，即使我们是他的领导也毫不例外。

这种人通常更容易看到我们身上的一点小缺陷，嘲笑我们，对我们不服气，还可能会瞧不起我们，对我们安排的工作心有不服，而对于我们的批评更是不会放在心上，这无疑给我们的管理与领导工作带来很多麻烦和阻碍。

而此时作为领导者的你心中会有怎样的感受？想必你一定会产生多种感受，相应地做出多种反应。比如，你可能会生气地与之理论、争吵，还可能会利用权职惩罚对方。可是，这样的做法通常不能够真正地解决问题，很难让对方从心底真正地尊重我们。作为领导者，要做的该是积极探索一种让人心服口服的方法，而不是野蛮地与人争执。有时候幽默的批评就可以做到。

众所周知，法兰西第一帝国皇帝拿破仑是一位出色的统治者，因为他深受法国人的热爱，但是也有人瞧不起他，因为拿破仑身材矮小，资历也很浅。所以，拿破仑手下的一些将军很有几分不服气，私底下有些瞧不起他。一次，他手下的一位名叫奥热罗的将军又跟他发生了争执，而且丝毫也不把拿破仑放在眼里。面对这种情况，拿破仑只是仰起头，幽默地对这位身材魁梧，并且傲气十足的将军说了一句话："你的个子正好比我高出一头。但是，如果你再对我无礼，我会马上缩短这个差距！"

拿破仑就这样幽默地解决了难题，让那位对自己无礼的将军从心底里佩服。幽默的批评往往可以起到奇妙的效果，让人接受得心甘情愿。在批评对方的时候，它是柔中带刚的利剑，往往可以温柔地击中对方的心灵，给其震撼，引其思考。如此，你在轻松解决了问题的同时，你的风度和个人魅力也会在他人心中凸显、扎根。而这时对方给你的评价就会更加客观和公正，然后从心底里尊重和佩服你。

在批评他人的时候，人们往往容易用大声呵斥、尖锐责问、严厉指正等方式来纠正他人的错误。虽然这样的方法也能够达到帮助他人明白自己错误的目的，但是这些往往对不成熟的小孩子起些作用，而对成人则毫无效果。这，通常不能真正解决问题，而且还容易让人产生逆反的心理，拒绝正视错误，难以客观、冷静地面对问题。而幽默就可以避免人们因面子问题而产生的"不服输"心理，就可以缓解当我们在严厉指责对方时候的紧张氛围，还可以让人对自己的错误认识得更加清晰和彻底。这种具有亲和力和显现个人魅力的智慧通常能够让人心服口服地接受别人的批评。

事实上，并不是所有的人都可以做到恰到好处地批评他人，而幽默有力的批评更是难以做到。但是，您也不必灰心，因为幽默并非天生，它是一种可以培养的艺术。只要您在日常生活中多注意、多观察、多分析，培养自己的洞察力、语言组织能力、与人沟通能力，培养自己轻松幽默的心态和思维方式，就一定可以慢慢地学会这门利人利己的艺术。幽默的批评是一把交往的利剑，能够帮助人们披荆斩棘，更加从容地面对矛盾和尴尬，帮助人们轻快地迈向成功！

富兰克林说："如果你在辩论中争强好胜，即使有时能够赢得胜利，也只是空洞的胜利，并不能赢得对方的好感。"在生活中冲突是无可避免的，当遇到冲突的时候，硬碰硬是绝对不行的，倒不如用幽默的方式来化解这些冲突。

懂得用幽默来化解冲突

大家是否还记得，曾经在美国波士顿《临摹杂志》上刊登了这样一首诗："这里躺着威廉的尸体，他死还带着他的对——他是对的，永远对的，他匆匆地去了，但他的死正同他是错的一模一样。"在与人交往的过程中，也许你是正确的，但从另一个角度来说，你将毫无所得，正如你是错误的一样。所以，有人说，如果想使对方对自己表示肯定，就应该谦和；如果想避免正面冲突，那么就要幽默。

[神秘巧妙之幽默]

人类有众多的心灵财富，它们弥足珍贵，其中幽默感最为神秘。它既是一种人生智慧，又是一种处世态度。对于具有幽默感的人来说，他们不仅能够赢得对方的欢迎与喜爱，还能有效避免正面冲突；不仅能够使所到之处充满融洽气氛，还可以创造出"柳暗花明又一村"的崭新境地。所以，幽默是一种积极向上、别具一格的思考方式。

曾有一个很聪明的理发师，他行走江湖多年，堆积了一肚子智慧。一天，他被德高望重的智慧大臣请去修面。理发师很激动，但也很紧张。或许是这些原因，"哎呀！这可如何是好呢？"当为智慧大臣修面到一半的时候，他不小心把智慧大臣的眉毛给刮掉了。刹那间，理发师心里很是害怕，倘若智慧大臣怪罪下来，自己可担待不起啊。

幸好这位理发师行走江湖多年，很是懂得大众的普遍心理：盛赞之下怒气消。于是，他急中生智，灵机一动，连忙停下手中的剃刀，故弄玄虚地望着智慧大臣的肚皮，仿佛要把他的五脏六腑琢磨透彻似的。智慧大臣看到他这副模样，丈二和尚摸不着头脑，困惑不解地问道："你为什么不认真修面，而盯着我的肚皮看呢？"理发师连忙解释道："诸多人认为，智慧大臣肚里能撑船，在我看来，大人的肚皮并不大啊，如何撑船呢？"一句话将智慧大臣逗笑了，他捧腹道："他们的意思是说，我的肚量较大，对一些小事情从不计较。"

说完，理发师"扑通"一声跪在地上，声泪俱下地说道："小人该死，刚才为大人修面时，不小心将您的眉毛刮掉了！大人有大量，还请大人饶恕小人的罪过！"

智慧大臣陷入了沉思：该死的理发师，竟然把我的眉毛刮掉了，这让我以后如何见人呢？然而，正当他勃然大怒的时候，他又想到了理发师的"幽默"，而自己又已经说出了自己气量很大的话语，更何况这也只是区区小事！于是，他便温和地说道："不碍大事，将笔拿来，把眉毛画上就是了……"于是，这个理发师也就转危为安！

故事中的理发师巧用幽默而为自己保全了一条性命，他以"智慧大臣肚里能撑船"而有效遏制智慧大臣的愤怒，这不仅化解了较为紧张的气氛，还帮助他避免了一场正面冲突。在有些时候，当人们遇到了正面冲突的时候，要懂得用幽默来化解冲突。

［化干戈为玉帛］

在生活中，也许两个陌生人之间不会有什么摩擦，但在那些比较熟悉的人之间，一句简单的话语，一个较小的动作，乃至一个不经意间的眼神都有可能导致一场又一场的冲突。人们之间发生正面冲突并不可怕，关键在于如何尽快平息。

如果矛盾双方能够运用一些幽默技巧，出人意料地说出几句幽默的话，那么激烈的争吵很可能就会戛然而止。幽默是正面矛盾的缓冲剂，它会化干戈为玉帛。

特林斯坦·贝尔纳是法国著名作家，同时他还是一个十分幽默的人。有一次，当他到一家饭店吃饭时，这家饭店的厨师和服务员的态度令他深感不满。在结账离开的时候，贝尔纳要求服务员把经理叫到身旁。

"请您拥抱我一下，好吗？"贝尔纳对朝他走来的经理热情地说道。

"为什么？"饭店的经理疑惑不解地问道。

"因为我要与这家饭店永别了！"贝尔纳挥着手若无其事地说，"从今往后，您再也见不到我了……"

经理愕然，而问清缘由以后非常真诚地承认了自己的错误，并因此大大改进了饭店的服务态度！

在这个故事中，贝尔纳对这家饭店的服务态度虽然不满，但他却没有直接地表现出来，反而巧妙地使用幽默语言道出了自己最真实的想法——再也不会来这里吃饭。如果他直言不讳地说出自己的心声，将可能造成自己同这家饭店的正面冲突，而贝尔纳的这种表达方式不仅避免了正面冲突的发生，还达到了自己的目的，是一种高明的批评方式。

有些时候，如果把话说得过于直白，就有可能会触到对方的"痛处"；但如果不表明心声，就会让自己在忍气吞声中深感不服，这时该怎么办呢？巧妙地使用幽默。幽默不仅可以避免对方难堪和招惹不必要的冲突，还可以发泄自己心中的不快。

在这个例子中，贝尔纳采用独特的方式把自己心中不满的情绪悄然传递给饭店的经理，但是由于经理刚开始并没有非常明白他所说的话，但是又产生了非常想要了解其话语背后真意的欲望，所以必定认真且非常虚心地听取，这样就给自己"指责"开了一个巧妙的头。假如贝尔纳出口不逊地说道："你们到底是怎么搞的？莫非你们不知道顾客就是上帝的道理吗？"这样不仅显得其涵养不够，还会使人产生误会，以为他故意找茬。如果遇到一个"糨糊经理"，自己不但可能会花钱讨气受，还可能无法干干脆脆地离开，最后吃亏的还是自己。

古人云："一言可以兴邦，亦可亡国。"在现实生活中，我们会遇到种种深感不满或极不顺心的事情，而正面冲突则是激化矛盾与招致烦恼的导火线。无论如何，我们都应该牢记：只有掌握自己的情绪，才能把握自己的未来；只有善于运用幽默感，才能避免正面冲突的发生。

人生总是会有很多巧合的事情，有时候一句话会有多种理解的方式，一个词语会有多个意思，这就是常说的"一语双关"。生活的智者总是能够用一语双关的方式来巧妙地对他人进行暗示。

幽默也能传达言外之意

在人们的生活中，办事少不了说话，但是总是会有很多话不可以直接说出来，话里带出些许意思来就行了，更有一些不能直言的话，需要用暗示来表达。于是便有一语双关、含沙射影、旁敲侧击之说。其实一语双关和旁敲侧击是一种幽默的方式。

[一语双关，旁敲侧击]

所谓"才思敏捷，妙趣横生"就是说人们在匆忙面对问话时，能够充分调动全身的智慧，寻求"急"中产生的灵感，以旁敲侧击的暗示话语来产生令人信服的"智慧"灵光。

求人办事，如果你不便直接说出来或者觉得说出来有损面子的话，在自己需要帮助的时候，不妨多动动脑子，把自己要说的话说得巧妙一些，语气曲折委婉，旁敲侧击，从而给所求之人下一个让他无法拒绝的"套子"，最后让你如愿以偿。

在求人办事的方式中，旁敲侧击是一种特殊的方式，指的是暗示者出于一定的目的，而采用一定的方法，含蓄、巧妙地向对方发出自己需要帮助的信息，以此来影响对方的心理，使对方不自觉地接受一定的意见、信念，并最终改变其行动。

有一个小男孩站在低低的柜台前面，眼睛一直盯着一盒打开了的巧克力饼干。

"喂，孩子，你想干什么？"食品店老板跟他打趣道。

"哦，没什么。"

"没什么？我怎么觉得你想拿一块饼干啊。"老板说。

"不，你错了！先生，我是想尽量不拿。"小男孩顽皮地回答。

此时，老板不禁被这个男孩的机智和可爱逗得哈哈大笑。于是，这位老板就送给男孩一盒饼干，作为"嘉奖"。

在这个故事里，这位聪明的小男孩正是利用了一语双关，旁敲侧击的幽默技巧。本来对美味望眼欲穿，馋得直流口水，想得到那块美味饼干，但他并不直说，而是直话曲说，"实话"巧说，从表面上去看似乎是否定了老板的话，实际上等于将自己的意图变了个方式，巧妙地暗示出来而已。面对这种请求的方式人们多半是无法拒绝的，这就是令人"防不胜防"的旁敲侧击幽默术。

[一语双关，旁敲侧击的好处]

在人们的生活中，一语双关、旁敲侧击的幽默总是可以给人们带来很多意想不到的好处。在求人办事时大家应该注意的是：直话直说不是幽默，旁敲侧击才显得幽默无比；实话实说也不能算做幽默，将实话"虚说"才能称为上乘的幽默。幽默与现实生活通常只有一步之差，而问题的关键就在于你如何实现二者的巧妙过渡。

很多商场中人是一语双关和旁敲侧击的高手。他们总是可以借助这种幽默的方式来达到自己的目的。

费南度是一个犹太商人，在一次的旅途中他遭遇到歹徒，结果他被歹徒抢得一干二净。没办法继续前行，他只好到附近教区会馆找到会长，请求给自己指点提供安息日食宿的家庭。

会长查看了一遍登记簿，发现已经不能再对他安排了。于是，会长遗憾地对他说："这个星期五，经过本镇的路人特别多，每家每户都安排有客人，不过，只有经营金饰店的老板修美尔家没安排客人。这是因为他一向都不喜欢接纳别人、为别人提供安息日食宿的，如果你不介意的话，你可以去尝试一下。"

费南度思考片刻，对会长说："好的，我有办法让他接纳我的。"于是，他很自信地向修美尔家走去。恰巧，修美尔做完祈祷归来。费南度把修美尔神秘地拉到一旁，从大衣口袋里取出一个沉重的小包裹交给他。这时，费南度放低声音对他说："砖头大小的黄金能卖多少钱呀？"

修美尔顿时眼睛放光，但已经到了安息日，安息日是不可以谈及生意之事的。修美尔心想：如果让他走了，他很可能去找其他经营金饰的同行，那岂不是失去了赚大钱的机会？这时，他机灵地对费南度说："这个东西一时难以估价！在这个安息日的日子里，你就住在寒舍，等到安息日后再谈吧。"

在犹太教里，有这样一个规矩，每周第五天日落至第六天日落这二十四个小时叫做安息日。在这期间，人们不可以从事任何谋生工作，更不能谈生意。

在安息日的这一天，费南度在这个金饰商人家里受到了热情而又周到的款待。可是，待安息日一过，修美尔就迫不及待地催促费南度把金子拿出来让他瞧瞧。

这时，费南度故作惊愕之状，对他说："咦，什么金子银子呀？我只是想知道砖头大的金子到底值多少钱而已！"

旁敲侧击是聪明人经常使用的手段，用另一种方式表达出你的意思，不仅能达到幽默的效果，还能让你由被动变主动，达到自己想要的结果。而妙趣横生的幽默和情急之中的妙言巧答更能给人以趣味感。世界是无序的，任何事物的发生都是必然性与偶然性的统一。这就是说，生活中我们经常要面对一些突如其来的事情，让人不知所措。但面对"急"来的事情，我们如果能够沉着应对，"急"中求"智"，往往能够带来意想不到的好效果。

在有些时候，直接地说出自己的话未必会达到自己的目的，而如果采用一语双关、旁敲侧击的方式或许会成功实现自己的目的。人与人之间是复杂的，复杂的人际关系就需要人们注意讲话的技巧。所以，一语双关和旁敲侧击的讲话方式就显得更加有用。

有的人总是认为，幽默就应该尽量地幽默，其实这样的看法是错误的。幽默也是有限度的。一句话把人说得笑，一句话把人说得跳；到什么山唱什么歌，幽默也是同样的道理。幽默要合理，应该把握好一个"度"的原则，要有分寸，以免自己的幽默起到了相反的效果。

适度的幽默才有效果

有时候过度的幽默不仅不可以起到预期的效果，而且会让别人觉得想幽默的人有自作聪明之嫌，让人将你看做玩世不恭之辈。只有适度的幽默才能巧妙地化解尴尬，做出最有力的反击，收到预期中的效果。所以，一个人要学会适度的幽默。

[适度的幽默，温暖人心，拉近彼此距离]

很多人喜欢盲目地使用幽默，在他们看来，越幽默越好。其实，幽默应该做到适度。适度的幽默，不仅可以缓和气氛，使人轻松、欢快，而且可以给人留下深刻的印象。

林语堂不仅文章写得好，而且言谈也比较风趣。有一次，纽约某林氏宗亲会邀请他去演讲，希望借这个机会宣扬林氏祖先的光荣事迹。其实，这种演讲费力不讨好，因为如果不说些赞美祖先的话，同宗会感到失望；若是太过吹嘘，又有失自己学者的风范。

到了演讲的时间，只见林语堂不慌不忙地上台说："我们姓林的始祖，据说是有商朝的比干丞相，这在《封神榜》里提到过；英勇的有《水浒传》里的林冲；旅行家有《镜花缘》里的林之洋；才女有《红楼梦》里的林黛玉。另外还有美国大总统林肯，独自驾飞机穿越大西洋的林白，可说人才辈出。"

林语堂这简短的一席话非常出彩，令台下的宗亲雀跃万分，不禁拍手叫好。

其实，我们仔细体会不难发现，他所说的"人才"都是小说中虚构的人物，或是与林氏八竿子打不着的美国人，并没有对本姓祖先进行吹嘘，诚然幽默可喜，难怪人们称他为中国的"幽默大师"。

这也告诉我们，适度的幽默是生活的一剂调味剂，适当地加一点，可以使气氛更融洽，能够令生活更美妙。适度的幽默不仅可以拉近与他人的关系，而且还可以拉近与他人的心灵距离。融洽的气氛是健康生活的必需品，适度的幽默更是健康生活不可或缺的内容。

[幽默有度，不要踩进对方禁区]

幽默不是什么雕虫小技，而是一种智慧和情感的体现。它还是一门科学，也是一种艺术。幽默是生活中的清醒剂和润滑剂，因为有了幽默调侃，生活才变得有趣和生动。然而，幽默却不可滥用，用的时候需要把握好分寸，超越分寸的幽默会变成油腔滑调，令人厌恶；会变成狂言，遭人唾弃；会适得其反；会惹是生非，等等。

因此，幽默要讲究一定的尺度，如果幽默过了度，做出了有失礼节的事情，则其效果肯定会适得其反。

很久以前，有一位书生，他在众多同窗知己当中是最具有幽默感的人了，不管面对什么人，他总能说出一两句与众不同的话。有一天，他出席了一位朋友的父亲的葬礼，在众目睽睽之下，书生安慰朋友说："你一定是个很坚强的人，因为你的父亲是个有名的石匠呀！哈哈……"将坚强与石匠联想在一起的幽默，固然无可厚非，可是由于使用的场合不对，结果只能是使得周围的人感到气愤：这个人怎么一点教养都没有！大家都这样伤心，而他一个人却嬉皮笑脸！如果他的话放在另外一个场合，也许会有更好的效果，但是，这位书生却把幽默放错了地方。

所以，幽默也是要讲究场合，讲究尺度的。如果场合不对，幽默不仅无法达到预想的效果，还可能受到别人的讪笑，乃至于引起别人的反感。

纪伯伦曾这样说过：幽默感也就是分寸感。在生活中，如果不能把握幽默的分寸，单单只是为幽默而幽默，必将损害自己在他人心目中诚实、庄重、可信的形象，这样就大大减轻了自己在别人心目中的分量，甚至直接影响与受众之间的关系。

所以，在你使用幽默口才的时候，一定要把握分寸，重点是懂得察言观色、投其所好，而不要嘲讽别人、毫无节制地耍宝。另外，拿着别人的缺点、弱项肆无忌惮地开玩笑，更会伤人，有失礼貌。所以，恰到好处地运用幽默可以真正发挥它的功效！

"久旱逢甘露"乃人生四大喜事之一，及时雨更是甘霖。过度的幽默并不是幽默，只有适度的幽默才是幽默中的佳品，不是说其更妙更绝，而是其更得人心，更能够令人在意。当他人需要的时候，当场合需要的时候，当时机允许、地点适当的时候，使用幽默，更能显示出幽默的魅力！

随机应变，
机智巧妙
应对语言危机

———————●———————

7

在与他人交往时，常常会遇到一些令人尴尬的事，发生得很突然并且出乎意料，由于思想上没有足够的准备，因而显得有些手足无措。其实，面对尴尬场面，只要找出应对的办法，既能给自己一个台阶，也能给对方一份安慰的赠礼。所以，遇到语言危机的场合，首先要做的就是保持镇静，冷静地观察局势，然后随机应变，机智巧妙地应对尴尬。

美国著名社会学家卡耐基先生说："一个人事业成功，只有15%是依赖于他的专业知识和技能，而85%则是依赖于他的人际关系。"掌握良好的社交本领，是年轻人走上社会的当务之急，因为当今社会是一个愈来愈紧密的组织，很多工作的完成需要高超的沟通能力与协调能力，而这些基本来自于社交能力。

活跃气氛作用大

[聚会之时活跃气氛之技巧]

有的人沉默内向，金口难开，面对众人只会一味地躲避与害怕，甚至患上社交焦虑症；有的人爱好说话，不管在任何场合下，都喜欢唠唠叨叨，没完没了，从而成为让人讨厌的"话痨"。其实这都是因为说话"剑走偏峰"，没有将嘴巴的作用用到实处。那么，如何才能提高嘴巴的说话功效呢？如何才能够出现令人欢悦的场面，从而获得他人的欢迎呢？

1.夸张般的赞美

赞美是一首诗；赞美是一朵花；赞美是一股清泉，它能够帮你抛弃烦恼，获取喜悦。当与老朋友新同事见面后，不免介绍寒暄一番，这是个极好的活跃的机会。借此发表一番"外交辞令"，把每个人的才能、成就、天赋、地位、特长等做一种夸张式的炫耀与渲染，这可使朋友们感到自己深深地为你所了解、所倾慕。尤其是利用这种方式把他人推荐给第三者，谁也不会去计较真实性，但你却张扬了朋友们最喜欢被张扬的内容，这种把人抬得极高，但又没有虚伪、奉承之感的介绍，会立即使整个气氛变得异常活跃。

2.引发共鸣感

共鸣是仁者乐山，智者乐水的心灵感应，是伯牙《高山流水》获得知音的激情。谈话也需要这样一种共鸣感，有感觉的聚会才会热热闹闹，才不会出现冷场的僵局。

在与朋友或同事相聚时，要寻出共鸣感而不是将大家当听众，自己一个人独占舞台，唱起独角戏，即便你做出最精彩的表演也不会引得他人的喝彩。只有寻找能引起大家最广泛共鸣的内容，有共同的感受，彼此间才可各抒己见，仁者见仁，智者见智，气氛才会热烈。所以，你若是社交活动的主持人，一定要把活动的内容同参加者的好恶、最关心的话题、最擅长的拿手好戏等因素联系起来，以免出现冷场。

3.有魅力的恶作剧

和谐的谈话需要超脱习惯、道德与远离规则的界限，享受不受束缚的"自由"和解脱规律的"轻松"，在极为惬意中寻求朋友之间的亲切与友善。恶作剧是能够帮人与人增强这份情义的催化剂，它起于幽默，导致欢笑。人们在捧腹欢笑之际，会深深地感谢那个聪明的、直爽的、善意的玩笑制造者。

4.提出荒谬的问题并巧妙应答

古板、单调、乏味的感觉不应该出现在人群之中，热情、快乐、趣味丛生的感觉往往能够带给人们快乐与惊喜。学会提出引人发笑的荒谬问题并能巧妙应答，有助于良好社交气氛的形成。人们会格外关注你的所作所为，精力集中、全神贯注，待你抖开"包袱"之后，人们见是一场虚惊，便会放心地付于一笑。

5.适当贬抑自己

与人交谈时自我贬低、自我解嘲，往往能够达到欲扬先抑、欲擒先纵的效果。让别人感到你自谦的同时，也感觉到你对他的赞美与尊敬，从而在哄笑声中把你抬得很高。它往往是老练而自信的人才采取的方式。通过这种自我贬抑的方式既能活跃气氛，又能博得他人好感。

6.故意暴露一下"缺点"

卓别林式的偶尔故作滑稽状，或搞出一副大大咧咧、衣冠不整的小丑样，或莽撞调皮、佯装醉汉、摆出一幅不在乎的神情，等等，往往能够带给聚会成员一种特殊的新鲜感，并且还会为你收得拢、放得开的举止捧腹大笑，从而对你刮目相看。

任何一个真正成功的人，都善于借机保住失败者的面子，而不会得意忘形地陶醉于个人的胜利之中。因为世界上没有绝对的胜利者，也没有绝对的朋友与敌人。只要不使对方颜面尽失，产生不共戴天的仇恨，一般情况下都有可能化敌为友。

说话留有余地是说话之道的基本

给人面子、留余地是每一个人的做人之道，也是取胜成事的上乘策略。任何人都有失误的时候，尤其是在与人交谈中，更要懂得给别人留些情面，即使你很想反驳对方的观点，也要在让对方能下来台的基础上进行。

[与人交谈，要顾全对方面子]

与人交谈时，谁都可能会因一时口误或者不同的观点而发生争执。比如讲了外行话，记错了对方的姓名职务，礼节不当等。懂得说话的人如果发现对方出现这类错误，只要无关大局，都不会大肆张扬，故意搞得众人皆知，让本来可以忽略的小过失一下子变得显眼起来；更不会抱着讥讽的态度，认为"这下可抓到笑柄"了，来个小题大做，拿别人的失误在众人面前取乐。因为这样不仅会让对方难堪，伤害其自尊心，更容易让对方产生反感甚至报复心理，影响彼此之间的社交关系。

某公司的待遇很差，职工苦不堪言。公司领导之所以不愿改善员工待遇，是由于他认为员工都是庸才，工作不努力，对公司贡献不大，而且多数人还都是兼职。一旦有人拿其他公司与自己公司作比较时，老板就说，他们公司的职员是正途出身，而自己的下属是杂牌军。

一天，公司的一位高级职员针对公司近来迟到人数逐渐增多的现象向领导反映说："新职员简直都没办法到公司上班了！"

"为什么？"领导奇怪地问。

"坐人力车吧，觉得车费太贵；坐电车吧，又挤不上去，而且每月出的电车费也不够，他们怎样才能解决这个问题呢？"

"安步当车，一文不费，而且还能锻炼身体，这多好的事啊！"领导说。

"不行啊，鞋袜走破了，他们又买不起新的了。不过我有个办法，希望您出个布告，提倡赤足运动，号召大家赤脚走路来上班，这样问题不就解决了吗？谁让他们命不好，生在这个时候呢！谁让他们不去想发财的路子，非要当苦命的职员呢！他们坐不起电车、人力车，也不能穿鞋袜整齐地来上班，都是活该啊！"职员摇摇头说。

他一面说一面笑，说得领导也不好意思起来，只好同意改善一下员工待遇。

与人争论时，每一个人都希望自己的观点是正确的，尤其是那些固执的人，面对问题，总是不达目的誓不罢休，这个时候就要懂得三思而后行，与人留有颜面。卡耐基曾经说过："很多时候你在与别人争论时是赢不了的。要是输了，当然你就输了；如果赢了，你还是输了。"因为，十有八九争论的结果都只会让双方比以前更相信自己的观点绝对正确；或者，即使认识到了自己的错误，也不愿意在对手面前俯首认输。这个时候，最好的方法就是都给对方一个台阶下。

当矛盾出现或者分歧出现时，与人谈话反驳一定要注意以下几点：

宽容待人，大度说话。比如对方不小心冒犯了你，最好让自己大度一些，能宽容的尽量宽容，不要反应过激；如果真的不能忍让，可指出对方的错误，但只求使其知错，不要令人难堪。

敢于承认自己的错误。比如对方对你是好意的提示，你应该诚挚地致谢，不要为维护自己的面子而巧舌如簧地辩解，甚至将对方的善意和诚意扭曲。如果别人的求助在自己的能力范围内，应给予积极的帮助；如果实在让自己为难，要力陈原委，请求对方谅解，不要不给对方留余地。

声音是语言的灵魂，它能够激发你的潜在力量，帮你铸造自信魅力。而语言的主要表现方式就是声音。声音障碍及表达能力不足，就会让人低估你，甚至会扭曲你的形象。而好听的声音、动情的语调、亲切的话语，往往比雷霆万钧更能达到预期的效果。

受人欢迎的同时也要时刻保持警惕之心，尤其是在人际交往中，面对嫉妒、攻击、诬赖等负面言行，要做到随机应变，保持冷静的头脑，方能化解言语带来的危机。同时也要宽宏大量，乱中不忘大局，让人下台阶，从而赢得别人的赞赏。当发现是因为自己的一时疏忽让大家陷入了尴尬之中时，要懂得因势利导，柳暗花明中方显自己的过人之处。

因势利异保全大局

[以德报怨赢人心]

很多人都希望家庭和睦，可是和睦也需要运用沟通去理解家人，从而对症下药，解决问题，尤其是处理刚到家的新媳妇与公婆之间的关系。因为"家家都有本难念的经"，同时"清官难断家务事"。

古代有一个大户人家，因为小媳妇心灵手巧、才智过人、贤惠温顺而颇得公婆宠爱，对此大媳妇、二媳妇嫉恨在心，两个人决定诋毁陷害于她。

有一天，家中轮到小媳妇做饭。大媳妇、二媳妇看着她把饭做好之后，又去门前的池塘洗衣服。这时，大媳妇、二媳妇使出一条恶计：她俩又往灶膛里添了一大把柴火，锅中米饭本来松松软软，这个时候突然蹿出焦糊烟。

不一会儿，小媳妇洗完衣服回屋，突闻锅中的米饭蹿出焦糊气味，一看灶膛，木柴还在燃烧。生性聪慧的小媳妇已猜出个中原委。她没有冲上去对着大嫂、二嫂谩骂，而是灵机一动，遂把呈焦糊状的米饭煮成了稀饭，另外还做了一个大饼。

等到众多家人一起就餐时，大媳妇、二媳妇准备看小媳妇的好戏，希望她能在家人面前丢人现眼。没想到小媳妇开口说道："这两天天气较热，大伙儿总吃米饭胃口一定不大好，所以我煮了些锅巴稀饭，做了些大饼，给大家调调胃口。"这一言一行，即刻博得了家人们的称赞。

大媳妇、二媳妇惭愧至极，觉得小媳妇不仅聪明，还懂得做人，自己比起来真的是天壤之别。本来她是可以真相告之的，可是她为了不让别人失去面子，有台阶下，而说了这一番话，使得一贯忌妒并有心加害她的大媳妇、二媳妇不得不敬佩。

此后，她俩对小媳妇也善意相待，聪慧的小媳妇对两位嫂子加倍尊敬，使得这个大家庭每天都欢声笑语，生活也越过越红火了。

以德报怨的语言能够化敌为友，使得心存怨恨的妯娌之间的关系从"山雨欲来"的险境，步入了"柳暗花明"的胜境。这不得不归功于小媳妇的聪明与能说会道。

以德报怨是一种气度，以德报怨是一种与人沟通、和睦相处的良策。它虽然会让自己多少受些委屈，但是家人始终是家人，再亲亲不过自己家人，再好好不过自己兄妹。所以面对家里的大小委屈，作为家庭的一员都要记得宽容，以德报怨才可赢得家人的欢心与欣赏。

[因势利导，化尴尬为神奇]

生活中有很多事会让人们陷入尴尬之境，本来信誓旦旦的话语在事实的见证下突然变化，众多人都为此感到难堪，甚至于沉静不敢说话。在这个时候，你就需要学会因势利导，将这一突然性的事件运用语言的巧妙来掩盖过去。

化学老师在一次公开课上进行演示实验，到场的有很多领导，校长也寄予这位老师很大的希望。如果这次上课能够圆满成功，领导将会更加重视这所学校，为之拨款盖新楼，并且将这所学校定为最具发展潜力的学校，使其有望进入本县重点高中行列，所以这一次演讲关系着学校的命运。

化学老师在刚开始的时候，绘声绘色，讲得所有领导都为之叹服。到了演示演讲时，他走到演示屏前非常自信地讲道："当我们把燃烧着的金属钠放到装满氯气的集气瓶时，将会看到钠剧烈地燃烧并生成大量白烟。"

然而就在这一刻，所有人的眼睛盯着这个实验的一刻，演示时集气瓶中出现的不是白烟，而是黑烟。所有的人都大吃一惊！老师很快意识到这是由于自己的疏忽忘记了清洁钠表面杂物而导致的结果。

为了能够让这次演讲圆满成功，他决定将计就计，看着陷入沉静的教室，他继续把实验做下去。他问学生A："你看到了什么？"学生A不语，教师鼓励他说："要实事求是，看到什么说什么，这才是科学态度。"

"老师，我没有看到白烟，而是黑烟！"A鼓起勇气回答。

"你的观察很准确。"老师勉励学生，并进一步启发说："这样看来，刚才燃烧的东西就不是金属钠了！可是，这的确是块金属钠，那么，刚才为何冒出黑烟呢？请同学们回忆一下金属钠的物理性质与贮存方法。"

老师抛出引玉之砖，全班又一下子活跃了起来，学生争先发言："金属钠性质活跃，不能裸露在空气中，而是贮存在煤油中。"

"你说对了！"老师怀着歉疚之心接着说，"由于我的疏忽大意，实验前没有将沾在金属钠上的煤油处理干净，结果发生了刚才的实验事故。为了揭示上述错误原因，我不打算回头处理煤油，而是将沾有煤油的金属钠继续烧下去。请大家想想，燃烧的过程中，烟的颜色将发生什么变化？

"黑烟之后将出现白烟。"同学们异口同声地说，老师重新点燃了金属钠，还冒着黑烟，只不过放入集气瓶后逐渐变淡，然后老师将燃烧着的金属钠又移至另一个集气瓶中，燃烧更剧烈了，似乎听到了"嘶嘶"的响声，集气瓶中的白烟在翻滚！"同学们，你们的预言实现了！"老师向大家宣布。

台下响起了热烈的掌声，领导与校长也都露出了真诚的微笑：表示这节课演讲得非常生动，同学们通过这堂课懂得了在各种不同的情况下学习思考的能力。

老师运用自己的机智巧言，化腐朽为神奇，他的这种沉着冷静、因势利导能力，充分展示出了语言的魅力，让所有的人懂得了，在遇到错误或者是因自己的一时疏忽而导致尴尬出现时，要懂得运用语言技巧化解危机，赢得胜利。

生活中，常常会遇到无法预料的语言差错而使自己陷入难堪的境地，尤其是即兴演讲者，如果想要活跃气氛，在出现这种情况下，不妨将错就错，来番即兴发挥，运用自己的机智与巧嘴通过搞笑的语言消除窘迫，这样会让别人对你刮目相看，获得意想不到的效果。

不妨顺着错处说下去

[将错就错，自圆其说]

人非圣贤，孰能无过。错误是经常发生的，或多或少都会影响自己的前途，如果能够说话得当，在出错时能够自圆其说，这些错误说不定还能给自己带来好运，帮助自己转危为安，所以，能够为自己的错误自圆其说，而且让错误在不知不觉的情况下改正过来的人，绝对是有着大聪慧、大机智的。

李莲英是慈禧太后身边的太监，但是他为人机灵、嘴巧，善于取悦于慈禧，而且能够运用自己的机灵帮助慈禧和下属解脱困境，所以非常受慈禧喜爱。

慈禧爱看京戏，看完之后还常常施以小恩小惠，有一次她看完著名演员杨小楼的戏后，把他召到眼前，指着满桌子的糕点说："这一些赐给你，带回去吧！"

杨小楼叩头谢恩，可是他不想要糕点，便壮着胆子说："叩谢老佛爷，这些尊贵之物，奴才不敢领，请……另外恩赐点……"

"要什么？"慈禧心情高兴，并未发怒。

杨小楼又叩头说："老佛爷洪福齐天，不知可否赐个'字'给奴才。"

慈禧听了，一时高兴，便让太监捧来笔墨纸砚。慈禧举笔一挥，就写了一个福字。

站在一旁的小王爷，看了慈禧写的字，悄悄地说："福字是'示'字旁，不是'衣'字旁的呢！"杨小楼一看，这字写错了，若拿回去必遭人议论，不拿回去也不好，慈禧一怒就要自己的命。要也不是，不要也不是，他一时急得直冒冷汗。

气氛一下子紧张起来，慈禧太后也觉得挺不好意思，既不想让杨小楼将错字拿走，可是又不好意思拉下脸面再要过来。

就在这个时候，旁边站着的李莲英突然笑呵呵地说道："老佛爷之福，比世上任何人都要多出一'点'呀！"杨小楼一听，脑筋转过弯来，连忙叩首道："老佛爷福多，这万人之上之福，奴才怎么敢领呢！"慈禧正为下不了台而发愁，听这么一说，急忙顺水推舟，笑着说："好吧，隔天再赐你吧！"

李莲英之所以能够帮大家解危，能够皆大欢喜，在于他能够借题发挥，将错就错。一个希望自己保住脸面，一个害怕因为此事而小命不保，在这时如果不能够机智巧对，是很容易产生摩擦而发生不愉快的。

将错就错，这前一个"错"字，随时都可能发生在我们身上，不小心说错了，眼看就要出糗了，使出什么解数才能力挽狂澜，化腐朽为神奇呢？

有一对新人即将步入结婚殿堂。在婚宴上，来宾济济，争向新人祝福。一位先生激动地说道："走过了恋爱的季节，就步入了婚姻的漫漫旅途。感情的世界时常需要润滑。你们现在就好比是一台旧机器……"其实，他本想说"新机器"，却因为太激动而说错了话，举座哗然。一对新人的不满情绪更是溢于言表，因为他们都各自离异，自然以为刚才的话隐含讥讽。那位先生原本是要将一对新人比作新机器，希望他们能少些摩擦，多些谅解。但话既出口，若再改正过来，反为不美。他马上镇定下来，略一思索，不慌不忙地补充一句："已过磨合期。"这句话说出来后，举座称妙。这位先生继而又深情说道："新郎、新娘，祝愿你们永远沐浴在爱的春风里。"顿时，大厅内响起了热烈的掌声，一对新人早已是笑若桃花。

这位来宾将错就错的说话技巧真是令人拍案叫绝。错话出口，索性顺着错处继续说下去，反倒巧妙地改换了语境，使原本尴尬的失语化作了深情的祝福，同时又道出了新人间情感历程的曲折与相知的深厚，颇有些点石成金之妙。

[借力使力，把错误说"圆"]

自圆其说的巧说就是借力使力把错误说"圆"，运用自己的急或智当和事佬，然后从中巧妙地和稀泥。那么怎样才能掌握自圆其说的巧妙呢？

1.将错就错

错是很容易遇到的，毕竟人非万能，不可能一切完美，但是只要懂得将错就错，然后机智发挥，就会帮助自己解除窘困。

比如：一位节目主持人参加省内建团庆典，由于事先不了解情况，错把原来花白头发的老汉——海南师范学院党委书记南新燕介绍成了"小姐"，面对全场哗然，他没有惊慌失措，而是真诚地向被介绍人道歉，然后侃侃而谈："您的名字实在太有诗意了，我一见这三个字，就想起了'旧时王谢堂前燕，飞入寻常百姓家。'这是一幅多么美的图画，今天，这里出了类似的情景，京剧一度是流行在北方的戏曲，而现在，京剧从北到南，跨过琼州海峡，飞到海南，并且安家落户，这又是一幅多么美妙的图画啊！"

主持人遇到错误时，将错就错，并且在这个错误中进行了富有诗意的生动描述，补救了自己的失误，获得了他人的谅解，并且赢得了全场观众的异乎寻常的喝彩。

2.以正改错

错误是由于紧张或过于激动而造成的口误，很多人都会遇到，尤其是在第一次施展自己的才华时最容易遇到。说话者既不可为了面子而置之不理，也不能因为自己的自尊而掩饰错误，最好的办法就是将错就错，然后再将自己的错误改正过来。

比如：一位师范学校的班主任在新生入学后跟其他老师一样，进行了全班第一次即兴演讲，他说："同学们，大家好，你们从四面八方来到这所师范学校，开始了新的学习生活，我相信同学们一定会刻苦学习，不断进步，将来希望每一位同学都能成为合格的小学教师，不应当这样说——希望将来每一位同学都能成为合格的小学教师。因为这希望是现实的，它表达的是我此刻的真实心情，而你们将来才会真正走上讲台开始从事天底下最光辉的职业……"

老师在即兴演讲时敏锐地发现了自己的语序错误，如果不加改正，很有可能激怒台下听讲的同学。他意识到错误之时，迅速改正过来，并且在改正之后进行了巧妙的辩析，既表明了语言的毛病同时又解释了改正的原因，这样不仅没有造成尴尬，反而强化了表达的效果，补救了自己的错误。

古人云；"人之谤我也，与其能辩，不如能容；人之侮我也，与其能防，不如能化。"生活中经常会遭到麻烦和争执，甚至于有些争执是不必要的芝麻小事，其实他们自己也意识到了为了这一点小事发生争执是非常不必要的，可是为了挽回自己的颜面，又不得不争个你死我活，面对这样的境况，如何运用语言来劝阻他们，从而化干戈为玉帛呢？

冲突面前，缓解有方

[自嘲、调侃的语言]

很多人都会遇到让自己头疼的问题，比如丢了钱包和摔了大跟头，甚至于犯了难以饶恕的错误。如果你能够发现这些错误，并且善于运用自嘲、调侃的语言，你就会感觉到轻松，还可以把这种乐观的情绪传递给周围的人。

自嘲是一种自我安慰，是生活的调味剂。纷扰繁乱的人世间，不论自身条件如何，谁都会遇到让自己感到难以解决的问题或是挫折带给自己的压力，在这时候自己不能改变命运，但是可以改变对待命运的态度，这样就可以从中获知幸福与快乐。

有一个男人十分风趣，长得特别的胖，在办公室里没有一个人比得过他了。但是他十分乐观，并且娶走了办公室最漂亮的女人，女人为了他还一改往日的冷若冰霜，变得更加温柔可人，为此朋友都很是不解。

朋友们问他："你生得如此富态，如何赢得她的芳心呢？"他乐而不答，晚上请朋友回家吃晚饭，朋友们决定用计要他。

朋友们来到他家，看到他的妻子忙里忙外，朋友们的心里别提有多么美慕了。其中有一个原来喜欢他妻子的朋友就想找个事破坏一下他俩的感情，看到桌上的杯子，他突生一计，将杯子放在离胖男人手很近一碰就会掉在地上的方位。

他在和大家谈完话后，感到口渴想喝水，顺手就去摸刚才的杯子，由于没有注意杯子换了方位，一不小心打破了茶几上的杯子，满地都是水和碎片。朋友觉得他一定会挨骂，并且还会发生争执，于是想看他的笑话。

妻子听到声音后出来一看，刚刚擦得干净的地板变成了这样，气得跺着脚怒骂："你立马儿从我眼前消失！"男人不温不火地说道："消失是完全可以的，'立马儿'恐怕不太现实，我这么胖，跑也得跑一阵子，你说呢？"妻子听后转怒为喜，嗔怪了几声就回到厨房去做晚餐了。

懂得自嘲的人是智慧的，他的妥协、让步不是一种伎俩，更不是怯懦，而是一种亲切与耐心，一种乐观大度的境界。他不逢迎、也不依附，而是凭着绝对的自信获得朋友的好感，获得爱人的真心实意，并且通过自嘲、调侃化腐朽为神奇，化干戈为玉帛，在夫妻剑拔弩张的时候留下了温情的笑容。

［认输、示弱的语言］

朋友之间难免会发生点摩擦，尤其在生活中更少不了争执，面对自己的家人更是有着难以说清的问题，但是这些问题如果处理得不及时，或者是不能够在当时解决，时间久了就会给朋友或家人带来一种压抑感，从而引发难以挽回的情感危机。

作为男人看到妻子为生活忙碌的身影，回到家中就应该收起自己的男人尊严，放低身价，懂得在出现错误的时候向妻子伸出手说"对不起，都是我不好"，那么，你不仅不会在妻子的心里失去高大形象，反而会因为你的这一句话使得家庭更和睦，生活更甜蜜。

张峰有一次喝多了酒，回到家后和太太狠狠地吵了一架，他一时气愤砸了她最喜欢的琉璃观音像。

太太心都碎了，那是他送给自己的生日礼物，她认定这个是幸福的象征，可是现在观音像碎了，证明家也走到边缘了，于是她带着儿子回到了娘家。

张峰躺在床上，回想着妻子蹲在地上一点一点地捡那些碎片，一边默默地流眼泪，一边背对着他说：我想和儿子回娘家住几天……其实那时候，张峰心里后悔极了，他真的很想从背后用力地抱住她，吻她，告诉她，他做错了，其实他很爱她，可是因为怕自己的自尊受到伤害，他一直没有说。

就在这个时候，妻子打来电话，告诉他离婚和出国的事，她说："我知道，你会很舍不得儿子……"当时张峰懵了，立即冲着电话大喊："我也舍不得你！不要走！……"然后跑到妻子的娘家，痛陈自己的失误，保证以后不会再犯。

妻子看到丈夫难过伤心的样子，毕竟自己是真正喜欢他才嫁给他的，而且丈夫也确实对自己很好，现在丈夫能够抛开以前的大男子主义跪下来给自己认错，她知道自己应该原谅丈夫的过错，于是回到了他的身边。

两个人的世界不是没有幸福可言，而是没有握紧幸福这条线。作为夫妻要负起经营家庭的责任，再遇到争执时要懂得低下自己的头。服输、示弱的语言虽然丢掉了那点儿面子，但是比起彼此之间经历过的几乎是一生一世寻觅来的情感，可以说是几乎一钱不值，芸芸众生中的两个生命相遇该是多大缘分，穷极一生，与有缘人厮守能有多久？

家庭有尊严，有它的品格和最高的原则，但那并不是你的大男子主义也不是小女人的斤斤计较，而是爱，谁维护了爱，谁就维护了尊严，所以最先示弱的人才是真正的、最后的赢家。

服输是化干戈为玉帛的最佳良策，示弱是化干戈为玉帛的智慧。懂得经营家的人都懂得在亲人面前放低身价，善于运用服输和示弱的语言营造和谐幸福的家。

与人交谈尤其是初次交谈，很容易会因为不熟悉或是紧张而使话题枯竭冷场。面对这样的困窘，就要懂得调整心态，运用风趣的语言天马行空，说些很容易切入主题的语言，然后通过对方的回话来找到可以交谈的共同话题。

应对冷场的说话技巧

[生活中离不开的几大话题]

怎样与初次谈话的人找到共同话题？怎样避免因话题枯竭而冷场的局面？怎样同很难找到共同话题的人交谈？尤其是和那些不善于讲话，沉默内向的人如何通过一些简单的聊天寻找谈话的感觉？只要你注意了生活中的细节，你就会很容易找到谈话的共同话题。

1.天气

美国人总爱与人谈天气，并不是他们特别关心天气，而是因为天气能够帮助自己树立第一好形象，并且能够打开别人的话匣子，比如"天气真热"、"真冷啊"等，谁都不会因为你的这一句话而给你难堪，而是会回复些话如"是啊"、"的确如此"，等等。

2. 电视节目

电视节目也可以成为两个人谈话的切入点。比如某个好看的电视剧、某个精彩的新闻节目，甚至是动画片。但要记住，话题一定要符合对方的身份。比如，与年龄较小的儿童交谈，就不能谈论过于复杂的新闻；与领导、客户交谈，就不能谈论过于幼稚的动画片，因为这是不合时宜的。

3.爱好

洽谈业务的精英往往都会先了解一下对方的爱好、兴趣等，或者是在不知道的情况下，运用提问的方式来了解对方的爱好，并且展开交谈。

4.新闻

生活琐事、流行服饰以及明星八卦等，都是女人喜欢谈论的话题，但是要谈最近发生的事件或事故，同时应注意尽量避免谈论政治或宗教。

5.失败经历

当两人陷入冷场时，你要懂得主动出击，谈谈自己，比如事业上的失败。如果你坦诚地谈及自己的失败经历，对方也会说"其实，我也……"来向你吐露心声。

6.旅游

即使不喜欢旅游的人也会对此感到新奇，这是一个很好的切入话题的抛砖引玉法。

7.朋友

如果实在没有话可谈的话，可以提起一些自己认识的人当中有这样或那样有趣的朋友时，你就会意外地发现原来此人是双方共同的朋友。

8.家庭

已婚的人常常会在不经意间提起关于婚姻与否或有关家人的话题，从而缓解紧张的谈话气氛。

9.衣食住行

人类生活在地球上，都离不开衣食住行，在两个人交谈出现困难的时候，可以多说些生活上的方方面面，然后再打开话题，引入主题。

[打破冷场技巧分享]

冷场是谈话中间发生的一种古怪消极的气氛，因为紧张或是其他原因而无话可说，然后使人感到无聊、不安、尴尬、难受等潜意识心理反应，并且因为这种负面心理随之衍生其他连锁心理和生理反应。

这种反应会严重阻碍人的心理发展，并且长时期这样会养成以自我为中心，不善于说话，内向、自我压抑进而孤僻等不好的心理问题，所以每一个人都要注意自我调节，主动出击，从而调动和活跃社交气氛，引入趣味中心，树立个人形象。

1.交谈时要放松情绪

想要成为出色的交谈者，在不知道如何开始第一次对话，特别是同陌生人一起时，就要放松自己的心情，并且让自己的舌头自如地活动，交谈就一定会顺畅而友好，并且令人振奋起来。

约翰·墨菲指出："我们不要硬是通过深思熟虑从脑中挤榨出一些警句和名言，当我们放松下来，不用恐惧的时候，这些名言妙句就会自然而然地产生出来。"

2.使你的交谈变得丰富

交谈就好像即兴表演，每个人在谈话之初都可能只谈些既缺乏机智又毫无意义的事情，其实，这种短暂的交谈对于使"轮子转动起来"是必要的，不要期望对方一开始就热情高涨，善言者总会在交谈启动之前谈些没有任何风采和智慧可言的话题。

3.保持谈话顺利进行

出色的谈话家，不会过分地依赖于自己能够想出多少聪明的事情，而是在于启发、诱导别人讲话，因为只有激发别人的谈话，才能够保持谈话的顺利进行。

4.倡导愉快交谈

要想交谈在一个和谐愉快的氛围中进行，就不能将自己的悲观失望同大家谈论起来，因为别人并不会因为你忍受了多少痛苦而把你当成英雄，反而只会使你变成惹人厌烦的人。

5.忌取笑、逗弄或讽刺

很多人都希望通过取笑别人从而让人认识到自己是一个能提出话题的人，但是带着嘲讽的意味与人谈话，希望对方在挖苦中认识到我们的聪慧，看到我们的风趣，而且不希望自己受到别人的伤害，只会让别人讨厌你甚至于变相地讽刺你。

遇到困境时应学会随机应变，自圆其说，通过自己的出其不意补救失误；遇到难以应付的问题时，应反击对方的语言攻势，兵来将挡，水来土掩，任何时候都要学会灵活说话。灵活地说话是一个人才能和智慧的表现，也能增强一个人的魅力，使自己在人际交往中处于有利的位置。

灵活说话，应对不同局面

[巧妙地应对尴尬]

人际交往中，经常会遇到一些意想不到的事情，或是自己失言失态，或是对方的反应不如预料的好，或是周围的环境出现了没有预料到的变化，等等，如果我们不能够在这些猝不及防、进退尴尬的情况中巧妙应对，往往会发生些让人啼笑皆非的事情。

有位老牧师从来就没有坐过飞机，一次，因为有要事，不得不乘坐飞机到另外一个城市。在飞机上，老牧师两手紧紧地抓着坐椅的扶手，大腿上摆着《圣经》。看得出，他非常紧张。

就在这时候，一位空中小姐走过来，见他这个样子，就倒给他一杯酒："牧师先生，您喝了这杯酒后感觉会好一些。"

老牧师看了空中小姐一眼，说："我们现在距离地面多高？"

小姐说："我们正在两万英尺的高空上。"

老牧师望了望窗外，又说："哦，那还是先不喝了，这里离总部太近了。"

周围的乘客因老牧师的这句话都笑了起来。

空中小姐也笑着说："那么我先将酒藏起来，等离远一点儿的时候再偷偷拿给您吧。"

奇怪的是，老牧师随着大家开心的一阵笑声后，竟然不觉得紧张了。

遇到令人尴尬的情况时，适当的幽默往往能够帮助我们消除困窘。昂里艾特·比妮耶曾经说过："幽默是我们身体中最理智的一部分，是治疗剂。幽默能让我们驱逐恐惧，发泄对权威的不满，补偿自己的不足，为自己的失败复仇。"

有一次，某公司的一位司机和领导开车到另一个城市办事。半路上，司机要下车方便。当时是冬天，天很冷，领导看了看外边的天气，再看看离车很远的厕所，不想去。司机只好下车拔下钥匙，自己去了。

没有料到的是，汽车在拔下钥匙后，空调就关闭了。可偏偏司机坏肚子，进了厕所就出不来了。领导坐在车里很冷，因此很不高兴。司机回来后，领导就对司机发脾气说："你下车拔车钥匙干什么啊！"司机有苦难言，又不好直说。

原来，这辆车的自动锁有些故障，关上门几秒钟后就落锁，司机的车钥匙被锁在车里好几次了。但看到领导冻成那个样子，他想现在说车有毛病领导肯定认为自己在找借口，于是就笑笑说："自从本·拉登袭击美国后，我们干什么都得防着点啊！"领导一听，苦笑着摇了摇头。但看得出，他的不快已经烟消云散了。

有些时候，出现尴尬场合、尴尬局面，往往发生在刹那间，若能在心理上保持平衡和稳定，神色不改，就能够运用自己的机智通过几句话巧妙机智地应付尴尬。

［敏捷地进行反攻］

聊天中，有些人很有可能会因为某些原因有意地用犀利的语言攻击你，如果你屈服于对方的强势，就会成为对方手下败将。但若你能在谈话中不惧不怕，通过对方的谈话富有机智地出击，很有可能反将一军，让对方对你心服口服。

法国著名戏剧作家莫里哀说：“随机应变的回答是一个有机智的人的试金石。”所以不论在什么场合下，在哪种条件中，都应该在心中想想你的话对对方会产生什么影响。

爱特门·华勒的诗，在克伦威尔以及复国了的史蒂华特统治下都曾大大受到称颂。他在克伦威尔时期称颂克伦威尔，而在复国后的查尔斯二世时，又大大称颂之。于是，查尔斯二世就问他为什么这样做，是不是趋炎附势。当然，这是个让他窘迫的情势。然而他却说：“陛下，你得知道，诗人是崇尚想象而不重复历史的。”

爱特门面对查尔斯二世的提问，通过自己的机敏获得了皇帝的宠爱。所以在许多情况下，都要学会针对场合，针对谈话对象，找出合理的答案从而敏捷地进行反攻，就会获得意想不到的惊喜。

约翰·密尔登，他曾经是克伦威尔的秘书，并为克伦威尔写了不少册子。查尔斯二世问他：“你可曾想过你的眼睛之所以瞎掉，正巧是因为你帮了杀我父亲的凶手而遭的天谴吗？”

密尔登是这样回应的：“我的双眼瞎掉，这是千真万确的事情。不过假如一切祸害都归于上帝的天谴，那么你要知道，陛下，令尊的头颅也是失掉的啊！”

当别人运用自己的弱点借机攻击你时，你也应当做好充分的反击准备，当然这些话可能会让对方发窘，但是却能够保住自己的尊严不受侵犯。

在多数情况下，很多不怀好意的人都会通过话语来对你进行攻击或者是侮辱，希望能给你造成心理上的伤害，这个时候，就需要你巧妙地应对，然后对给方一个立即反攻的毒刺。

有一位律师在与一个演员聊天。这位律师讲起了演员的戏剧才能，而这位演员却在说各省许多不同的戏院。

"您到过爱赛戏院吗？"演员问。

"去过。"律师回答，"而且我还看到了一个非常蹩脚的演员表演，也就是你在此处获得极大声誉的角色。"

"先生，"演员说，"那位演员就是我！"

就在此时，律师并没有因为自己的失误而大惊失色或者窘境难当，而是不动声色地用钦佩的声调说："真想不到，在短短的时间内，你居然进步得这么快。"

反击对方时也不要令对方不安，或者是刻意伤害对方，最好的方法就是不要对对方指责，而是通过赞美对方，使对方既感觉不到身份丢失，又能知道你是无意之失，这样他们事后就不会太记恨于你。

刚柔并济，在舌战中说出一条出路

8

　　语言是人类交流的重要工具，而"舌战"又是人类言语交流的激烈形式之一。同时，舌战也是一场智力的角逐，有时就需要掌握一种说"软话与硬话"的技巧。硬就是其中表达的内容有比较强硬的成分，真正击中对方的要害，使其有所顾忌，便会知难而退。软者，柔和而不软弱，以柔克刚而不优柔寡断。

众人皆知，骨头是坚硬的，蚂蚁是渺小软弱的，但最终蚂蚁啃掉了骨头；石头是硬的，水是温柔的、软弱的，但最终又水滴石穿；牙齿是坚硬的，舌头是绵软的，二者常常发生碰撞。牙齿咬伤舌头，舌头慢慢将创伤愈合；舌头舔触牙齿，牙齿在慢慢松落。最终，坚硬的牙齿脱落殆尽，而绵软的舌头还在。由此，我们没有必要奇怪于一张纸的杀伤力，更不必为纸划伤自己的手指而纳闷。

以柔克刚，有的放矢

[四两拨千斤的神奇]

在我们的生活中，有很多柔软的东西在不经意之间成就了我们的自信心，也在不经意之间抹掉了我们的自信心。然而，这些柔软的东西正是来源于我们说话的智慧。

俗话说："四两拨千斤。"指的正是以柔克刚的道理。也有人说："百人百心，百人百性。"有的人性格内向，有的人性格外向，有的人性格柔和，有的人则性格刚烈，各有特点，又各有利弊。然而纵观历史长河，我们很容易发现，往往刚烈之人容易被柔和之人征服利用。这正是所谓的智者善于以柔克刚。

因此，当我们说服于人的时候，没有必要与之硬碰硬，如果硬碰硬，只会让结局变得更加的难堪。纵观古今中外，凡是有智慧的人都会运用以柔克刚的说话方式来说服对方，而那些不懂得运用说话技巧的人才会拿鸡蛋碰石头。

在我们的现实生活中，求职，谁都想少走点弯路，但在大多数情况下并不能如此，所以，对于求职者来说，那就应有不怕失败的韧性准备。

松下电器的创始人——松下幸之助，年轻时，到一家比较有名的大型电器厂求职，请求安排一个工作最差、工资最低的活给他。人事部主管见他个头瘦小又很肮脏，不便直说，随便找了个理由："现在不缺人，过一个月再来看看。"人家原本是推托，没想到一个月，松下真的来了。人事部主管推托有事，没空见他。等过了一段时间，松下又一次登上公司的大门。如此反复多次，人事部负责人说："你这样脏兮兮的进不了厂。"于是松下回去借钱买了衣服，穿戴整齐地来了。对方没办法，便告诉松下："关于电器的知识你知道得太少，不能收。"两个月后，松下又来了，说："我已学了不少电器方面的知识，您看哪个方面还有差距，我一项项来弥补。"人事部主管看了他半天才说："我干这项工作几十年了，头一次见到你这样来找工作的，真佩服你的耐心和韧性。"松下终于打动了人事主管，所以，松下也就实现了进入该公司的愿望，并经过不懈努力，成为日本国的经营之神。

[硬碰硬，你能赢吗？]

《墨子·贵义》中有这样一句话："以其言非吾言者，是犹以卵投石也，尽天下之卵，其石犹是也，不可毁也。""以卵击石"这个成语由此而出。俗语谓为"鸡蛋碰石头"，其意是蛋碰石必破，用于现实生活中，则有不自量力之意。

我们可以想象一下，一块巨石如果落在一堆棉花上，那一定会被棉花轻松地包在里面。所以，以刚克刚，必定会两败俱伤，在生活中，如果学会以柔克刚，那么，成功的几率就会很大。

一次，唐朝大臣魏徵在朝廷上与唐太宗争得面红耳赤。

"总会有一天，我非杀了这个乡巴佬不可！"太宗回到后宫后愤愤地说。

"圣上所指的乡巴佬是谁？"长孙皇后连忙问道。

"当然是魏徵！他总是在众臣面前侮辱我，实在是让我难堪！"

长孙皇后听过之后，马上退了下去。

不一会儿，她换了一身上朝的礼服，走到太宗面前叩拜道贺。

"你这是何意？"太宗疑惑地问。

"我听说，只有明君身下才会出现忠直的臣子，"长孙皇后认真地说，"如今魏徵敢于直言进谏，是因为陛下贤明之故，我怎么能不庆贺一下呢？"

　　这时，唐太宗听后转怒为喜，决定重用魏徵。

　　处于气头之上，如果硬碰硬地为魏徵求情显然是没有用的。长孙皇后从另一个角度出发，讲述了魏徵敢于进言，是由于皇上有明君之怀。她以柔克刚的劝谏，顺利地说服了太宗，挽救了忠臣魏徵的性命。

　　所以，求人办事，最忌讳的就是直来直去，以硬碰硬。这样，即使再有理的事情往往也得不到妥善的解决。而聪明之人却会举重若轻，巧妙地用一种表面上看来十分柔弱的智谋行为来对付对方锐不可当的气势，以达到自己办事的目的。但运用"柔术"，一定要有的放矢，不能盲目地、不加选择地使用。不然的话，弄巧成拙，吃力不讨好。

渴望同情是每个人的本性，如果你想把强大的对手说服，不妨用这种争取同情的技巧，可以以弱克强，以便达到目的。

以弱克强，打动人心

[用可怜话打动人]

一位15岁的山村小姑娘，不幸被拐卖到上海去卖淫。当天晚上，天还下着蒙蒙细雨，小姑娘的房门被打开了，一个中年上海"阿拉"走了进来。小姑娘的心都跳到了嗓子眼儿。不过，小姑娘还是很快地镇静了下来，机智地叫了一声："伯伯！"中年"阿拉"一愣，人就像是被魔法定住了一样似的。小姑娘小心翼翼地说："我一看伯伯就是一个好人，依你的年龄，与我的爸爸差不多，可我的爸爸就比你苦多了，他在乡下种田，去年栽秧时，他热得中暑……"小姑娘说着说着，眼泪就哗哗地往下流。此时，一旁的"阿拉"脸涨得通红，短暂的沉默之后，低下自己的头说了一句："谢谢你，小姑娘。"然后开门走了。

面对彪悍的"阿拉"，故事中的小姑娘是聪明的，她会让自己显得更弱小，以此激发对方的同情心。小姑娘的一句"伯伯"，一下子拉开了两个人之间的年龄距离，让"阿拉"不由得想起自己那同样处于花季的儿女们。同情的种子开始在他心头萌发了。接着小姑娘又不失时机地给他戴上一顶"好人"的帽子，诱导他的心理向"好人"标准看齐。用"我爸爸"与"阿拉"相对比，进一步强化了"阿拉"的同情心理。

在今天的现实生活中，时时刻刻都会遇到各种各样的事情，而我们想达到我们所想要的目的，就需要有很好的说话技巧，有时在不得已的时候，学会做一个像小姑娘这样可怜的人同样也会让你达到所要达到的目的。

例如，如果你准备拜访隔壁新搬来的一对夫妇，请他们为社区的某项工程募捐，用哪种方法最好呢？

平庸的说服者是开门见山地提出要求，结果发生争执，陷入僵局；而优秀的说服者则首先建立信任和同情的气氛，如果主人为某事烦恼，你就说："我理解你的心情，要是我，我也会这样。"这样就显示了对别人感情的尊重，以后谈话时，对方也会加以重视。

当然，优秀说服者也并不总是一帆风顺的，他也会遭到别人的反对。这时，老练的说服者往往会重新陈述对方的意见，承认它具有优点，然后才指出自己的意见更好、更全面。研究证明，在下结论之前，陈述双方的观点，要比只讲自己的观点更有说服力。

美国一位叫约翰的年轻人，他固执地爱上了商人的女儿柯尼亚，但柯尼亚始终拒绝正眼看他，因为他是个古怪可笑的驼子。

有一天，约翰找到柯尼亚，鼓足勇气问："你相信姻缘天注定吗？"柯尼亚眼睛盯着天花板答了一句："相信。"然后反问他，"你相信吗？"他回答："我听说，每个男孩出生之前，上帝便会告诉他，将来要娶的是哪一个女孩。我出生的时候，未来的新娘便已经配给我了。上帝还告诉我，我的新娘是个驼子。我当即向上帝恳求：'上帝啊，一个驼背的妇女将是个悲剧，求你把驼背赐给我，再将美貌留给我的新娘。'"当约翰说这些话的时候，柯尼亚看着约翰的眼睛，并被内心深处的某些记忆搅乱了。随后，她把手伸向他，之后成了他最挚爱的妻子。

真的，有时候在生活中，只要能够运用适合的说服技巧，就很可能会达到你的目的，而做个可怜人的说话技巧，听起来有一些贬义，但是它也不失是一种很好的说服别人的方法。不过，当你说一些有利于自己的话时，人们通常会怀疑你和你所说的话，这时你就要以另一种方式去说。借他人之口，论自己之事，不要直接阐述，而是要学会借用别人的言语，让别人来替你说话。即使那些人并不在现场，却可以大大消除这种怀疑。

著名的美国心理学家埃克曼曾与学生辩论"应不应该废除死刑"，学生主张"死刑完全应该废止"，埃克曼则自始至终只是重复"很好"这句话，可到头来却使学生自动地改变了自己的意见。埃克曼的高明之处在于，开始完全接受对方，使对方消除了戒意，因势利导，使对方改变了观点。如果他在一开始就亮出自己的底牌，对方就会坚决抵抗，那样做是愚蠢的。

不难看出，我们做思想工作中出现的"谈不拢"的情况，很多情况下就是因为做思想工作的人一开始就想教训对方，结果增强了对方的抗拒心理。我们不妨边微笑、边点头、边和对方交换意见，这些小动作，也表示自己对对方有好感。这样，对方就会深感到，这些小事何必跟他争论得那么激烈？这简单的一招效果之大，超出我们的想象。

有句俗话是："一句话能把人说跳，一句话也能把人说笑。"事实上，能把人说"跳"的语言最容易，而要把跳的人说笑了，那才叫难。通常来说，人们往往尊敬说话温和的人，说话温和可以使对方以相同的态度回报。

硬话软说，减少冲突

在与别人言谈中，柔和的语言，在遣词造句，声调语气上都有一些特殊要求，比如，在交谈中应注意使用敬辞、礼貌用语和赞美词，以表示尊重对方的感情和人格，引起对方好感。

[探索硬话软说的奥秘]

在一个鞋店里，一位顾客气势汹汹地找上门来，开口就说："这双鞋鞋跟太高了，样式也不好……"鞋店营业员一声不吭，耐心地听她把话说完，一直没打断她。等这位顾客不再说了，营业员才冷静地说："您的意见很直爽，我很欣赏您的个性。这样吧，我到里面去，再另行挑选一双，好让您称心。""如果您不满意的话，我愿再为您服务。"这位顾客的不满情绪发泄完了，也觉得自己有些太过分了，又见营业员是如此耐心地回答自己的问题，也很不好意思。结果她来了个180度的大转弯，称赞营业员给她新换的实际上并无太大差别的鞋，说："嘿，这双鞋好，就像是为我订做的一样。"鞋店的营业员以慢对快，硬话软说，让顾客把怒气宣泄出来，满足了心理平衡，化解了这一场纠纷。

从某种角度上来讲，硬话软说对教师也是一种有力地说服学生的语言技巧。一般情况下，教师有真知灼见，总是想急于发表，尤其是学生一方陷于陋习而又沉迷不醒时，教师总是不自觉地加大力度，增加气势，以期取得振聋发聩之效。但这样做常常适得其反，会导致对方的对立情绪和反击行为。假如做到硬话软说，委婉中见真诚，对方反而会有所省悟。

有一次，一位老师正激昂地为学生讲述《鲁提辖拳打镇关西》，有一位学生却晕晕乎乎地姗姗来迟。而这位老师既不罚他站，也不批评他。面对迟到，全班同学反应各异，有的窃窃私语，有的瞪眼瞅着老师。此时，这位老师平静地说："罚他唱歌！""啪！啪！啪！"教室里响起了热烈的掌声。笑声、掌声、歌声融为一片，令人振奋。这位老师陶醉地说："余音绕梁，三日不绝，精彩。此乃秀美！"同学哗然。老师接着说："下面，让我们欣赏一段壮美的场面描写：'三拳观止'。"这样在活跃的课堂气氛中，同学们情绪高昂地投入学习，收获不小。

曾经有一位大学生也这样说过："在毕业论文处理实验数据的问题上，我采用了教科书上讲的经典方法。在此之前，我们系的老师经过实验，建立了一套与教科书上不同的新方法。因为我没采用这种方法，老师很不满意，质问我说：'你看到哪个学校哪个系比我们更有权威性吗？你为什么要因循守旧，不用新方法？'面对这种质问，我没法回答，非常难堪。"

显然，这位老师的质问是有欠妥之处的，也很失风度。学生也应当委婉地加以解释，比如说："老师，我不是不想采用新方法，而是对您的新方法学习不够，理解不深，我不好随便采用。为了实事求是，请您谅解。好吗？"这种硬话软说，不卑不亢的说话作风，很切合双方的身份和关系，一定会收到良好的效果。

另外，如果不是在一些重要的场合，身份高的人对身份低的人说话越随便，越风趣越好。

有一次座谈会，一位很著名的语言学家、学会的负责人首先讲话。他说："先让我这个老猴来耍一耍，然后你们中猴、小猴再耍。我这个老猴肯定耍不过你们中小猴，不过总要带个头吧！"这位报告人是个德高望重的语言学家，到会的中青年同志对他都很熟悉，也很敬仰，他以自嘲的方式来个"庄谐杂出，四座皆春"。会场的气氛一下被调节得十分融洽。

另外，还有一则小故事：

一家商店的一位优秀营业员，一次接待一位女顾客，女顾客挑得相当仔细，足足用了几十分钟没有挑完。当这位营业员去接待别人时，这个妇女把脸一沉，大声指责道："你这是什么服务态度，你没看见我先来，他们后来吗？为什么扔下我不管了？"

如果营业员是个愣头青，早把她顶回去了。然而，这位营业员走过来和颜悦色地说："请您原谅，我们店生意忙，对您服务不周到，让您久等了。我服务态度不好，欢迎您多提宝贵意见。"

顾客的这些话说得女顾客也不好意思了，她面呈愧色，连声道歉："我的话说得不好听，也请你原谅。"

我们不难看出，这位营业员以"软"对"硬"，不卑不亢，表面上，"似水柔情"，实际上却"力胜千钧"。因为"硬"而对"软"，就失掉了钢的理由和动力，自然对方就会降温熄火了。

绵里藏针，用一句明白易懂的话说，就是软中带硬。软就是说话时的语气和态度都比较和缓；硬就是表达内容中有比较强硬的成分。

软中带硬，夺得胜利

［软中带点硬］

春秋战国时期，秦国准备攻打郑国，走到渭同时，这个消息被郑国的商人弦高知道了。弦高原打算去周国做买卖，但他不忍心自己的国家遭受战争，便打算劝秦国主将改变主意。弦高知道，如果以硬对硬的话，必定会适得其反。于是，他带着4张熟牛皮作礼物，又赶了12头牛去犒赏秦军。

他故作敬重地说："我国君主听说您将行军经过敝国，特地派我来犒劳您的随从。"

他的一番话语说得很客气，真是像棉花一样，但棉花中藏的针却很硬，其弦外之音是：你们要偷袭郑国，但这个消息已经走漏出去了，郑国已有了准备。由于秦国强大而郑国弱小，所以，郑国才出谋划策犒劳秦国，以尽礼节。如果秦国不识相，那么只好兵戎相见了。

还有一则故事：

正处于春节之时，火车上十分拥挤。一位年轻姑娘中途上车，见两张对面坐席上坐着三个年轻人，边座空着，就走了过去问："同志，这儿没人吧？"

对方说："没有。"

于是，年轻姑娘就放下身上的行李，准备就座。不料，一个男青年竟突然把腿放到了坐席上。姑娘一愣，问："你这是为什么？"

"因为你不会说话。"

"那么，请问应该怎么说？"

男青年眯起眼睛装腔作势地说："看来你是井里的青蛙，没见过多大的天地。让大哥告诉你。你得这样说：'大哥。这有人吗？小妹我坐这可以吗'哈哈哈……"说完，对方肆无忌惮地狂笑起来。

姑娘觉得很不舒服，真想上去抓破他的大饼子脸。但她转念想了一想："不对，有道是兵来将挡，水来土掩。你耍滑嘴，我难道没口才不成？"

于是，这位姑娘说："听你这么一开口，我确实没有见过你们这种独特的'礼貌'方式。不过，你们既然见过很多世面，又有自己独特的'礼貌'方式，见了我，就应按你们的'礼貌'方式办事才对。"

"你说怎么办？"

'这还不容易吗？看到我过来了，就应该起身肃立，躬身致礼，说：'大姐，这儿没人，小弟请你赏脸，坐这可以吗？'咳，可惜呀，你连自己的'礼貌'信条都不会做到，还想教训一下别人，可见，真是土里的蚯蚓，没有见过天空！"

生活中，要想学会使用绵里藏针的方法，关键在于你的"针"既要硬，又要扎得准，击中对方的要害，使其有所顾忌，使其知难而退。

小王与小杨两人的关系不好，一次在小巷中狭路相逢，小王傲慢地说："我就不给你让路，你能把我怎么样？能把我吃掉吗？"小杨慢条斯理地说："我当然不能吃掉你，因为我是回民。"小杨的回答看似向小王妥协，但实际上是暗骂"小王是个猪"。

所谓的绵里藏针，大致上具备两个基本要素：一是能够听出对方的弦外之音，恶毒之意，否则便会成为笑柄，白白被人耍了自己还陪着笑脸。二是要委婉含蓄地表达自己，话说得很艺术，又让听话之人心领神会，明白你话中的锋芒所在。你的敌人发出的旁敲侧击之音，暗含恶毒之意，这是一种无形的霹雳，甚至会让你身败名裂，万万不可小瞧。对待居心不良的暗算之"飞镖"的上策便是接镖有术，还以颜色。学会用语言来维护自身的名声和面子，是自我保护，也是立足于世的必备功夫。

在一些特殊场合，将某一固定语拆开来解释，赋予原词新奇意境，便能化腐朽为神奇，博得喝彩。

有一次，周恩来接见一位美国记者，记者不怀好意地问道："总理阁下，你们中国人为什么把人走的路叫马路呢？"周恩来总理听了，很自豪地回答说："我们中国走的是马克思主义之路，简称为马路。"那个记者听后哑口无言，一副窘态。周总理这一妙答，巧妙利用拆分法，创造了一种新奇的含意，时而山重水复，忽而柳暗花明，点石为金，化拙成巧。既维护了中国人的尊严，又巧妙地回击了那个美国记者。真可谓藏锋处鬼神莫能测其渊，露锐处天下英豪莫能挡其势。

另外，还有一则关于里根的故事：

时间是1984年，里根为了竞选总统，与对手蒙代尔展开了一场电视论辩。在论辩中蒙代尔自恃年轻力壮，竭力攻击里根年龄大，不适宜担此重任。里根回答说："蒙代尔说我年龄大而精力不充沛，我想我是不会把对手的年轻、不成熟这类问题在竞选中加以利用的。"就这样一句话，绝妙的回答立即博得全场的热烈掌声。到了论辩结束之后，里根胜利地当选总统。

面对如此攻击，作为年长者的里根如果以牙还牙，破口对骂，就必然会有失作为长辈的沉稳持重、老谋深算的优势；但如果逆来顺受、装聋作哑，那么在蒙代尔的锐气面前，则又显得老气横秋、难有作为。为了争取电视观众，里根根据自己的长处和对方的短处，采取了将计就计、以守为攻、以柔克刚的策略，即在否定对方的声色之中，以己之长，显彼之短，不仅最大限度地显示出了作为年长者的足智多谋、宽宏大度，又委婉地抨击和映衬对方作为年轻人的浅薄和狭隘。

他在讲话中并不讳言自己比对手年龄大，却居高临下地以长者面对后辈的挑衅不屑一顾的口气说："我是不会把对手的年轻、不成熟这类问题在竞选中加以利用的。"这句话说得极为幽默，因为它明里说的是"不会利用"；然而其实质上已经毫不客气一针见血地道出了对方的"不成熟"。这种轻巧、宽容的语气与内容的巨大反差，不仅带有浓厚的幽默气氛，而且在不知不觉之中，已经把对方推到了"攻击长者"的"不成熟"的位置上，充分反衬出了自己作为年长者的宽宏大度，以稳操胜券的姿态显示了自己的信心和实力。这就不仅在论点上，而且在人品和形象上，都有力地反击了对手，在观众面前也由此而树立起了比对方更能胜任总统职务的印象，里根绵里藏针的话语，使得自己在竞选之中夺得了胜利。

在我们的现实生活中，有很多人都知道用威胁的方法可以增强说服力，而且还不时加以运用。比如，小孩子不愿意去打针，有大部分家长都吓唬孩子说，不打针就会变成残疾人的，还会丢掉人的性命，等等。这么一吓唬他们，果然有效，有很多孩子都会乖乖地接受注射。尽管这种方法人人都会用，但在这方面常犯的错误却不是人人都会避免的。

运用威胁的方法增强说服力

[以刚制刚的说话技巧]

有人曾经做过这方面的试验，让一些不愿意打破伤风预防针的小学生分成两组接受试验，结果是受过善意恐吓的学生有25%去打预防针，而未受恐吓的只有12%去打了预防针，由此可见善意威胁的说服作用。

这里所用的威胁并不是真正的威胁，而是以此使学生懂得利害的关系，产生恐惧感，尽快采取有效行动，以增加教育的效果。一旦理解错误，认为威胁越真越凶越容易见效，那就是大错特错了。有不少家长望子成龙、望女成凤，却因表面上装出凶巴巴的样子，说"不好好学习，我就打死你"，使孩子们信以为真，当考试考不好的时候，也就不敢回家，甚至从此沉沦下去。这种事与愿违的事实，提醒我们要记住：可以装腔作势，一定不要追求逼真的效果。

当然，威胁能够增强说服力，这是人人都知道的；用威胁来劝人的方法，也是不用教人人都会的，但并不是所有的人都能用威胁取得说服的效果。究其原因，就是态度不够友善，后果讲得不清，威胁程度过高。

威胁不是真正的目的，只是一种手段。威胁不是一种简单的吓唬，应包含下列含意：如果这样或不这样，就会产生不同的后果。所以，运用此方法来劝说别人时所使用的威胁并不是真的威胁，而是以此使对方懂得利害的关系，产生恐惧感，以增强劝说的效力。以威胁进行劝说，威胁只是手段，而不是目的。威胁应该主要放在对于可怕后果的说明上，这样才能起到说服作用。低程度的威胁很难说服人，这是因为听众不害怕，对于听到的威胁往往会一笑了之。但如果过分夸大内容，会弄巧成拙的。

公元208年，刘备兵败樊口，无力反击曹操。要与曹军抗衡，则必须与孙权联手，于是派诸葛亮前往江东说服孙权。

如果是一般的使者，为了请求对方的援军，一定会低声下气。但是诸葛亮却相反，而是摆出一副强硬的态度，以激起孙权的自尊心："将军您是否也要权衡自己的力量，以处置目前情势。如果贵国的军力足以和曹军抗衡，则应该早早和曹军断交才好；若是无法与曹军相抗衡，则应尽快解除武装，臣服于曹操才是上策。"

年轻气盛的孙权果然被激起了强烈的自尊心："照你的说法，刘备为何不向曹操投降呢？"

诸葛亮便"火上浇油"地说："你知道田横的故事吗？他是齐国的壮士，忠义可嘉，为了不愿侍二主而自我了断。更何况我主刘备乃堂堂汉室之后，钦慕刘君之英迈资质而投到他旗下的优秀人才不计其数，不论事成或不成，都只能说是天命，怎可向曹贼投降？"

至此，孙权的自尊心已被充分激发起来了，于是他激动地表示："我拥有江东全土以及十万精兵，又怎能受人支配呢？我已经决定了。"

刘备能在"赤壁之战"中转败为胜的原因，很大程度上应归功于诸葛亮通过激起孙权的自尊心进而说服孙权。

因此，在说服他人时，抓住对方的心理，用善意的威胁让对方感觉到你的实力，就能以刚制刚达到你的说服目的。

某公司进行了一次集体活动，当大家风尘仆仆地赶到事先预定的旅馆时，却被告知当晚因工作失误，原来订好的套房（有单独浴室）中竟没有热水。针对此事，领队约见了旅馆经理。

领队：不好意思，这么晚了还要麻烦您。但大家满身是汗，不洗洗澡怎么行呢？何况我们预定时，协商好的供应热水呀！这事只有请您来解决了。

经理：这件事情我也没有办法。锅炉工回家去了，他忘了放水，我已叫他们开了集体浴室，你们可以去洗。

领队：这样也好，如果我们大家都到集体浴室去洗澡，可以！不过话要讲清，套房一人120元一晚是有单独浴室的。现在到集体浴室洗澡，那就等于降低到统铺水平，我们只能照统铺标准，按照每人30元付费。

经理：那不行，那不行的！

领队：那只有供应套房浴室热水。

经理：我没有办法。

领队：您有办法！

经理：你说有什么办法？

领队：您不但有办法，还有两个办法：一是把失职的锅炉工召回来；二是您可以给每个房间拎两桶热水，当然我会配合您劝大家耐心等待。这次交涉的结果是经理派人找回了锅炉工，30分钟后每间套房的浴室都有了热水。

其实，生活中的很多人都知道用威胁的方法可以增强说服力，而且还不时地加以运用。如果运用善意的威胁使对方产生恐惧感，从而可以更好地达到说服的目的。

"脚正不怕鞋歪"，只要你拥有良好的口才，就不怕别人的"言语攻击"，就不怕和别人"争辩"。真正懂得语言艺术的人往往懂得该怎样运用语言的技巧来达到自己的目的，从而能够掌控局面，赢得先机。化解言语攻击最好的方式就是转移矛盾，深谙别人的心理，既能够给别人留足面子，又能够为自己赢得有利局面。

避轻就重，供其要害

[人行有影]

俗话说"人行有影"，意思是个人的言谈举止给人留下的印象，行事为人所产生的影响，就像影子一样，时时刻刻伴随着自己。这个印象是你自己留下来的，无论好印象、孬印象、好名声、坏名声，那是自己在人生道路上所结的果子，你扔也扔不掉，打也打不跑，骂也骂不走。而只有言行一致，收获的才是公义。

正所谓身斜别想影子正。当你的言语不正，行为不正，意念态度不正，人就别想有正果。堂堂正正做人，正正经经做事，走得直立站得正，这一生将拥有好的结果。说话做事犹如凭果子认树，结果好就正，结果孬就不正。而不正自然就是歪。

孟子作为战国时期的著名思想家，其辩论技巧无人可比，尤其是和齐宣王的辩论更是将孟子的说话艺术表现得淋漓尽致。

齐宣王要求孟子为他讲述齐桓公与晋文公之间争霸的故事。他先是责怪孔子的弟子没有记述这些事情从而后来没有传述下来。孟子并不解释，他赶紧搪塞过去，迅速将话题转移到王道上来，将话语的主动权抢先掌握在自己的手中。

齐宣王问孟子品德达到什么程度才可以成王？当孟子简洁、干脆而有力地回答："保民而王，莫之能御也。"这样回答既明确了此次谈话的中心，在此也使齐宣王有了与之进一步谈话的兴致。果然，齐宣王马上问道："若寡人者，可以保民乎？"孟子只用一字"可"回答，又进一步撩拨了齐宣王认识王道的那种兴致。

随后齐宣王又问"何由知吾可也"。此时孟子深谙齐宣王的心理，充分地考虑到了作为高高在上君王的个性，所以他通过齐宣王亲身经历的一件事情打开话题。孟子时时不忘夸耀齐宣王的仁慈之心，认为老百姓误解了他，替齐宣王摆脱委屈，所以齐宣王马上变得高兴起来。

这个时候，孟子对齐宣王大谈王道才能够得到齐宣王的赞许和倾听。齐宣王此时认为他和孟子有共同语言，孟子的话语在其心里掀起了几丝波澜，同时也对其心灵产生了触动，所以就主动询问忍心和王道二者之间的关系。

孟子没有立即回答，他先是机智地暂时转移了话题，讲述其他的话题。孟子并没有忘记避免空洞的说教而是运用譬喻，将齐宣王未推恩于百姓的事迹运用到自己所讲的话题中来，让齐宣王有聆听兴趣。

孟子的讲述言简意明，说理透彻清楚。接着，当齐宣王或许还在继续思索的时候，孟子又一次转移了话题，询问齐宣王："难道大兴战争，危害士臣，在诸侯间结怨是为了满足心理快活吗？"

这句话就逼着齐宣王说出他是为了寻求自己所最想要的东西。当孟子接着问齐宣王什么是"大欲"时，齐宣王笑而不言。孟子并不罢休，而是运用排比句式进行了一连串的发问，当见到齐宣王全部否认时，孟子认为时机已到，就一针见血地道明他的"大欲"——称霸中原，称霸天下。

随后，孟子运用譬喻，将齐宣王此举比作缘木求鱼，忠告齐宣王此野心难以得逞。齐宣王听后内心自然感到慌张，便问孟子若是推行此举会有何后果。孟子便举邹与楚战的例子向其阐明后果，并劝导齐宣王推行王道。

孟子向齐宣王展示推行王道的结果，他这样向齐宣王描述：天下贤士皆归于他，耕者、商贾、旅行者都靠近他，天下百姓都会归于齐宣王的国度，使得齐宣王听起来心里美滋滋的。

终于，孟子的话令齐宣王心悦诚服。齐宣王主动请求孟子告诉他如何具体地推行王道的措施。孟子详细地为齐宣王讲述其中的道理，并且再次为齐宣王描述了一幅美丽的画卷：老百姓讲求礼仪，天下太平，衣食无忧。因此孟子成功机智地完成了一次向齐宣王游说推行王道的活动。

与人争辩需要技巧。在辩论中常常会出现这样的情况：双方纠缠在一些细枝末节的问题、例子或表达上争论不休，结果，看上去辩得很热闹，实际上已离题万里,这是说话辩论的大忌。

与人辩论，一个重要的技巧就是要在对方陈词后，迅速地判明对方立论中的要害问题，从而抓住这一问题，一攻到底，以便从理论上彻底地击败对方。如"温饱是谈道德的必要条件"这一辩题的要害是：在不温饱的状况下，是否能谈道德？在辩论中只有始终抓住这个要害问题，才能给对方以致命的打击。

人们常常会掌握说话中的一些技巧，比如"避实就虚"，偶尔使用这种技巧是必要的。当对方提出一个我们无法回答的问题时，假如强不知以为知，勉强去回答，就可能闹笑话。在这种情况下，就要机智地避开对方的问题，另外找对方的弱点攻过去。

在更多的情况下，我们需要的是"避虚就实""避轻就重"，即善于在基本的、关键的问题上打硬仗。此外，如果我们对对方提出的基本立论和概念打击不力，也是难以掌控局面的。善于敏锐地抓住对方要害，猛攻下去，务求必胜，乃是说话辩论的重要技巧。

喜怒哀乐是人之常情，只有理解对方的心境，褒贬扬抑恰到好处，才能得到对方的信任与尊敬。晓之以理，动之以情，衡之以利，是最常采用的说服方法。

褒贬扬抑，恰到好处

[晓之以理，动之以情的说话技巧]

所谓晓之以理，就是为对方讲明道理。无关紧要的事情、小道理，一两个典型事例，再加上简明、扼要的分析，道理就可以讲清楚。事关重大的事情、大道理，涉及多方面的因素，触动一点就牵动全局的，必须全方位、多层次、多角度地进行一系列的说服工作，从多方面展开心理攻势，并以严密的逻辑推理，水到渠成地得出结论。在这个谈话过程中，自己最好不独断专行，把自己的意志强加给对方，最好以征询意见的口气引导对方和你一起来推理，然后一起商讨得出结论。

在说服对方的时候，要做到让他把你的意见、主张，当做自己寻求的答案，自愿接受、主动就范，这才是高明的说服方法。因为对于经过自己头脑思考发现的真理，人们更坚信不疑。晓之以理，要满怀信心，争取主动，当对方已明确、坚决地表示"不行"、"不干"、"不同意"等之后，再说服他，就要付出加倍的努力。不过需要注意的是，争取主动时一定要语气委婉，切忌盛气凌人、以势压人。你要明白，如果使对方产生了逆反心理，再想说服，就不是那么容易了。

要讲道理的同时，还要以情动人，所谓通情才能达理。牧师布道宣传的是唯心主义的宗教，但因以情动人，往往能在催人泪下的同时，不露痕迹地对听众施加思想影响，使人不知不觉地接受其教义，这就是情感的力量。对于形象思维强于逻辑思维的青少年儿童，对于多数平日没有深刻理论思维习惯的人，以事比事，将心比心，运用其自身或熟人的经验教训，再加上感情色彩浓厚的语言，去进行绘声绘色的诉说，令人感到更加亲切可信。用真诚的情感来引发对方情感上的共鸣，就等于是为对方接受你的道理扫清了障碍，铺平了道路。

李春是一家银行的信贷员，在向一家习惯于拖欠贷款的公司催收外汇贷款时，他巧妙地将一条"重要信息"带给公司：在国际外汇市场上，美元对日元的比价将可能下跌。而这家公司恰恰是通过收回日元贷款再折成美元偿还银行美元贷款的，拖欠贷款意味着公司要还更多的钱。李春正是利用了这家公司想少花钱这一内在需求，巧妙地暗示，成功地说服对方，收回了贷款。

这个事例告诉我们，若想以理服人，只有知己知彼，才能百战不殆。事先详细了解对方观点，他所知道的材料，他的论据细节，他可能做出的选择等情况，然后再开始说服行动。如果对方一旦认为你是站在他的角度上为他着想，而且知道的情况比他更全面，想得比他更周到，对你的建议就更容易接受、采纳。总而言之，在说服人的时候，动之以情、晓之以理应该是贯穿整个说服过程的指导原则。

纵观整个人类社会生活，一个人的口才总能起到举足轻重的作用。在现代社会，那些政治家、军事家、外交家没有口才行吗？肯定是不行的。

在古代，烛之武说退秦师，更证明了口才的巨大威力。在秦晋大军攻打郑国的时候，郑国的文臣武将一筹莫展，武将不敢出征，文官没有办法，最后郑王不得不让烛之武老将亲自出马，到秦国去一趟。烛之武受命危难之际，到了秦军，找到了秦军的统帅。他说话动之以情，晓之以理，情真意切，痛陈唇亡齿寒的利和弊，最后终于说服了秦国的统帅，秦国立即撤军不再攻打郑国了，而且留下两员大将，协助郑国来防卫。晋国看此态势也无可奈何，只好撤军。这就是语言的威力。有人曾说过这样一句话："一人之辩重于九鼎之宝，三寸之舌强于百万之师。"的确是这样，一个烛之武用口才说退秦朝大军，解了一国之危，做成了军队都做不到的事情。

为大家所熟知的，是三国时期的诸葛亮舌战群儒。试想一下，诸葛亮没有口才能行吗？正因为他有了口才技巧，出使东吴的时候，建立了联吴抗曹的统一战线，最后致使号称"八十万大军"的曹兵，几乎全部葬身于滔滔的长江之中。这正是体现了以理服人的威力，设想一下，如果刘备派了张飞去，结果又会如何呢？

综上所述，要想成功地说服对方，就一定要讲究说话技巧，假如在说服的时候能够做到晓之以理，动之以情，说服就会变得很简单！

善于倾听别人说话
也是一门艺术

———————●———————

9

　　说话和听话是互为因果的。俗话说，会说的不如会听的，善于倾听别人说话也是一门艺术。适时的沉默体现着一个人的修养，显示着一个人的容人之量。

通常而言，人们说话不是说给自己听的，而是说给别人听的。所以，不能只顾自己说话，而忽略别人的感受。如果不听别人的反馈，不给别人开口说话的机会，即使你说得再好听也全是废话。记住，智者懂得把说话的机会留给别人，蠢人只会独自滔滔不绝。

给别人开口说话的机会

[不要只顾自己说话]

给别人开口说话的机会，有时比自己唠叨不停更有价值。然而，在生活中，许多人在与人交谈中，总将自己放在第一位，自始至终一人唱独角戏，喋喋不休、滔滔不绝地诉说自己的故事。其实，这就等于是在打自己付费的长途电话。这样不但不能表现自己的口才，反而会招来抱怨。

莫琳曾经遇见过这样一位爱表现口才的人——某公关公司总经理。有一次，莫琳与她坐在一起洽谈业务。这个总经理长得很漂亮，业务做得尚可。可是当她话匣子一打开，就如如滔滔长江之水，连绵不绝。莫琳亦是业务口才高手，但想插几句话，却始终找不到机会。这位总经理兴致勃勃地叙述她的公关事业是如何成功，莫琳则无聊地两手在餐桌上玩弄着吸管，表面上附和着，心中却烦恼至极。

30分钟过去，莫琳终于鼓起勇气对这位总经理说："对不起，我有一点急事要处理，我先走了！"

故事中，总经理她完全没有考虑听话人的感受，她的"单口相声"没有达到交流思想和拉进感情的效果，相反，她却尝到了唱独角戏的苦果。这又能埋怨谁呢？

其实，生活中每个人对自己所经历的事都怀有莫大的兴趣，人们最高兴的也莫过于对他人谈论这些事情。但如果过分地谈论这些，往往会使听话者失去兴趣。我们周围有许多这样的人：有的人晚上做了一个美妙的梦，觉得亲临其境，其乐无穷，结果逢人便说，不厌其烦。还有的人则喜欢数萝卜下窖似地诉说自己曾经的经历，如上小学时如何，上大学时如何，参加工作时如何，后来又如何……但是，如果仔细思量一番就会明白，自己感兴趣的事情，别人未必也像我们一样感兴趣。

如果听话者对说话者所提到的那些人、那些事、那些地点，一点都不熟悉，一点也不觉得有趣，他又怎么会与说话者产生共鸣呢？

既然如此，你就要去考虑别人听了你的话，会有怎样的感受与见解。一个真正懂说话的人，不见得字字珠玑、句句含光，但是，他总是能说出让别人产生共鸣的话。

需要明白的是，说话过多者在让别人失去说话机会的同时，也让自己失去了学习知识的机会。孔子有云："三人行，必有我师焉。"其实不论别人地位高低、知识深浅，他们身上总有值得你学习的地方，悉心听别人说，才能"含英咀华"，才能取其精。否则，整天由嘴主导大脑，不加思考不去学习，智力就会停滞不前。

因此，在交谈时应谈论众人都感兴趣的话题，长话短说，让每个人都充分发表意见，留心别人的反应，这样才能融洽气氛，众情相悦。正如亚历山大·汤姆说："我们谈话就像一次宴请，不能吃得很饱才离席。"这句话值得我们好好思索一番。

［给别人说话的机会］

人与人之间的交流是一个互动行为，每个人应该既是发言者，也是倾听者。有人说言语是一种卑贱的东西，一个说话过于随便的人，一定没有责任心。有人认为多言是虚浮的表现，口头慷慨的人，行为一定吝啬。看来，说话过多不仅招人厌烦，还会给人留下虚浮的不良印象。因此，在与人交往时，要学会适时制造让别人开口讲话的机会。

一次，纽约一份销路极好的报纸刊登出一则篇幅巨大的广告，要征聘一位有特殊才能和经验的人。柯白立司看到这则广告后，就投函到指定的信箱去应征。几天后，他接到复函，对方约他面谈。当他去应聘之前，他花费了很多时间打听所有关于这家商业机构创办人的生平事迹。

约定的时间到了，双方一见面，柯白立司就说："我能进入像你这样有成就的商业机构，我感到十分自豪！听说你在28年前开始创业的时候，只有一间屋子、一套桌椅和一个速记员，其他一无所有，这是真的吗？"

几乎每个获得事业成功的人，都喜欢回忆曾经苦干的情形。柯白立司眼前的这位负责人，当然也不例外。他谈了很多他当初创业的事，讲述他如何用450美元现金和一股创业的意志，开创这项事业的经过。如何克服困难，又如何奋斗……每逢周末、节假日都不休息，每天工作12~16小时。直到现在，华尔街最有地位、身份的金融家，都会经常来请教他一些问题。他对自己拥有这样的成就感到非常自豪。最后，他简单地询问了柯白立司的个人经历，随后把一位副总经理叫来，说："我想这位先生就是我们要找的人。"

柯白立司之前花费心思去打听他未来上司曾经的人生经历，他对他未来上司表示关心，鼓励他多多说话，从而给对方留下了好印象，并最终谋得了一份不错的工作。

这个故事告诉我们，把说话机会留给别人，多听多思，这样不仅可以增长智能，还能获得好人缘，有利于未来的发展。

大部分人想使别人同意自己的想法时，总是费尽口舌，其实这是种错误的做法。正确的做法应该是让对方尽情地说话，他对自己的事情和问题了解得比你更清楚。所以你应向对方提出问题，让他把一切都告诉你。在这个过程中，你需要做的是了解与掌握信息，制定沟通计划。

如果你不赞同对方的观点，你也许很想打断他，但千万不要那样做，那是很危险的。当他有许多话想说的时候，他绝不会理睬你的。因此，你要耐心地听着，抱着一种宽容的态度，鼓励他把自己的想法说出来。

当然，在听对方讲话时你也不要一言不发，要偶尔跟着说几句，这一点非常重要。比如对方说："我很喜欢钓鱼。"这时如果你这样说："我没钓过鱼，但钓鱼一定特别有意思吧！"或者："您能把钓到的鱼做成美味的食物吗？"这样对话就可以顺着自己的问话展开。谈话也就能顺利地进行下去。可是，光做到这一点还是不够的。人们的交谈是按照一定的顺序进行的，不是想到什么就说什么，想什么时候说就什么时候说。交谈时，只有说话者和听话者双方互相配合，才能使谈话进行下去。

当一个人向你诉说他所拥有的快乐时，你也就分享了一份快乐，单薄点滴的快乐就变成了坚实泉涌般的快乐；当一个人向你诉说他不堪的痛苦时，你也就帮别人分担了痛苦，原本不可承受的痛苦也就只剩下了云淡和风轻。所以，当别人诉说时，你无须多做什么，能做一个倾听者就已可贵至极。

学会倾听

倾诉者和倾听者虽然只是一字之差，却有着无尽的差别。在我们的日常生活中，人们总习惯做一个倾诉者，诉说着自己生活中或美好或不快的点滴，很少去做一个倾听者，倾听别人生活中那细腻的温情或奔放的豪情。

[做一个倾听者]

在一个落雪的冬日傍晚，一个失魂落魄的年轻人无意间走到教堂，只有一个牧师安静地坐在火炉旁，年轻人一进来便坐在火炉旁向牧师讲起令他痛彻心扉的初恋。

牧师坐在火炉旁，用善意的眼光看着他，并安静却认真地听着年轻人诉说。牧师用心地听着那些与自己无关的故事，年轻人激动时就抓紧他的手，悲伤时就跟着他一起落泪，仿佛那个破碎的故事是从自己身上剥落下来的。牧师没有说一句安慰的话，只是默默地倾听着。直到天快亮的时候，年轻人才起身笑着对牧师说："把压在心里的痛都讲了出来，感觉好了很多，真的很感谢你的倾听。"

后来，年轻人找到了属于自己的幸福爱情，却不止一次地对人讲起那个落雪的夜晚，他说那个时候的他感觉自己糟糕透了，甚至都像死掉了，是牧师那用心、信任的倾听，给他阴暗冰冷的心田注入了无尽的温暖……

是的，一次用心的倾听就是最大的温暖和安慰。不要介意诉说者是谁，不要介意他诉说的是痛苦还是喜悦，都请静下来用心去听，无须多问多言什么。因为对于倾诉者来说，他本身小小的牙疼，可能比世界上发生的一场置千万人于死地的天灾更让他心焦，所以，静静地倾听是给予他最好的止痛药。

纽约电话公司曾碰到过一件非常棘手的事情，一名顾客狠狠地痛骂其公司的接线员，不仅拒绝缴纳电话使用基本费，还列举出多项罪名，公开指控纽约电话公司。

纽约电话公司深陷困扰，最后公司一位人员提出要去拜访这位顾客。在这位暴躁凶悍的客户家里，他没有做任何解释，只是坐在那儿静静地听客户将满腹的不满和牢骚倾吐出来，并一再地点头称是。等客户把压抑在心中的所有愤懑都发泄出来时，所有的麻烦问题也都随之迎刃而解。

成功的商业谈判并没有什么秘笈，有的只是专心听对方的意见，能做到这一点就已经占据了相当的优势。倾听是一种善解人意的表现，是一种美德，是一门艺术，更是对倾诉者的一种尊重。用心倾听，会让倾诉者感到自己所有的喜悦或痛苦都有人在一起分享或承担，自己的诉说被人关注着在乎着，此时，所有的一切都会往好的状态发展。

[如何做一个倾听者]

善于倾听是一门艺术，却不是一蹴而就的，只有真正懂得倾听的人，才能拥有迷人的魅力。做一个出色合格的倾听者并不是件很容易的事，因为听的是喋喋不休的唠叨，听的是和自己毫无关系的痛苦或不堪，而付出的不仅是一颗至诚至真的热心、善心、诚心和真心，还有包容的心和宽广的胸怀。

常常有一些商家，在黄金地段租着昂贵的店面，布置着富丽豪华的装饰，摆放着琳琅满目的商品让人眼花缭乱，然而，花了重金布置的门店，却总是淹没在一片独自吹嘘的声音之中，总是会因为不能耐心听顾客讲话、随意打断顾客说话的店员而失去更多的合作机会。

不管身份为何，我们都应该学会做一个倾听者。下面就如何做一个倾听者而给出一些指导方法：

第一，要积极主动。当一个人对你倾诉所有时，要对对方的感觉和意见感兴趣，并且积极努力地去听，去了解对方，如果有所不明白，要适当地问明白。

第二，要冷静。一个善于倾听的人，总是能够很好地控制自己的感情，不管对方在诉说什么都不会表现得过于激动，给倾诉者创造一个较好的氛围。

第三，不要随意打断对方发言。要让对方把话说完，即使你觉得他的话是千错万错的，都要尽力控制自己，让对方把话说完再发表自己的意见。

第四，要体察对方的感觉。一个人的感觉在很大程度上更能引导他的行为，要设身处地地为对方着想，不要把话说得太死，切身感知到对方此时此刻的感受，同时应注意不要把对方告诉自己的糗事进行宣扬。

第五，要专注。在对方倾诉的时候，要全神贯注地听，不要做小动作，不要走神或显示出心不在焉的状态，这会给对方造成一种不受尊重不被在乎的感觉。

第六，用语要准确。谈话时要注意自己的姿态语言，不要说泛泛之言，或者用一些假话、大话、空话来压对方，而要关怀、了解和接受对方。

第七，保持适当的沉默。谈话中，不要总想着要自己占主导地位，适当地保持沉默，给对方一个冷静思考的余地。

第八，要注意反馈并给予参考性意见。倾听别人的谈话，要积极进行信息反馈，即查证自己是否了解对方，如果一旦确定了对对方的了解，就要积极给予建议。给予建议时，只是提供一些参考性的建议和意见，对方接受或不接受都不要太计较，但即便是这样，真诚还是最重要的。

一个善于倾听的人，就像是太阳能把温暖的光芒传递给每一个人。因为有你的倾听，别人的喜悦才有了美丽和永恒的意义；因为有你的倾听，别人的痛苦才有了被淡化的机会；因为有你的倾听，别人寒冷的心便会拥有火花般的光亮与温暖。做一个善于倾听者吧，因为倾听可以让你感知到或刻骨或纯净或柔情或寂寞或喜悦或悲伤的种种，这是一种属于生命的美丽。

稚嫩顽劣的童年，我们用尽全部的力气去闹去唱，因为我们的童年就是一首响亮的歌；青春盛开的年纪，我们用尽全部的张扬或叛逆向世界宣告我的青春我做主，因为在那样一个年轻气盛的年纪里，沉默是一种懦弱是一种颓废的表现。只是，当我们走入了深深浅浅的社会，看尽了世事的苍茫变化，我们才忽然懂得，适时的沉默是人生的一方净土，是生活中为人处世的智慧，是人生境界的一种豁达。

沉默有时是金

一步步走过岁月的青葱，那些隐没的故事，那些埋葬的情绪，那些成长的惆怅，那些世事的落寞，已不再是锦华灿烂的年纪，生活早已是此时无声胜有声的盛开，我们终于明白，原来沉默是金。

[沉默的力量]

美国纽约国际银行在刚开张之时，为了能够快速提升其知名度，做了一则这样的广告：一天晚上，全纽约的广播电视正在播放节目，突然间全市的所有广播都在同一时刻向听众播放一则通告：听众朋友，从现在开始播放的是由本市国际银行向您提供的沉默时间。紧接着整个纽约市的电台就同时中断了10秒钟，不播放任何节目。一时间纽约市民对这个莫名其妙的10秒钟沉默时间议论纷纷，一时"沉默时间"成了全纽约市民茶余饭后的最大话题，国际银行的知名度迅速提高，很快便家喻户晓。

在商业化的社会，在各种宣传遍地开花的年代，国际银行的广告策略无疑起到了此时无声胜有声的效果，使国际银行的名声达到由"不知"到"人人皆知"

的出奇制胜的效果。

其实，在我们的生活中也是一样的，在很多很多的时候，沉默成了我们最好的选择。在这个世界上，不是每一个人都要了解你，所以有时候，我们会被人误解，可是我们不想辩解什么，没必要对全世界喊话，于是我们选择了沉默。有时候，我们被自己最爱的人误解，我们的心疼痛得几近窒息，难过到不想争辩，于是我们选择了沉默。

每一个人的生命都有着错综复杂的浮沉，沧海一粟的我们，生命中有太多的让我们无言以对的时候，或许是看不清那所谓的是非，或许只是根本就没有什么是非，于是我们不想多说话，在那些个多说无益的时候，沉默就是我们最好的解释。

[沉默是金的智慧]

古人说："以忍为铠，沉默是金。"沉默，看似总给人一种消极的气息，然而它却是最有效的自我保护手段，是最好的还击，是沉浮人生的一大智慧。

禅宗初祖达摩禅师品德高尚，在世传道时便深受世人的敬仰，却也有人因忌妒其才能和品德而四处散播谣言以破坏他的名声。

一天，有一个人当着达摩禅师与众人的面，毫无缘由地对达摩禅师破口大骂。然而，不管那个人的态度是如何恶劣，言语是如何不可理喻，达摩禅师却始终不发一言，微笑着面对他。等到那个人骂累了停下时，达摩禅师才开口轻声说："我的朋友！如果有人要送礼物给别人，可是对方并不接受，请问，礼物应该属于谁？"那人没料到达摩禅师有此一问，便不假思索地回答说："对方既然不愿意接受，当然属于送礼人。"

达摩禅师继续微笑着说："你刚才的言辞我不接受，那么这些谩骂之词又将属于谁呢？"那人一时为之语塞，继而冷静一想，省悟了自己的过错，于是向达摩禅师道歉认错，并发誓以后绝不再说他人的坏话。

达摩禅师以自己的亲身经历谆谆告诫弟子们说："在遭受他人的谩骂时，

人往往会想骂回去，其实这样的做法就好像站着仰头向空中吐唾液，不但不能污人，反而污了自己。"

在这个纷繁复杂的社会，我们常常会面对外界种种的诋毁与伤害，而沉默就是最好的反击。心若不动，纵使外界再怎么沧海桑田都是于己无关的。如若执着于外界的一丝一毫，争吵争夺不休，非要有个胜负之分，到最后伤的恐怕只能是自己。适时地保持沉默，这是面对人生沧桑种种变换的智慧。

有谁喜欢咄咄逼人、箭在弦上的气氛？有谁喜欢脏话连篇、出口伤人的狼狈？朱自清说过，沉默是一种处世哲学，适时的沉默不仅是一种艺术，更是一种智慧。面对无休止的争夺，面对难以理清的是非，与其睚眦必报、尖锐刻薄地指责还不如用沉默来证实自己，这是庸者和智者的区别。

人的一生，总有太多的纷乱，这个时候只有沉默才能使自己保持清醒。生活的巨浪袭来时，愤怒、抱怨的言语都是苍白无力的，我们只有沉默着用我们稳健的行动去抵挡。沉默不是我们懦弱地退让，而是下一次奋起力量的积蓄，是下一个辉煌的转折。

沉默让一场原本硝烟滚滚的争夺瞬间化为乌有，沉默让原本得不偿失的争斗化干戈为玉帛。人生已有太多风雨，有些话不必说，有些事不必问，有些问题不必辩，沉默会给我们带来对人生最深的体会。沉默是金，让我们在沉默中发现自己心底最渴望的，让我们在沉默中找到属于自己的，让我们在沉默中拥有更多的理智和智慧。让我们用沉默的智慧，去开启我们生命最深处的美丽。

在"犹太法典"中有着很多关于让人们少说多听的告诫："不要说得太多——听的分量要有说的两倍"、"耳朵对没有听过的东西觉得不习惯，眼睛却最爱看那些没有看过的东西，只有舌头太奔放而毫无节制"、"神为什么给人两只耳朵，却只给人一个嘴巴，这就是告诉我们要少说多听"……

言多必失不如多听少说

斯多噶派的芝诺打断一个向他滔滔不绝的青年说："你的耳朵掉下来变成舌头了。"这莫过于是对那些夸夸其谈的人最为绝妙的讽刺。人，在世一生，唯有少言才能多思，少言是思想者的道德，用最少的话说出最多的哲理和内容。

[少说多听]

有这样一个小故事：曾经有个小国的人来到到中国，进贡了三个熠熠生辉的一模一样的金人，皇帝甚是喜欢。只是这个小国的人想趁机为难皇上，便出了一道难题：这三个金人哪个最有价值？皇帝想了许多办法，请来珠宝匠检查，称重量，看做工，都是一模一样的，得不出任何的答案，使者还在等着回去答复。一个泱泱大国，连如此的问题都解决不了，怎能一统四方？最后，有一位解甲归田的老大臣说他有办法，皇帝将大臣和使者请到大殿，只见老臣胸有成足地拿出三根稻草，一根插入第一个金人的耳朵里，这稻草从另一边耳朵出来了，第二个金人的稻草从嘴巴里直接掉出来，而第三个金人，稻草进去后掉进了肚子，什么响动也没有。老臣说：第三个金人最有价值！使者默默无语，因为老臣给出了完美的答案。

这三个小金人的故事告诉我们：最有价值的人，不一定就是最能说的人。

深入了岁月的深处，走过了社会的深浅，明白了世事的莫测，人们才会明白，这一生，很多的成功无关于所谓的能力，却在很大程度上都毁在了多说无益的效应中。在哪里说的愈少，就在哪里听的愈多。说得过多了，说的就会成为做的障碍。

墨子是我国古代的一位伟大的学者，是墨家的创始人。一天，有人问墨子："多说话有没有益处？"墨子回答他："青蛙、蛤蟆整天日夜不停地叫，叫得口干舌燥，别人只会认为它们很烦，没人会真正去注意到它们的鸣叫，可是公鸡每天早上按时啼叫，它一啼叫天下人就知道是天亮了。可见话说多了并不见得有好处，只要说的是时候就行了。"

都说多说无益，都说言多必失，都说祸从口出，都是在警告世人多言的害处。

[多听少说的智慧]

经历世事沧桑的老者，总会告诫后辈要多听少说，然而所谓的后浪只顾着超越前浪独领风骚，早已将前辈的告诫不管不顾地丢弃，等到一次次颠覆在风口浪尖时，才明白长者的告诫是一粒待人处世极其灵验的金丹。

希腊船王奥萨斯是世界上有名的亿万富翁，也是一个颇受女人欢迎的花花公子。他征服了世界歌剧历史上的天才女歌唱家玛丽亚·卡拉斯后，又娶了美国前总统肯尼迪的遗孀杰奎琳。这个有名的花花公子在接受记者采访时，被问到如何获得女人的喜爱时，他回答："当她们说话时，我在听！"

戴尔·卡耐基曾说："专心听别人讲话的态度是我们所能给予别人的最大赞美。所以你要得到别人的认可，就要让别人表现得比你优越。同时，用心倾听，不是只听到对方的言辞，还要获得那些话里的真正意思，把握对方的心理，知道他需要什么，关心什么，担心什么。只有了解他的心，自己讲话才会增加说服的针对性。"

人生在世千万不可太忙于说话，相反，要学会"听话"。世界上的难事之一便是闭上嘴巴，假如你不张开耳朵，不适时地闭上嘴巴，你就会失去无数机会。

当你发现自己在与人交谈中说话的时间超过了45%，那就必须当机立断：闭嘴！在谈判中，只要你能让对手尽情地说个不停，你就成功了一半。

美国的一家化妆品公司曾有一名优秀的"推销冠军"。一天，他还是和往常一样，把公司里刚出的化妆品的功能、效用告诉顾客，然而，他所介绍的女主人并没有表示出多大的兴趣。于是，他立刻闭上嘴巴，开动脑筋，并细心观察。

突然，他看到阳台上摆着一盆美丽的盆栽，便说："好漂亮的盆栽啊！平常似乎很难见到。"

"你说得没错，这是很罕见的品种。同时，它也属于吊兰的一种。它真的很美，美在那种优雅的风情。"

"确实如此。但是，它应该不便宜吧？"

"这个宝贝很昂贵的，一盆就要花700美金。"

"什么？我的天哪，700美元？那每天都要给它浇水吗？"

"是的，每天都要很细心地养育它……"

女主人开始向推销员倾囊相授所有与吊兰有关的学问，而他也聚精会神地听着。

最后，这位女主人一边打开钱包，一边说道："就算是我的先生，也不会听我嘀嘀咕咕讲这么多的，而你却愿意听我说了这么久，甚至还能够理解我的这番话，真的太谢谢你了。希望改天你再来听我谈兰花，好吗？"

随后，她爽快地从推销员手中接过了化妆品。

倾听比流利的口才更重要，如果想更多地了解别人，就必须倾听。弗洛伊德说过：如果你能使别人谈得足够多，他简直无法掩饰其真实的情感或真正的动机。当你能够倾听对方讲话，并对对方说的一切话中有着一定的敏感度，你就能把握住对方的秘密。

在我们的日常生活中，少说多听不仅可以让你的生活变得更加快乐，还可以让你的工作变得更加轻松；少说多听不仅会让你的客户越来越多，还会让你身边的人更喜欢你，让你的顾客更信任你。少说多听在工作上是一种推销手段，在生活中却是一种个人的修养和品质。

雨果说："世界上最辽阔的是大海，比大海更辽阔的是天空，比天空更辽阔的是人的胸怀。"辽阔的胸怀就是用来容纳别人的语言，这是每一个生命来到世上时就已经明明注定了的。

在古希腊一直流传着这样一句谚语："聪明的人，借助经验说话，而更聪明的人，根据经验不说话。""雄辩是银，倾听是金"则是在西方盛传的一句名言，而在我们中国千百年来也流传着"言多必失"和"讷于言而敏于行"的济世名言。

倾听也是良好的沟通方式

在我们的生活中，我们能是见到这样的人：他们喜欢说很多的话，急于表达自己的观点，急于显示自己的博古通今，以便让别人折服自己，其实不然，只要稍微有点社会阅历、有点智慧的人都会对此感到不以为然.因为他们在社会上所获得的智慧告诉他们"雄辩是银，倾听是金"。当然，到了说比不说更有效时，我们一定要说。

[倾听是金]

雄辩是银，倾听是金，在销售行业是甚为流行的话语，更是一种艺术。

日本金牌保险推销员原一平曾有这样的销售经历：他去拜访一位出租车司机，那位司机坚决认为原一平绝对没有机会去向他推销人寿保险。当时，这位司机肯会见原一平，是因为原一平家里有一部放映机，它可以放彩色有声影片，而这是那位司机所没有见过的。

原一平放了一部介绍人寿保险的影片，并在结尾处提了一个问题："它将为你及你的家人带来些什么呢？"放完影片，大家都静悄悄地坐在原地。3分钟后，那位司机经过心中的一番激烈交战，主动问原一平："现在还能参加这种保险吗？"最后，他签了一份高额的人寿保险契约。

在销售行业，大部分的推销员都会觉得沉默是一种缺陷，但，在各种实例中证明，恰当的长时间的沉默不但是允许的，而且还是很受顾客欢迎的。因为推销员恰当的沉默，可以给顾客一种放松的感觉，而不是被逼着催促做出草率的决定。所以当顾客说"我考虑一下"时，就一定要给予他充足的时间去思考，因为在顾客保持沉默的时候，就是他在为你考虑了。所以，如果不想丢掉到手的生意，那么就在顾客开口之前，请保持沉默。

一位男士在某商店购买了一套女式套裙，由于掉颜色的问题，要求退货。售货员便和他争执了起来。商店经理听到争吵声，连忙赶过去。

经理赶到顾客面前后，先是微笑和诚恳地静静听完顾客的抱怨和发泄。等顾客说完，又让售货员说话。当彻底了解清楚争吵缘由后，经理真诚地对顾客说："真是万分的抱歉，我不知道这种裙装会掉颜色。现在怎么处理，本店完全听从您的意见。"

顾客说："那么，你知道有什么法子可以防止衣服掉颜色吗？"

经理问："能否请您试穿一周，然后再做决定？如果到时候您还不满意，那么我们无条件让您退货。好吗？"

结果，顾客拿回家，妻子穿了一周后，衣服果然没有再掉颜色了。

经理之所以能够让这位已经暴跳如雷的顾客很快地平静下来，其关键就在于他能够认真地倾听顾客的不满。倾听是沟通过程中一个最重要的环节，认真倾听对方不仅是对对方的尊重，还在无形中起到了对对方褒奖的作用，从而使说者对听者产生一个感情上的飞跃，会觉得听者能够理解自己，并对于给自己一个倾诉的机会感到欣慰。

[倾听是最好的沟通]

得到天下的人或许是那些雄辩者，能够守天下的却往往都是懂得倾听的人。雄辩能够展示一个人语言的风采，有着很强的感染力，却也总是局限在一些言语上，而倾听者则能够在滔滔不绝的话语中发现更深处的心语，所以，倾听者比倾诉者更能守住天下。

在这个物欲横流没有安全感的社会，没有人会把自己的内心世界坦白于人，但也没有人能够不让自己的心理、想法或愿望从语言中流露出来。所以，倾听是了解别人最好的方式。

心浮气躁的人往往也都是耳目闭塞的人，没有真诚的心去倾听，没有胸怀去容纳别人的声音，却总是急于表达自己，从而使生活中更多的美好一点点离他们而去。

在我们的生活中，语言是我们交流的工具，淋漓尽致地表达是一门颇有讲究的艺术，有着很重要的作用，但倾听却也是不可缺少的，倾听甚至会比我们总是表达自己要好得多。因为在倾听中，你能感知到鲜花、荆棘、蓝天、阴雨等，在倾听中，你还能感知到财富和机遇的脚步声……

在孩子的世界，他们的撒娇、稚嫩言语和青春的懵懂，倾听是给予他们最大的尊重。不要轻视孩子任何的言语表露，那都是他们的内心世界，用心倾听赢得他们的信任和纯真的爱，倾听也是对孩子说出自己想法的鼓励。和孩子们在一起，听他们说远比说给他们听更为重要。了解孩子就是从倾听开始的，只有倾听，才能够和孩子做朋友。

在爱情的世界里，爱人的唠叨、埋怨和细数家常，都应该微笑着倾听。因为他（她）是在把对你的爱对生活的点点滴滴感受都要与你分享。爱人之间学会倾听，会让你们的生活更加温馨、甜蜜幸福。

在朋友的世界里，对于他们的喜悦、忧伤和细细密密的心事，你无须多言什么只需做一个用心倾听的观众就好。用心去听他所有的喜怒哀乐，这对他便是最好的安慰和鼓励了。倾听他爱情的美好或惆怅，倾听他工作中的得意或悲伤，诚心的倾听让你成为他一生都相陪相伴的朋友。

在这个日渐浮华的社会，在我们丝丝入扣的现实生活中，在很多的时候，倾听都能够为我们打开僵持的局面，都能够给我们意外的喜悦和温暖的情意。倾听时能给予别人一份尊重，一份关心，一份鼓励和信心。倾听是一种美德，是人生中一种美好的感受。

"到什么山唱什么歌，见什么人说什么话"一向被人作为人际交往的谈话指导原则，但在这其中却也是有着很多的禁忌。我们总是常常见到那些喜欢当谈话主角而打断别人谈话的人，到最后往往成为了最受冷落的一个人。与人谈话，要学会静听，不要随便打断别人的话，这是一种礼貌和尊重，只有会静听别人说话的人，才能够得到别人的重视。

打断别人说话有损谈局

在人眉飞色舞谈兴正浓的时候，这个时候一旦有人打断他，便会使谈话的人如被浇了一盆冷水，兴味索然。

[做一个静听的人]

随便打断别人的谈话，是一种不礼貌的表现，还会让谈话的人产生反感。在谈话中要尊重他人，不管自己是多么的经纶满腹，是多么的见多识广，是多么的聪慧贤圣，都要学会洗耳恭听。

在美国内战期间，林肯给老朋友写信，请他到华盛顿来想与其讨论某些问题。

他的朋友应约到达了白宫，林肯同他谈了几个小时关于解放奴隶的合理性。林肯分析了所有反对和支持这一提案的论据，然后谈了几封信和报纸摘要，在这些材料里，一些人指责他没解放奴隶，而另一些人则说他准备解放奴隶。林肯说完后，握住老朋友的手，祝他晚安，然后，就把他送回伊利诺伊州。在他们的谈话中，整个过程一直是林肯一个人在说，并没有问他的朋友有什么意见，但在这个过程中却使林肯感到很轻松，因为此时的他并不需要什么建议，只需要一个能够安静听他讲话的人。

其实不只是伟大的人物或名人喜欢这样，而是所有的人都喜欢能注意听他讲话的人。在谈话的过程人，谁都想当谈话的主角，谁都希望别人能够静静听完自己的谈话，都不希望有谁忽然打断自己。

[不要随便打断别人的谈话]

艾萨克·马科森大概是世界上采访著名人物最多的人。他说，许多人没能给人留下好印象是由于他们不善于注意听对方讲话。"他们如此津津有味地讲着，完全不听别人对他讲些什么……许多知名人士对我讲，他们推崇注意听的人，而不推崇只管说的人。由此看来，人们听的能力弱于其他能力。"

推销员查尔对顾客斯尔宝先生说："斯尔宝先生，经过我的仔细观察，我发现贵厂自己维修花费的钱，要比雇佣我们来干花的钱还多，对吗？"斯尔宝先生说："我也计算过，我们自己干确实不太划算，你们的服务也不错，可是，毕竟你们缺乏电子方面的……"还不等斯尔宝说完，查尔就说："噢，对不起，我能插一句吗？有一点我想说明一下，没有人能够做完所有事情的，不是吗？修理汽车需要特殊的设备和材料，比如……"斯尔宝先生说："对，对，但是，你误会我的意思了，我要说的是……"没等斯尔宝先生说完查尔又接着说："您的意思我明白，我是说您的下属就算是天才，也不可能在没有专用设备的情况下，干出像我们公司那样漂亮的活儿来，不是吗？"斯尔宝先生说："对不起，你恐怕还是没有搞懂我的意思，现在我们这里负责维修的伙计是……"查尔又急急地插话说："斯尔宝先生，现在等一下好吗？就等一下，我只说一句话，如果您认为……"这次，没等查尔说完，斯尔宝先生就说："我认为，你现在可以走了。"

事实上，善于听别人说话的人是不会因为自己想强调一些细枝末节、想修正对方话中一些无关紧要的部分、想突然转变话题，或者想说完一句刚刚没说完的话，就随便打断对方的话。经常打断别人说话就表示我们不善于听人说话，个性激进、礼貌不周，很难和人沟通。

修养品行高的人，对这种不礼貌的插话行为，大多会默不作声或者隐忍不发，但心里却是充满不悦的；修养品行稍微差一点的人，就有可能当场发作，使插话的人下不来台，使谈话双方都会感到很尴尬。

社会心理学家在对人际关系的研究中一致指出，人与人之间相处的一个最根本的信条就是："不打断对方！"只有完全倾听对方的话，这样，才能使对方开怀畅谈。心理咨询时，心理医生通常都尽量让对方说出自己想说的话，而避免在中途打岔。否则，对方倾诉的欲求得不到满足，彼此也就无法建立较亲密的交谈关系，甚至会造成双方产生敌对情绪。另外，一项客户与推销员问题信赖度的调查也显示：那些在商品售出之后会收到客户非分要求的推销员，大部分都喜欢说话，并且经常打断客户的话。由此我们可以推知，要启开对方心扉，建立起亲密的关系，问题不在于说话的方式与内容，而在于能容纳对方的态度上。因此，胜负并不表现在说话的内容与技巧上，而在于我们能否容纳对方，让对方尽情地说话，以收"不战而屈人之兵"之效。

每一个在苦难中挣扎又奋起的人都需要别人的倾听，每一个烦躁不安的顾客，每一个不满意的职员或是受了委屈的朋友，都需要一个人能够安静地听他说话。其实，在我们的生活中，有很多细腻的感知都是从倾听中来的。没有倾听，我们将永远看不到生命深处的美丽。

听街头修鞋老人的话语，我们能感知到那一种经过岁月后对日子透彻的看法；听重病患者的话语，我们能感知到那是一种对生命的坦白和渴望；听屡遭磨难又屡次站起的男人的话语，我们能感知到那是一种生命的悲壮和美丽；听……那都是一个个真实的存在，都是一个个美丽的生命，如此多的美好，所有的风霜雨雪，所有的沧桑世事，都来自于我们安静地听，所以在与别人谈话的时候，不要随便打断别人。

在现实生活中，只有先给出自己对别人的尊重，才能得到别人对自己的尊重。因此，在与人交谈的过程中，同样也应该注意尊重对方，而尊重对方最起码的要求就是不要随便地打断对方的话。每个人都希望自己的感受或是感知与对方分享，所以我们在与人交谈中，要学会倾听，学会不随便打断对方的话！

一位心理学家曾这样说过："人与人在交谈时，看似一个在说，一个在听，但其实，你在说时，我并没有听，只是在想该怎么说下一句话。若我们只考虑自己该怎样表达，那么我们就不懂倾听。"

"听话"比"说话"重要

在我们的生活中，从某种意义上来说，先听后说是一种艺术。"听话"比"说话"重要，因为会说话的人总是给人留下一个聪明的印象，而会听话的人，虽然不像会说话者那么引人注意，却给人亲切、温暖的感觉，更具吸引力。人类的心理很奇妙，喜欢当聪明人，却又不喜欢跟聪明人为伍，他们情愿接近那些亲切又总是给人以关怀的人。故此，说"听话"比"说话"重要也就不言而喻了。

["听"比"说"重要]

有一年的圣诞节，美国男子杰克为与家人团聚，急急忙忙从外地乘飞机往家赶去。一路上，他不停地幻想一家团聚时的欢乐情景，然而，令人没想到的是，突然来了一场暴风雨，这架飞机在空中遭受到了暴风雨的袭击后，脱离了航线，上下左右摇摆不定，随时都有坠毁的可能。飞机上的乘务人员也都惶恐万分，急忙吩咐乘客们尽快写好遗嘱并放入一个特制的口袋中。那一刻，飞机上所有人都在祈祷能够脱离险境。幸运的是，就在危机关头，飞机在驾驶员冷静的驾驶下平安到了地面，顿时大家都松了一口气。

杰克十分兴奋地回到家，此时，妻子正和孩子们享受着节日的愉悦。杰克说："亲爱的，你知道吗？在飞机上发生了一件惊心动魄的事情……"然而，他的妻子似乎没有时间理他，杰克的经历他似乎没有兴趣知道。就这样，杰克喊了一阵，依然没有人愿意听他倾诉，刹那间他非常失落。在以后的日子里，杰克与家人总有着难以穿越的隔膜存在，使原本幸福的家庭陷入阴影之中。

在人与人的交流中，说话是表达自己内心的一个有效途径，而倾听则是接受对方的一个过程。但在现实生活中，很多人都只喜欢说话，而不愿意去倾听，真正懂得听话的人更是少之又少。

在我们的生活中，倾听是重要的，我们需要有双倾听的耳朵，需要有人一起分享或承担我们的喜悦或悲伤，倾听，是一种分担，是一种理解，是一种关爱，是一种礼貌，是对说话者最大的尊重和无言的信任。

[先听后说的艺术]

听是说的前提，愿意倾听他人，就表明自己愿意接受、承认并重视对方，对方也会觉得他是很受重视的。在这种氛围中，他也就会充分展示自己的才华。

倾听，它是一种乐意与亲朋分担喜悦和忧愁的体现，善于倾听的人是善于沟通和理解他人的人。当一个因失恋而痛苦的人面对一个专注倾听他的朋友时，他会感觉到朋友能够很好地理解他的痛苦，尽管朋友没有向他提出一些好的建议，但他已经从朋友的倾听中获得了一些心理依靠。

听也有听的艺术。很多人常常会说一些蹩脚的或者没有价值的废话，但作为倾听者却不可表现出目光呆滞、心不在焉、漠不关心的样子，因为这些冷漠的表现不仅使说话者感到不受重视，还会觉得你不尊重他。不管你听到的是不是你所感兴趣或想听的，都要给予足够的注意力。当我们倾听别人的问题时，就会化解别人的困境，就像把气球的气放掉一样。当倾听别人的怨恨时，我们不必说任何的话，只需保持沉默，只需静静地去听！

生活中的每个人都渴望受到别人的重视与尊重，而受到尊重的前提就是愿意认真倾听别人。当我们专心致志地听别人讲话时，对方便会有一种备受重视和尊重的感觉，这样，也必定会拉近彼此之间的距离。因此，当我们与他人交谈时，应先问问自己："我能专心倾听他的话吗？"即便是一些很平淡的话语，说者也会觉得很重要。

只有细心倾听别人，才能够及时领悟出别人的意图。社会心理学家曾做过一个详细的统计，结果发现，我们生命中的很大一部分时间都在与他人沟通，而在这沟通的时间内，倾听就占了一半以上的时间。尤其是在一些成功人士的事业发展中，倾听已被列为比"说"还要重要的沟通技能。在对一些深层问题的研究中，也一再强调说"听，是增加知识和价值的良好机会"。可以说，倾听是成功者必须要掌握的一门艺术，是首要的沟通技能。在说话之前，要先学会倾听。

哲学家们常说："沉默是金。"其实，倾听才是真正的"金"。在交际过程中，要学会倾听，能够倾听他人说话的人，一定有着很不寻常的亲和力；夫妻相处，要学会倾听，能倾听爱人说话的一方，一定是一位家庭的忠实守护者；教育孩子，要学会倾听，能倾听孩子的人，一定是一位教子有方的家长；朋友相处，要学会倾听，能够倾听朋友倾诉的人，一定是一位对友谊极其忠诚的人。

"听话"是说话的前提，倾听是给别人最大的关心，给自己最大的快乐。先听后说，是一种为人处世的智慧，是一种让人生活色生香的艺术。

懂点人情世故，
让小细节
为你的谈话加分

————●————

10

  在中国，人们处世都喜欢察言观色。其实，从某种意义上来讲，处世灵活就要从细小的方面去着手，洞察对方的性格，了解对方的意图和心思，然后洞悉对方的言外之意，注意一下对手的"冷枪"，以通晓人情，用以理服人的心态去把事情办好。洞察处世有很深的学问，运用得当便可百战不殆。

有位美国政要曾说过，个性和口才的能力比起外语知识和哈佛大学的文凭更为重要。的确，口才很重要。但你也许会说："我先天不足怕开口，见人就脸红，没口才。"如果你有这种想法，那你首先要明白：口才不好不要紧，路就在脚下。好口才并不是天生的，就像庄稼需要施肥、道路需要整修，口才也要后天培养和锻炼。

好口才的练就靠的是渊博知识的积累

盛开的花朵都很美丽，那是因为它们都植根于沃土之中，一旦离开泥土，它也就失去了养分；没有了泥土，它就会干枯、凋零。空中没有盛开的鲜花。若是把口才也看成是这百花园中的一朵鲜花，那么思想、知识、能力、毅力就是它所扎根的沃土，如果离开了这些基本素质，可能口才也就成了一朵空中的花，一朵永远不会盛开的花。

在日常生活中，渊博的知识及较强的应变能力，都是培育"口才之花"的"养料"，离开了这些，练口才只能是一句空话。

有一个常识是：要想给别人一杯水，自己要有一桶水。如果你想展示给别人卓越的口才，首先就得自己有。千万不要小看演讲时的几分钟，论辩时的几句话，就这几分钟、几句话，就需要你有丰厚的知识积累。

[要有远见卓识]

假如你在和任何人交谈十分钟以上并使对方产生兴趣的话，那么你的交际能力便很好了。因为"任何人"这个范围是很广的，也许是个工程师，也许是个法学家，或者是个教师，或者是个艺术家，或者是个工人，总而言之，无论三教九流，各种阶层的人物，你若能和他谈上十分钟并使他产生兴趣的话，真是不容易的一件事。现实中常见许多人因为对于对方的领域毫无见解而相对默然，这是很痛苦的。事实上只要肯下工夫，这种情况就可减少，甚至于做个不错的交际家也并非难事。正所谓"工欲善其事，必先利其器"，拥有足够充实的知识，你就不会在交际中感到无所适从。

一个胸无点墨的人，我们当然不敢奢望他在说话中应对如流。学问是一个利器，有了这利器，一切皆可迎刃而解。你虽不能对各种专门学问做精湛研究，但有些常识还是必须知道的。拥有了一般的常识，再加以巧妙运用，那么应付十分钟的谈话，其实也并不困难。你需要做的就是：平时多读书多看报，了解国内外的新闻、科学界的新发明和新发现、世界各地的人文景观和地方特点，以及艺术新作、时髦服饰、电影戏剧作品的内容，等等。处处留心皆学问，上述内容都可以从各种图书和报纸杂志中看到，若能灵活运用到人际交往中，自是如鱼得水。

在香港九龙这个地方，有一家美容院，生意兴隆可谓是当地之首。有人去问发财经，店主人坦白承认，原因就是他的美容师在工作时善于和顾客攀谈。可是怎样使工作人员善于说话呢？店主人说：我每月把各种报纸杂志都买回来，规定各职员在每天早上未开始工作前一定要阅读，与做日常工作没什么两样儿，那么他们自然能获得最新鲜的说话资料，博得顾客的欢心了。

试想，假如你从不关注这些，或者干脆以没时间作为托辞，那么请你不必再研究说话的艺术了，连书报都不爱看，甚至都不愿为它付出一点时间的人，又怎么会下工夫去练习口才呢？事实上，如果你想做成功一件事，不努力是不可能的！因此，若想出口成章，就应该不断拓宽自己的知识面。

远见卓识是所有口才好的人都必备的一种素质。无论是演讲，或是谈话、论辩，面对的都是人，但不论人多人少，谁都不愿意去浪费时间听那些老掉牙的、人人皆知的陈词滥调。假如你总是人云亦云，从没有自己的主见和观点，那么你永远也不会成为一名受人尊敬、欢迎的演讲者、谈话者、论辩者，也不可能征服你的听众。一个高明的说话者，一定是见识超群、见解独到的，言别人之未言，说别人之难说的。

[较强的应变力]

著名相声表演艺术家马季，有一次应邀到湖北省黄石市演出。在他上台表演之前，前面的演员错把"黄石市"说成了"黄石县"，引起了观众的哄笑。在笑声中，马季登台演出。他张口就说："今天，我们有幸来到黄石省演出……"这话把哄笑中的观众弄糊涂了。正当大家窃窃私语时，马季解释道，方才，我们的一位演员把黄石市说成县，降了一级。我在这里当然要说成省，给提上一级，这样一降一提，哈，就平啦！短短几句话，引得全场观众哄堂大笑，马季不但机智巧妙地给圆了场，而且使演出得以顺利进行。

下面还有一个例子：

在20世纪五六十年代，苏联中央电视台女播音员、人民演员、国家奖获得者瓦莲金娜·列昂捷耶娃，曾经红极一时，在苏联电视观众中享有极高的声誉。

在一次录制电视节目时，她向观众介绍一种摔不破的环璃杯。准备时几次试验都很顺利，谁知正式播出时竟摔得粉碎，她灵机一动："看来发明这种玻璃杯的人没有考虑我的力气会很大。"还有一次主持儿童节目时，没等她开口就听见那只准备给小朋友看的鹅就叫了起来。她立马说："小朋友们，你们听，咱们今天请的客人已不耐烦了，那么节目就开始吧！"旁边的工作人员笑得眼泪都流出来了，唯一没笑的就是坐在摄像机前的列昂捷耶娃。

综上所述，马季、瓦莲金娜之所以能够在关键时刻幽默圆场，关键还在于他们有较强的应变能力。一个艺术家如此，一个演讲者、谈话者、论辩者也是如此。无论你是演讲、谈话，还是论辩，都是在和听众进行感情交流，都是在传递信息。在这个过程中就需要说话者随时注意对方的变化，观察对方的表情，掌握听众的情绪，并要根据听众的反馈及时调整演讲、谈话、论辩的内容及角度，及时把听众不愿听而你又打算讲的东西删除，然后加入一些听众感兴趣的内容，就这一点而言，没有较强的应变能力是做不到的。

此外，在人际交往中，还会遇到一些突发事件。若你正在演讲时却有人起哄，正在交谈时却遭人抢白，你的辩词受到人们的反对，这一切的一切都需要有从容镇定的应变力。因此，为了使自己不至于陷入窘境，练就一副在任何情况下都对答如流的口才，就能避免在社交场合受尴尬之苦，就能临危不乱。

总而言之，若想拥有好口才，真的没有你想象的那么难，只要你持之以恒地勤奋学习，不断地拓宽自己的知识面，提高自己的应变能力，那么你就会成功，口才家、雄辩家的桂冠一定属于你！

对于成功者来说，在他成功的道路上一定有贵人相助。这里所说的贵人不一定身居高位，他们在经验、专长、知识、技能等方面比你略胜一筹，也许是你的师傅、同事、同学、朋友、引荐人，他们或物质上给予、或提供机会、或予以思想观念的启迪、或身教言传潜移默化，使你成功了。上述这些人都是你生命中的贵人，他们就是你成功办事的支点。

借力于贵人更易成事

纵观古今中外的成功者，没有谁是一出生就大名鼎鼎，一出山就风光耀眼、一呼百应的。他们一开始总是先隐蔽在某些大人物的后面，借他的影响力来笼络各路豪杰，借他的声望壮大自己的声势，时机一旦成熟，或者另起炉灶，或者踩着别人的肩膀往上爬，或者反客为主，把别人吃掉。需要提醒的是，当你这样做的时候，先要把自己的狐狸尾巴藏起来，拉一面大旗作虎皮。

在三国鼎立天下的时候，曹操挟天子而令诸侯，东征西伐，是多么的威风，开口"吾今奉诏讨汝"！闭口"孤近承帝命，奉诏伐罪"。于军阀混战中大大占了道义上的便宜。且不管其具体动机如何，拉大旗拉的就是声望和面子。秦朝末年的农民起义，项梁不惜找到楚怀王的一个孙子，推为楚王，便是想借楚怀王的影响吸引百姓。起义者们心里清楚得很，这些人的影响比一般人要大得多，借着他的力量一定能事半功倍。

[借力贵人，生意兴隆]

现实生活中，有很多人都崇尚名人，对名人的话顶礼膜拜。所以，最常见的就是在生意场上，假如能将自己的商品和某个名人挂上钩，产品必定会畅销起来。

在北京北海公园附近有一家名叫仿膳饭店的老饭庄，它已有着数十年历史。这里的饭菜都是仿照清朝宫廷菜点的方法烹制的，但是却一直是门庭冷落、生意冷清。于是他们进行了一次调查，结果发现外国游客大都对皇帝的起居饮食怀有浓厚兴趣，于是决定以"皇帝吃过的饭菜"作为仿膳的特色，大张旗鼓进行宣传。他们收集起许多关于宫廷菜点的传说和有关轶事，然后再把它们编成故事，让服务员背下来，在点菜、上菜时根据不同顾客和不同场合加以介绍，顿时生意兴隆起来。

有一次，美国华盛顿黑人市长在这里举行答谢宴会，席间服务员端上一盘点心，彬彬有礼地介绍说："慈禧太后夜里梦见吃肉末烧饼，第二天早上厨师为她准备的正是肉末烧饼，她非常高兴，把这认为是心想事成、吉祥如意的象征。今天各位吃的就是当年慈禧太后'梦寐以求'的肉末烧饼，愿大家今后事事如意，步步吉祥……"服务员的介绍把一桌子的外国客人都逗乐了。当时，华盛顿市长高兴地起身向解说的服务员敬了一杯酒，说："下次来北京，希望还会到你们这里做客！"

在现实生活中，贵人从来都是在有形或无形中将希望、鼓励、辅助，投入你的意识里，激活你的精神世界，使你的各种能力得到很大限度地发挥。一个人刚踏入社会就应该学会待人接物、结交朋友，特别是结交贵人的方法。只有这样，才能缩短到达成功的距离，单枪匹马只会使你在成功路上走得艰难。

[借力贵人，跨越困难]

在你遭遇到无法跨越的困难时，如果贵人能帮你一把，你也许就能翻身成功！

与生命中的贵人相逢，也是需要机遇的。机遇是指能够促进事业获得成功的偶然的或一闪即逝的现象、先兆或时机。生活中，能看到机遇或碰见机遇的人毕竟占少数，这就是机遇难能可贵的原因了。其实，机遇也并不是难到不可企及，它常常就躲在你的身边，在你一伸手就能够得到的地方。机遇并不会因为人的喜恶而改变，它对每个人都是平等的。只要你善于把握，也许一次小小的机遇就能救你于危难之中。

在美国，吉姆的律师事务所刚开业时，连一台复印机都买不起。移民潮一浪接一浪地涌进美国时，他接到许多移民的案子，深更半夜时，还经常被唤到移民局的拘留所领人，还不时地在黑白两道间周旋。他开一辆掉了漆的小汽车，每天在小镇间奔波，兢兢业业地做职业律师。辛苦的付出终于有了回报，电话线换成了四条，办公室也扩大了，又雇用了专职秘书、办案人员，气派地开起了"奔驰"，而且处处受到礼遇。

人有旦夕祸福，吉姆一念之差将资产投资股票，却几乎亏尽。屋漏偏逢连阴雨，岁末年初，移民法又再次修改，职业移民名额削减，顿时门庭冷落。刚过上好日子的吉姆做梦也没有想到，自己从辉煌到倒闭就在一瞬之间。

就在吉姆四面楚歌之时，他收到了一封信，是一家公司的总裁写来的：愿意将公司30%的股权转让给他，并聘他为公司和其他两家公司的终身法人代理。吉姆几乎不敢相信这是真的，于是他按照地址找到那位总裁，这是一个四十岁左右的波兰裔中年人。"还记得我吗？"总裁问。

吉姆摇了摇头，他感到很奇怪，总裁笑了一下，从办公桌的抽屉里拿出一张皱巴巴的五块钱汇票，上面夹的名片印着吉姆律师的电话、地址。时隔数年，吉姆真的已经想不起来曾经发生过的那件小事。

看出了吉姆的疑惑，总裁说："十年前，我在移民局排队办工卡，排到我时，移民局已经快关门了。当时，我不知道工卡的申请费用涨了五美元，移民局不收个人支票，当时我也没有多余的现金，假如我那天拿不到工卡，雇主就会另雇他人。当时我沮丧极了，这时是你从身后递了五美元上来，我要你留下地址，好把钱还给你，你就给了我这张名片。"

听总裁说完事情的经过，吉姆好像也渐渐回忆起来了，可他仍将信将疑地问："后来呢？""后来我就在这家公司工作，很快我就发明了两项专利。我到公司上班后的第一天就想把这张汇票寄出，但是一直没有。我单枪匹马来到举目无亲的美国闯天下，遭遇了太多的冷遇和磨难。但从那一天开始，就是这五块钱改变了我对人生的态度，所以，我不能随随便便就寄出这张汇票。"

从表面上看这个故事有些离奇，但这世上所有的离奇都带有偶然性，只要这种偶然性再次发生，就会成为人生的重大转机，这对于人来说也是一次难得的机遇。试想吉姆若没能用五美元帮助他人，他也不可能有以后的贵人相助。虽然他当初做的时候是不经意的，但无心插柳柳成阴，一次无意的助人行为，带来的是危难时的大贵人。

当你处于危急关头的时候，如果能够得到贵人的及时相助，那你必定会在办事时得心应手，在成功路上越走越顺畅。当你在成功路上像没头的苍蝇到处乱撞的时候，如果能得到贵人相助，也许就能峰回路转、柳暗花明！

姓名，不仅仅是一个人的简单代号，更是语言中最甜蜜、最重要的声音。想一想，如果有人第二次见到你时就能叫出你的名字，你会是什么感觉？一定会很高兴，觉得别人很重视你，你也自然会对他产生好感。所以，记住人名不光是记性好不好的表现，同时它还是一种重要的处世方法，能增强你的个人魅力，并为你带来更多的收获。

记住别人的名字备受好感

[牢记他人的名字，你将收获巨大]

美国前总统富兰克林·罗斯福有一个挚友，叫吉姆·法里。在他46岁那年，已有四所学院给他荣誉学位。当别人问他是靠什么取得这么大的成功时，他说："能叫上别人的名字。所以，要想让别人喜欢你，有一个重要原则就是要牢记他的名字。"

一般情况下，人们对自己的名字比其他事物都更关注。在人际交往时，如果将别人的名字忘掉，或写错了，你就会处于一种非常尴尬的境地。善于记住别人的姓名是一种礼貌，也是一种感情投资，在人际交往中会带来意想不到的收获。

安德鲁·卡内基被人们称为世界钢铁大王，他成功的秘诀究竟是什么？实际上他对钢铁的了解并不多，他之所以能获得成功，是由于他知道怎样为人处世。在他10岁的时候，他发现人们把自己的姓名看得惊人的重要。有一次，他养的母兔生了一窝小兔子，他没有足够的食物喂它们。他想出了一个很绝妙的方法——他对同龄的孩子们说，如果他们能找到足够的苜蓿和蒲公英喂饱那些兔子，将来就用谁的名字来称呼这些兔子。这个办法灵验极了，这些孩子们都心甘情愿地帮他采集苜蓿和蒲公英。这件事的成功给了他很大的启示。从此以后，卡内基一再运用这项发现来开展其事业。有一次他想把铁轨卖给宾夕法尼亚铁路公司，便在彼兹保建了一座规模宏大的钢铁厂，并以宾夕法尼亚铁路公司董事长的名字爱德华·汤姆森来命名这家炼铁厂。当汤姆森听到这一消息时，他觉得自己受到了尊重，便很愉快地和卡内基签了合同。

卡内基这种牢记以及重视商业界人士名字的方式，是他成功的秘密之一。他以能够叫出许多员工的名字而自豪。他很得意地说："当我任主管的时候，我的钢铁厂没有发生过一件罢工事件。"

生活中，每个人都希望自己的名字能够被人记住，都希望得到他人的重视。所以你必须明白，用心牢记那些看来对你有用的人的名字，这不仅仅是礼貌的问题。

牢记他人的名字，是你迈向成功的第一步。在现实生活中，人们希望被尊重、被承认的心态越来越强，使对方有被尊重的感觉，同时使自己赢得好感，你所做的只不过是记住一个名字——天底下还有比这更简单的事情吗？

[怎样才能记住别人的名字]

或许你已经意识到了记住别人名字的种种好处，但却总感觉记不住，不是觉得这个人面熟但叫不出名字，就是叫出名字却与人对不上号。这个尴尬的问题该怎么解决呢？你不妨从以下几个方面做起。

一、心理定势。第一次与人见面时，你要保持充分的自信心，要相信自己完全能够记住对方的名字和相貌。如果你对自己没有自信，总抱怨自己记性差，记不住人名，那么结果你就真的记不住了。因此，你要坚定信心，放松心情，告诉自己做这件事并不难。

二、仔细倾听。初次会面时，要有意识地、认真地去听人家的名字，这一点是很关键的。

三、请求重复。即使你已听清楚对方的姓名，也要有礼貌地问一句："对不起，您能再重复一遍吗？"重复是记忆的一个重要手段。每重复一遍，你就会对它加深一次印象。

四、印证发音。听到对方的名字后，你可以直接重复一遍，以确认发音是否准确。即使你读的不是太准确，对方也会耐心地告诉你正确的发音。因为他觉得你很重视他，你在努力记住他的名字。印证发音既增加了你的亲和力，又记了一遍名字，这就增加了你记住名字的可能性。

五、请求拼读。如果你对他人名字的拼法（写法）有疑问，可以有礼貌地或开玩笑地请求对方拼写一下，这样又对名字加深了记忆。

六、追根求源的癖好。当对方向你介绍了名字后，你可以向对方解释说，自己有一个癖好，就是喜欢知道姓氏的来源和背景。你应当礼貌地询问对方是否知道他自己姓氏的来历，哪怕一点也行。结果你可能会发现，大约半数以上的人不仅知道自己姓氏的某些来历，而且对这一话题还饶有兴趣。这样，你就获得了重复记忆对方名字的机会。

七、谈话中的重复。在同刚认识的人谈话时，尽量多提对方的名字。如"李先生，请到这边坐。""李先生，这是你要的材料。"这种重复能帮你更牢固地记住对方的名字，而且会使你给对方留下好印象。

八、休息时稍加复习。在谈话暂告一段落后，可花些时间回忆一下刚才与他人见面的情景，重复他们的名字、拼写、姓氏起源以及发生的有趣故事，这样你以后在联想时就会想起每个人的名字。

九、分手时重复。与他人道别时，最好提起对方的名字。要知道，一件事情的开头和结尾是最令人难忘的两个片段。

十、温习。与他人第一次见面之后，设法在脑海里一一闪现那些人的姓名、相貌。假如有对方的照片，可参照回忆，加深印象。

人生在世，不可能一辈子不求人办事，也难免会遭受冷遇。就拿我们自己来说，也无法保证永远会以一成不变的、永恒的热情去对待别人。所以，要灵活冷静地对待别人的冷遇。

巧妙应对别人的冷面

当你在求人办事的时候，遭到别人的冷遇怎么办？碰到这种情况，你就要学会灵活对待，以下有几种方法，不妨试试看：

1. 多谈对方关心的事情，避免使对方反感

在求人办事的时候，谈话中你不能大肆吹捧自己，假如你一味地只顾自己吹牛，只会令对方感到反感。在交谈的过程中，你必须要把对方关心的事情放进去。对方关心什么呢？多数人最关心的是自己，这是人类最普遍的心理现象。举个例子，当人们在观看一张合影相片时，最先寻找的是自己，假如自己的脸被照得走了样，就会认为整张照片拍得不好。所以，要想在谈话中，让对方帮你办事，你必须从对方所关心的问题开始，不断提起，不断深化。这样做的话，既不会使对方感到厌恶，又会让他觉得你很关心体贴他，这样非常有利于你要说的事情。

其次，求人办事时最好用探询的口气，不应强人所难。当然，办事也不能只看对方脸色行事，因为脸色是由多种因素决定的，常常不能真实反映对方的意图，所以你要时刻注意他的言行，才有助于摸清他的心情，如果他心情不好你就要多关心他，当然不能直言直语，要绕着说，这样既让他觉得你很关心他，又说明你是一个善解人意的人，那么你拜托他的事就很好办了。假如他本来就是好心情，那么你就多说些幽默的话，让他更高兴，不但活跃了尴尬气氛，也可以改变你被冷遇的局面。

2. 精诚所至，金石为开

要做到这一点，就需要你有诚心和耐心。

土光敏夫是日本的大财阀，在1946年，他被推举为石川岛芝浦透平公司总经理。当时，日本大战频频，百姓生计窘迫，企业的发展更是陷入困难时期，其中最大的困难就是筹措资金。在当时，即使是那些著名的大企业，资金也相当紧，更何况芝浦透平这种没有什么背景的小公司，根本就没有哪家银行肯借钱给他们。土光敏夫上任不久，生产资金的来源就搁浅了，困难当前，为了筹措资金，土光敏夫不得不每天去走访银行。

这天，土光敏夫一大早就端着盒饭来到第一银行总行，与营业部部长——长谷川重三郎（后升为行长）商议贷款事项。土光敏夫一上来就摆出了不达目的誓不罢休的气势。长谷川则装出爱莫能助的无奈之态，并且对他非常冷遇，土光敏夫说了大半天，他还是一声不吭，结果谈了半天也没有任何进展。时间过得很快，到了吃午饭的时间了，一看到疲倦的长谷川有点像要溜走的样子，土光敏夫便慢条斯理地拿出了带来的饭盒，关心地问："你也饿了吧？那让我们边吃边谈吧，谈到天黑也行。"硬是不让长谷川与营业员走开。就这样，他的诚心和耐心打动了长谷川，只好服输，答应借给他所希望的款项。此后，土光敏夫为了使政府给机械制造业支付补助金，曾以同样的方式向政府开展申诉活动。就是凭着在冷遇面前不灰心，他屡战屡胜，就这样，在政府机关集中的霞关一带，说客土光敏夫的大名流传开来。

从上述事例中就可以看出土光敏夫使用的"战略"，主要归纳为三点：

第一，脸皮要厚，才不会一碰"钉子"就退缩。

第二，目的明确，表达自己不达目的不罢休的决心。

第三，大智若愚，装糊涂。表面上看似软磨硬泡的无理，实则是用真诚感动对方，就是要设法软化被泡对象，讲究"泡法"的礼貌性、合情理。在这个过程中还要注意，要不温不火，更不能让对方生气而翻脸相向。

3. 变则通，通则成

当你去求人办事的时候，假如没有达到你所想要的目的，就一定要懂得变通。

著名幽默大师林语堂曾说过：求人办事，像写八股文一样。在求人办事的时候，很少从一开始就"此来为某事"那样直截了当开题，大部分人都会在话里做文章，有着八股般起承转合的优美。既要有风格，又要有结构，一般可以分为四段：

第一段是先寒暄、评天气，诸如"尊姓"、"大名"、"久仰"、"夙违"及"今日天气真好"皆属于此类。林语堂把这称之为气象学的内容，它主要起"来则安之位安而后情定"的作用，即联络感情。在现实生活中，这些内容在人们的交际空间中确实也有很大的共同性，不至于遭到拒绝。

第二段是聊往事、忆旧谊。这一点就是更深一层了，要从大众皆有的生命空间过渡到彼此较为特殊的那一块，是深入的过程。林语堂戏称之为"史学"。"也许有你的令侄与某君同学，也许你住过南小街，而他住过无量大人胡同，由是感情便融洽了。假如，大家都是文人，认识志摩、适之，甚至辜鸿铭、林琴南……那便更加亲挚而话长了。"如果能把这一点做好，双方感情就会很融洽。

第三段是讲时事、抒感慨。这一段跟政治学沾上边了。"感情既洽、声势斯壮"，于是便可联手出击，可进入侃的境界。纵横的范围甚广，"包括有：中国不亡是无天理，救国策，对于诸政治领袖之品评，等等。连带的还有追随孙总理几年到几年之统计。比如你光绪三年听见过一次孙总理演讲，而今年是民国二十九年，合计应得三十三年，这便叫做追随总理三十三年。"如果能做好这一段，感情将升华到一个新的境界，声势又壮，甚而至于相见恨晚，到了两肋插刀的程度。于是，你便可以开口了，见机讲你所求之事。

第四段是很实际的一步，叫经济学。将自己所求之事和盘托出，可客气地起立，拿起帽子，然后兀而转来道：现在有一小事麻烦。先生不是认识某某吗？可否请写一封介绍信云云。需要提醒的是，在做这一步的时候要自然随意，不给对方造成巨大压力或使对方觉得自己该欠你多大人情。总之，要充分利用前叙铺垫，陡然收笔，总结全文。

总而言之，在求人办事的时候，对待别人的冷遇一定要灵活处理，不必拘谨，不然既办不成事，还会更糟。你自己尽力而为了，事情的成与否不在别人，而是掌握在你手中。假如你是一个能言善辩的人，那么你求人办起事就会容易，假如你不是，那就需要努力训练了，口才锻炼好了，再求人办事时就会容易多了。

微笑是人生最好的名片，生活中，谁不希望与一个乐观向上的人相处？微笑能给自己一种信心，也能给别人一种信心，从而更好地激发潜能。微笑的实质是亲切，是鼓励，是温馨。一个真正懂得微笑的人，总是会获得比别人更多的机会，总是更容易走向成功。

带着笑容去说话

[微笑是无言的口才]

成功学大师卡耐基曾说："笑容是你好意的使者，能照亮所有看到它的人，像穿过乌云的太阳，带给人们温暖。"微笑是无言的口才。不论在任何场合，我们都应在说话、办事的过程中，面带微笑。微笑会使人们感到温暖、亲切，增加自身的亲和力。

一天，玛丽听见门铃响了去开门，发现一个持刀的男子正用恶狠狠的眼神看着自己。玛丽灵机一动，微笑着说："朋友，你真会开玩笑！是推销菜刀吧？嗯，我喜欢，我要一把……"她一边说一边把男子让进屋。随后接着说："你很像我以前认识的一位朋友，看到你真的很高兴，不知道你想喝咖啡还是茶……"凶神恶煞的歹徒有点结巴地说："谢谢，谢谢！"最后，玛丽真的买下了那把闪亮亮的菜刀，陌生男人拿着钱迟疑了一会儿然后打算离开。在转身离去的那一刻，他对玛丽说："小姐，你将改变我的一生。"

的确，没有人能轻易拒绝一个笑脸，就像人们不会拒绝阳光一样。
在人际交往过程中，请时刻保持微笑，如同站在华丽的舞台上一样。微笑不仅能给对方留下美好难忘的印象，而且还能让自己在生活中处处受益。给别人一个浅浅的微笑，你的人生就会有意想不到的收获，说它是一桩"一本万利的好生意"一点也不为过。

曾有一部战争题材的电视剧，剧中有一个令人难忘的情节：一位普通军官不幸被俘，他被关进了阴冷的单间监牢。在他要被处死的前一天晚上，他摸遍全身意外地发现了半截皱巴巴的香烟。军官心里非常高兴，很想吸上两口，希望可以缓解一下面对死亡的恐惧。

可惜的是，他没有火柴，唯一的办法就是向窗外的卫兵求助了。在他的一再请求下，铁窗外那个木偶似的士兵冷冰冰地掏出火柴，划着火，给这位军官点上了烟。当两人的目光相对时，军官向士兵送上了一个感激的微笑。令人惊奇的是，那个士兵在几秒钟的发愣后，竟也不自觉地露出了微笑。此后，两人开始交谈，谈到了他们的家乡，谈到了他们的妻子和孩子。谈到高兴的地方，两人都会心地笑了起来；谈到伤心的地方，两个人都落下了眼泪。当天快要亮时，这位军官的生命也快要结束了。当军官留下伤心的眼泪时，意想不到的事情发生了——那位士兵竟然悄悄地帮助他逃了出去！

一个平凡的人，就这样用一丝微笑挽回了生命！可见微笑是最美好的语言。想一想，谁又能够对天使般的微笑无动于衷呢？只要时刻保持微笑，就会在生活中拥有一张永久的通行证。

微笑是永远不会过时的，任何时候，我们都少不了它。

[微笑给你带来机会]

微笑是人们获得美好生活的一剂神奇药方，它不仅在完善自我形象和社会交际等方面独具魅力，同时还能带来成功效应，创造出巨大的经济价值。

真正因微笑获得成功的应首推美国著名的饭店业大王希尔顿。希尔顿认为，是微笑给希尔顿饭店带来了繁荣。许多年前，一位老妇人在希尔顿心情糟糕的时候去拜访他，希尔顿感到非常厌烦，但当他抬起头时，他看见的是一张微笑的脸。这个微笑是多么的迷人，希尔顿立即请她坐下，两人开始了愉快的谈话。在交谈过程中，他发现老妇人是那么慈祥，她脸上真诚的微笑感染了他的心灵。从此，他将"微笑"作为饭店的服务宗旨。每一次他到世界各地的希尔顿饭店视察时，问的最多的一句话必定是："今天，你对客户微笑了吗？"不管你去哪一家希尔顿饭店，你都会对希尔顿式的微笑产生深刻的印象。希尔顿的员工永远不会忘记用自己的微笑给每位客户带去阳光。唐纳　希尔顿始终认为："微笑是最简单、最实惠、最可行、也最容易做到的服务，更重要的是，微笑是成本最低、收益最高的投资。"

某位智者说过："一个微笑，价值百万美元。"这个数字显然是虚拟的比喻，其真正的价值恐怕是金钱难以企及的。

曾有一位女孩到某航空公司应聘，她凭着自己的本领捷足先登，争取到了这份来之不易的工作。当时的竞争很激烈，她之所以能在众人中脱颖而出，完全是因为她甜蜜的微笑。生活经验证明，用微笑先把自己推销出去，往往能获得更多成功的机会。你若是微笑着干同样的活儿，你就能比别人省不少力气。相反，如果整天摆着冷漠的面孔，只能事倍功半，甚至处处受阻。

生活就像一面镜子，当你对它微笑时，它同样会回报给你醉人的微笑。无需多大投资，却能产生无穷效应；无需多大花费，却能改写人生命运。这就是微笑的魔力。

那么，在生活中，我们该如何给人以友善的微笑？首先，你要重视它，相信它确实有巨大的力量。其次，积极向上的人生态度是少不了的，乐观的人更容易发出迷人的微笑。倘若一个人能始终保持一种乐观的心境，微笑着面对人生，就会卸下许多不必要的包袱，创造力就会不可抑制地迸发出来，整个生命将会因此闪耀光彩。最后，要有意识地放松自己，时时对自己说要轻松，不要去想那些烦心事。做到了以上几点，你的微笑一定会让人感觉如沐春风。

生活中，有许多人办事不顺、与人交往失败都是由于说话方面的问题导致的。很多人说话时不留神，不知情况怎样就乱开口，结果十句话里面可能有九句半让自己在事后感到后悔。说话是一件很重要的事情，不会说话办不成事，不会说就要得罪人，所以动口之前一定要先动脑，看场合说话，看人说话，同时说话还要有分寸。

看人说话要有分寸

［说话有禁忌，给他人留面子］

在说话时应该顾全他人的面子，关注照顾对方的感受，考虑说话的方式，做到将心比心，设身处地，而不能只图自己的一时痛快。

38岁的赵女士和丈夫同为一家国企的员工，夫妻很是恩爱，日子过得美满幸福。赵女士的朋友刘女士性格外向，和以前的许多同学都保持着联系。每到春节，大家都会互相走动拜年。又到了一年春节聚会的时候了，一群老同学聚在一起东家长西家短地拉起家常，"我们单位今年年终奖发了一万元，你们怎么样？"不知什么时候，话题就开始变味了，谁家新换了大房子，谁的老公当上了总经理。席间不知谁问了赵女士一句："你老公还是那么老实，只搞技术也没什么发展啊。"赵女士笑着一副无所谓的样子，事实上心里别提有多别扭了。

如果你发起的话题是大家都感兴趣的话题，大家自然会对你感兴趣，而且还会产生好感。每个人都喜欢和自己志同道合的人交谈，而且会把赞同自己意见的人看做是一个提高自身价值和增强自尊心的人，进而表示接纳和亲近。就算你一定要反对某人的观点，也一定要先找出一些可以赞同的部分，给对方留足面子，为继续对话创造条件。

有一次，著名的成功学家卡耐基要租用某家饭店的大礼堂讲课。一天，他突然接到通知说，租金要增加三倍。于是卡耐基去与经理进行交涉。他说："我接到通知，有点儿震惊，不过这不怪你。如果我是你，我也会那样做。因为你是饭店的经理，你的职责是尽可能使饭店获利。"接下来，卡耐基给他算了一笔账："将礼堂用于办舞会、晚会，当然会获大利。但你撵走了我，也等于撵走了成千上万有文化的中层管理人员，而他们光顾贵饭店，是你花五千元也买不到的活广告。你可以算一下，哪样更有利呢？"最后，经理被他的这一番话说服了。

综上所述，卡耐基之所以在交谈中取得了成功，就在于他说"如果我是你，我也会那样做"时，他懂得站在对方的角度考虑事情。从对方的角度出发算了一笔账，抓住了经理的诉求：赢利，从而使其心甘情愿地把天平的砝码加到卡耐基这边。

在与人交谈时，若想谈得顺畅，就应该小心对方的禁忌。若不避忌讳，就有可能给融洽的交际增添周折。

在一所工厂里，有几位工会干部一起去慰问一位退休老工人，有这样一段话："您老身子真够硬朗的，今年高寿？""七十九啦。""人生七十古来稀，厂里数你最长寿吧？""哪里，XX活到八十四呢！""那您老也称得上长寿亚军呀。""不过，XX去年归天了。""唷，这回可轮到您了。"本来满面笑容的老人一听此言，脸色陡变，话锋顿收。这是因为说话者刚才接触到了老人最敏感的问题，老人肯定理解，快要轮到他归天了。

再举个例子：

某人为一个同事结婚筹款赠送礼品，他笑嘻嘻地要本单位一位四十几岁的女同志"合伙"，没想到这位女同志竟伤心地哭了起来。原来她至今还未结婚，别人的喜庆勾起了辛酸的往事。但那个经办人居然不避讳，触动了对方的伤感神经，以至于令对方陷入了尴尬的境地。

有时候不注意说话禁忌，因为一句话说得不当，甚至还会造成不可挽回的悲剧。

在十月革命15周年的宴会上，兴致极高的斯大林当着所有宾客的面，对他的妻子娜佳喊道："喂，你也来喝一杯！"

若是在家里说这句话，或许没什么。但是当着前苏联党政高级官员和外国代表的面，这话就显得不够得体与庄重，甚至可以说太随意了一点。碰巧娜佳又是一位个性极强且年轻气盛的人，她从来就不认为自己是附属物。听了这话后，她感到受到了莫大的羞辱，当时又没有化解的方法和语言，于是大喊一声："我不是你的什么'喂'！"说完便站起来，在所有宾客的惊愕中离开了会场。第二天清早，人们发现：时年22岁的娜佳已经躺在血泊中，手里还握着"松牌"手枪。

就因为说话不当，断送了一条正值青春年华的生命，实在令人惋惜。如果斯大林说话时顾及他人面子与注意场合，说一句："娜佳，请你也来喝一杯吧！"可能这样的悲剧就不会发生了。

生活在这个世界上的人，谁都有自尊心和虚荣感，甚至连乞丐都不愿受嗟来之食，因为太伤自尊，太没面子，更何况大家原本地位相当，同时又平起平坐的，但是人们在说话时却往往忽视了这一点——结果令对方面子难保，以致撕破脸皮、因小失大。

在现实生活中，批评时也切忌恶语伤人。对方就算犯了过错，可是在人格上他是与你完全平等的，同样是人，不能随意贬低甚至侮辱对方。在讲批评的语句时，要注意在语速、语调、体态语及表达方式等方面力求适当，尽量用对方乐意接受的语句。我们不妨来看看宋代大文学家欧阳修直言相帮友人宋祁的一段有趣的故事：

欧阳修有个同窗叫宋祁，他写文章有一个喜欢用别人看不懂的冷僻字的毛病，以此来显示一下自己有多么的博学多才。欧阳修同他一起修《新唐书》时，很想找个机会指出他这一毛病。有一次，欧阳修去探望宋祁，他正好不在家，于是欧阳修便在门上写上一句话："宵寐匪贞，札闼洪休。"宋祁回家看后感到莫名其妙，只好去问欧阳修。欧阳修说："你忘了，这八个字是'夜梦不祥，题门大吉'啊！"宋祁埋怨欧阳修不该用冷僻字眼，欧阳修大笑道："这难道不是您修唐书的手法呀！'迅雷不及掩耳'，多明白的字句，您偏写成'震雷无暇掩聪'，这样写出的史书谁能读懂呢？"听了欧阳修一番幽默又不失诚恳的话，宋祁深感惭愧，表示以后一定要改掉这个毛病。

在指出对方毛病的时候，欧阳修以诚恳之心、直率之言使对方欣然接受，在帮助别人的同时也增加了彼此之间的友谊。

总而言之，在开口前要注意禁忌，顾及他人面子，并且注意说话的场合，在同事之间、朋友之间甚至夫妻之间，这都是不容忽视的问题。

若想用"软磨硬泡"的方法达到自己的目的，看似有些死皮赖脸的味道。可是究其实质，它与泼皮耍赖、无理取闹有着本质的不同。它立足于韧性与耐心，着眼于感化对方，所谓"精诚所至，金石为开"说的就是这个意思。在求人办事时，应该学会厚着脸皮而克服害羞和自卑，在交际中主动出击，不达目的誓不罢休。拿出你的耐心，出示你的诚意，结果必须是胜利与感化对方同时而至，否则可能会导致战争升级，结果事与愿违。

有时需要一点厚脸皮

[软磨硬泡，攻破对方防线]

观察一下，那些只顾埋头做事的人常常都是事业心比较强或对某事兴趣极大。他一旦开始做事，就会全身心投入进去，不愿再见他人。这种人的特点就是惜时如金，铁面无情，如果要敲开这种人的门，首先就不要怕碰"钉子"，其次要有足够的耐心，而且具体操作的时候也要见机行事，直至达到求人目的为止。来看这样一个例子：

毕加索的儿子小科劳德正是用软磨硬泡的办法敲开了专心作画的母亲的门。

科劳德的母亲弗朗索瓦兹·吉洛特很喜欢绘画，而且在画画的时候不喜欢被别人打扰。一次，儿子想让妈妈带他出去玩，可吉洛特已全身心投入到绘画中，听到敲门声和儿子的喊声，只是回应了一声"哎"，之后接着埋头作画。儿子没放弃，接着又说："妈妈，我爱你。"可得到的回应也只是："我也爱你呀，我的宝贝儿。"门却并没有打开。儿子又说："我喜欢你的画，妈妈。"吉洛特高兴了，她答道："谢谢！我的心肝，你真是个小天使。"但是仍旧没有开门。儿子又说："妈妈，你画得太好看了。"这时吉洛特停下笔，却仍然没有开门的意思。儿子继续说："妈妈，你画得比爸爸还好。"吉洛特知道，自己的画肯定不及丈夫画的好，但儿子的话却让她欣喜若狂，她也从儿子那夸张的评价中感到了儿子的急切心情，终于把门打开了，答应陪儿子一块出去玩。

在爱情中这一招同样适用，假如你所追求的异性是一位事业型的人，那么你也可以用"磨"让他不耐烦，最后不得不举起白旗向你投降。不过这么做是有前提的，必须对方对你也有好感才行，假如对方对你充满厌恶，你就是再缠着不放都没有用。

有位台湾女作家，在浓浓的浪漫情调中和内地的一位男士结为连理。要知道，她此前曾宣称这位男士是追她的男朋友中条件最差的一个。

追溯一下这位男士追求的经过：几年前的一个晚宴上，女作家和这位男士相遇，对于女作家的人生阅历，男士表现得深为激动，晚宴后就告诉她一句惊人之语："我可以追求你吗？"当时，女作家只把它当成是一句玩笑话。谁料那位男士真的开始展开猛烈追求。每天从早上开始，他便带许多朋友一起在她下榻的大酒店"站岗"。面对男士的这一举动，女作家"如临大敌"，不敢踏出酒店一步。

但执着热情的男士并没有因此而退缩，他不断以电话对女作家进行"骚扰"，并说"若再不露面，便通知你所有的朋友，告诉他们我要追你。"女作家被逼无奈，急中生智说："你请我喝咖啡，我们好好聊聊。"女作家明白内地人收入低，索性一口气喝了五六杯咖啡，打算让追求者明白追求的巨大代价。让女作家没想到的是，他也跟着要了五六杯咖啡，结账时还给了服务员一笔数目不小的小费。于是，女作家的"如意算盘"最终以失败告终。

最浪漫激烈的一幕发生在她准备离开上海的一天。鼓足勇气的那位男士，居然在众人面前猛烈亲吻女作家，花容失色的女作家久久无言，最后激动得几乎落泪说："你怎么能够这样。"在女作家离开上海后，那位男士更是一路穷追猛打。女作家赴西安，他便追踪到西安；女作家抵达台北，他越洋电话不知打了多少次。最后，女作家说："只要残存在地球上一天，似乎都无法逃出他的手掌心。"她不得不宣告投降，宣告结婚。

正所谓"一回生，两回熟"，和陌生人打交道，尤其是和异性打"第一回交道"的时候，更要潜心研习交往的艺术。第一次和人家相见一丝情感也没有，从何谈起"泡"得他心软呢？人情从来都是人际关系学的核心所在。

现实生活中，人们对那些总是带笑容的人会有一份莫名的好感。而阴暗的脸色，会给人一种疑惑感、嫌恶感。因此，若是有可能的话，要让自己永远都保持一幅明朗的笑脸。当你求人办事时，对方就很容易会被你"笑化"，当然也就事半功倍。

["软磨硬泡"求人办事成功的诀窍]

"软磨硬泡"作为一种求人办事的成功诀窍，它能以消极的形式获得积极的效果，可以表现自己不达目的不罢休的决心和毅力，给对方施加压力，也能够增加接触的机会，更充分地表明自己的态度、思想和感情，以影响对方的态度，达到目的。表面上看这种方法很简单，但却并不容易做好。要想用此方法达到求人的目的，需要把握好以下几个诀窍：

1.懂得自控忍耐

在现实生活中，如果求人办事受阻，很多人的直接反应往往是失意、烦躁、恼火甚至发怒，但这些都无助于事情的解决。不要冲动，要学会理智地控制自己，采取忍耐的态度。这时忍耐所表现的是对对方处境的理解，是对好时机到来的期待和对求人成功的自信。有了这种态度，你就能在精神上变被动为主动，才可以方寸不乱，调动自己全部的聪明才智，想方设法去突破僵局，也许会消耗一定的时间但一定会成功。

换个角度站在对方的立场来讲，"软磨硬泡"需要消耗大量的时间，但时间恰恰是一种武器。时间对于任何人都是宝贵的，人们最耗不起的就是时间。所以，假如你有足够的耐心，摆出一副"打持久战"的架势，便会使对方的心理产生一种震慑感。用"时间"战术消磨时间，可以令对方改变初衷，加快办事速度。所以，求人者一定要沉住气，耐心地牺牲一点时间，成功就会等着你!

2.善于见机行事

深入一点来解释，"软磨硬泡"要求的不但是要"泡"，还要讲究方法。换句话来说，"泡"是要善于采取积极的行动感化对方，对对方产生一种影响力，这样能够促进事态向好的方向转化。

常言道：人心都是肉长的。不管对方态度有多坚决，只要你善于用行动证明自己的诚意，对方也会多一分思考，进而体会到你的良苦用心，从而把固执的门打开，于是你就"泡"出成功了。

3.巧用语言攻心

当对方拒绝的时候，有可能是的确有实际困难，或心有疑虑，此时你若只靠行动去"泡"，很难达到效果，甚至会把对方缠烦了，更不利于达到目的。遭遇这种情况，嘴巴上的功夫就显得非常重要了。把话说到对方心里，善解人意地抓住问题的症结之处。语言是打开心扉之门的钥匙，当你把话说到点子上，说得恰到好处时，就能敲开对方的心灵大门。

中国人求人办事讲的是曲径通幽——心照不宣，直截了当、图穷匕见是不理智的，所以一定要给彼此留出回旋的余地，给出足够的空间让对方自由选择。

说话给彼此留出回旋的余地

在人际交往中，别忘了给别人一个台阶，这会让对方觉得自己重要，会让对方感觉到他在你心中占有重要的地位。每个人都喜欢被尊重，受到礼遇人们当然会感到高兴，假如你能够给别人拥有这种感受，那么自然会得到人们的喜欢，人们自然而然就会帮助你，同时还会觉得你是一个应该感谢的人。

在现实生活中，当你懂得站在对方的角度为对方着想，给对方留下台阶，同时也是为自己留一个回旋的余地。

一天早上，查尔斯·施瓦布路过他的炼钢车间，发现有几个工人正围在一起抽烟，完全无视他们头顶上"严禁吸烟"的牌子，这位老板将如何教训自己的工人呢？痛骂一通吗？拍着牌子说："难道你们不识字吗？"不，都不是。老板深谙批评之道，他走到这些工人面前，递给每个人一支雪茄烟，说："年轻人，如果你们愿意到别处去吸烟，我会很感谢你们的。"

看到老板，工人们心惊胆战，不知道老板要怎样惩罚呢。结果老板却送给每人一支雪茄，他们感到了自己的重要，很感激老板给他们留面子，所以，他们对自己的上司更加敬重了。

在与人交往时，你自己说得天花乱坠，却无视别人的存在，伤害了他的自尊心，那样就容易抹杀你与别人之间原有的很深的感情，你将得不偿失。就算你身为领导，也要好言说服，达到目的的同时又赢得了他人的尊重，何乐而不为呢？

［给别人台阶下，会让自己的路更宽广］

遇事先从别人的角度考虑，既给别人一个台阶下，又会让自己的路更宽广。

在英国经济大萧条时期，18岁的凯丽很不容易才找到了在高级珠宝店当售货员的一份工作。在圣诞节前夕，店里来了一位30多岁的顾客，他衣衫破旧，满脸忧愁，用一种羡慕的目光，盯着店里那些高级首饰。

在凯丽去接电话的时候，不小心把一个碟子碰倒，顿时六枚价值不菲的钻戒落到地上。她急忙弯腰捡起其中的五枚，但第六枚却不见踪影。当凯丽抬起头时，她看到那个30多岁的男子正向门口走去，顿时她意识到戒指被他拿去了。就在男子的手贴近门柄时，凯丽柔声叫道："对不起，先生！"

那男子听了凯丽的叫声后，转过身来，两人相视无言，沉默有几十秒之久。"什么事？"男人问，脸上的肌肉在颤抖，再次问道："什么事？"凯丽神色忧伤地说："先生，这是我第一份工作，现在找个工作很难，想必您也深有体会，是不是？"

那名男子沉思片刻，终于一丝微笑浮现在他脸上。接着他说："是的，的确如此。不过我敢肯定，你在这里会做得不错。我可以为您祝福吗？"说完之后男子向前一步，把手伸向女孩。"谢谢您的祝福。"凯丽也立即伸出手，两双手紧紧握在一起，女孩用很柔和的声音说："我也祝您好运！"

接着，男子转过身，朝门口走去。凯丽看着男子的身影消失在门外，转身走到柜台，把手中握着的第六枚戒指放回了原处。

故事中的凯丽巧妙地运用暗示，不仅保住了自己的饭碗，而且也使那位光顾的客人全身而退，让一起窃盗案轻松化解。凯丽完全可以大喊抓贼，或者着急而严厉地质问对方，执意追查。不过女孩并没有这样做，而是彬彬有礼，巧用暗示，保全了对方的面子。而那名男子也非常珍惜不会东窗事发的时机，很体面地改正了自己的错误。

我们在求人办事的时候，有时需要站在对方的立场，设身处地地为他人着想。如果故事当中女孩不是用这种温和的方式，而是报警处理，会让那位先生因此入狱，她自己也很可能会被老板责备，甚至丢了工作。

[给人留台阶，也是给自己台阶下]

在人际交往中，每个人都希望得到足够的尊重，因此不妨多一点体贴、多一点爱，给别人和自己都留一步台阶下，事实上这也是在鼓励对方以相同的态度和方式对待你。

在一家中国高档酒店内，一位外国客人在用完餐以后，看到一双做工精美的景泰蓝筷子很喜欢，于是便悄悄地装进了自己的口袋。这位外国客人的小动作，正好被一名服务员看见了，于是，那位服务员不动声色地走过来说：谢谢各位的光临，顾客的满意是本店的荣幸。我发现有的客人对我店的餐具很感兴趣——这当然是很精美的工艺品——若是有哪一位愿意购买的话，请与本店的工艺品销售部联系。说完话她便把眼睛停在了那位把筷子放进口袋的外国客人身上。那位外国客人立即从口袋里拿出了景泰蓝制品说：我看到贵国的工艺品太精致了，所以情不自禁地收了起来，我非常喜欢，不如以旧换新吧！说完就笑了起来。外国客人在用完餐离开的时候，真的到销售部去订购了一套餐具。

酒店中的那位中国服务员说话很得体，在批评对方的同时也给了对方一个很好的台阶下。事实上，给人留台阶，也是给自己台阶下。所以，在人际交往中一定要注意以下事项：

1.不要在公共场合揭对方的隐私

据相关调查显示，没有人愿意把自己的错误或隐私"曝光"在众目睽睽之下，若被人曝光，就会感到难堪或恼怒。所以，在人际交往中，如果没有特殊情况，通常都应尽量避免触及这些敏感区，避免使对方当众出丑。就算一定要揭对方的隐私，也一定要委婉地暗示，同样可以给对方造成一种压力。切忌行为过分，"点到而已"即可。

一个杂货店老板刚结婚两个月，他的妻子就生了一个小男孩，邻居们赶来祝贺。老板的一个要好的朋友米多也来了，他拿来了自己的礼物——纸和铅笔，老板谢过了他，就问他："尊敬的米多先生，给这么小的孩子赠送纸和笔，不太早了吗？"

米多说："不，您的小孩儿太性急。原本应该九个月后才出生，但他只待了两个月就出世了，再过五个月，他肯定会去上学，因此我就把纸和笔准备好了。"米多的话音刚落，全场轰然大笑，这时，把茶馆老板夫妇弄得无地自容。

人际交往中很忌讳调侃他人的隐私，上例中的米多在众人面前道出了杂货店老板妻子未婚先孕的隐私，在这种情况下，尴尬是可想而知了。

所以，在调侃时切忌曝人隐私，也许你是说者无意，但听者却有心。你可能就多一句嘴，对方就会认为你是有意跟他过不去，从此就会与你为敌。

2.不要有意渲染夸大对方的失误

人非圣贤，孰能无过。日常生活中谁都难免会犯点小失误，例如，念了错别字，讲了外行话，记错了对方的姓名职务，等等。如果对方的失误刚好被你知道了，只要是无关大局，就不要对此大加张扬，有意搞得人人皆知，使原来已被忽视的小过失，一下变得显眼起来。更不应抱着讥讽的态度，以为"这回可抓住笑柄啦"，来个小题大做，拿人家的失误当笑谈。你这样做除了让当事人难堪，伤害他的自尊心，还会使他对你反感或怀恨在心，从而对你进行报复都有可能，更加不利于你自己的社交形象，会让别人觉得你为人尖酸刻薄，大家以后在交往中会对你敬而远之，增加防范心理。

3.不要使对方失败得太惨

在现实生活中，经常会见到一些带有比赛性、竞争性的文化活动，例如棋类比赛、乒乓球赛、羽毛球赛等。虽然这是一些文娱活动，但人都有争强好胜的一面。对于那些有经验的社交老手来说，在自己"实力雄厚"、稳操胜券的情况下，也不会让对方败得狼狈不堪，还会有意让对方胜一两局，不但不妨碍自己总体上的获胜，而且也不使对方太失面子。因为这些社交活动，并不是真正的竞技比赛，对输赢不必看得那么重，主要目的还是交流感情，增进友谊，满足文化生活的需要。

在社交活动中，使用激将法一定要注意区分对象，根据性格特征因人施法，犹如对症下药，才有可能药到病除。不然的话，只会白费唇舌、枉费心机，是没有任何效果的。

激将法要因人而异

[激将因人而异，则事半功倍]

在使用激将法的时候，一定要先观察对方的性格，若鲁莽行事，反而会适得其反。按照常理来说，一个人的性格特点往往通过自身的言谈举止、表情等流露出来，快言快语、举止简捷、眼神锋利、情绪易冲动的人，往往是性格急躁的人；直率热情、活泼好动、反应迅速、喜欢交往的人，往往是性格开朗的人；表情细腻、眼神稳定、说话慢条斯理、举止注意分寸的人，往往是性格稳重的人；安静、抑郁、不苟言笑、喜欢独处、不善交往的人，往往是性格孤僻的人；口出大言、自吹自擂、好为人师的人，往往是骄傲自负的人；知书达理、诚实守信、实事求是、心平气和、尊重别人的人，往往是谦虚谨慎的人。面对性格各异的人，一定要具体观察，区别对待，这样才会起到事半功倍的效用。

打个比方，对待那种清高气傲的人，假如他爱面子且讲究分寸，你就可以从正面恭维入手，让他飘飘然，因为虚荣而顺应你的意思。对于这种类型的人来说，只要你说他长很高，他便会跳起脚来给你看。

在三国时期，军师诸葛亮说服关羽，便采用了这个方法。马超归顺刘备之后，关羽提出要与马超比武。为了避免二虎相斗，必有一伤，诸葛亮提笔给关羽写了一封信：我听说关将军想与马超比武。依我看来，马超虽然英勇过人，但只能与翼德并驱争先，怎么能与你美髯公相提并论呢？再说将军担当镇守荆州的征途，如果你离开了造成损失，罪过有多大啊！关羽收到诸葛亮的信以后，笑着说："还是孔明知道我的心啊！"关羽还将书信给宾客们传阅，也因此打消了入川比武的念头。

另外，在使用激将法时，一定要揣摩好语言表达，既不能没有锋芒，不痛不痒；又不能太刻薄，使对方反感，产生对抗心理。总而言之，激将的话要辩证地把褒与贬、抑与扬有机地结合起来，这样才能达到激将的效果。

一家橡胶厂（A方）购买了一整套价值300万元的进口现代化胶鞋生产设备，但是因为原料和技术均达不到要求，闲置了四年无法使用。

四年后，新官上任的厂长决定把这套闲置的生产设备转卖给另一家橡胶厂（B方）。

在正式谈判开始之前，A方了解到B方两个重要情况：

第一个情况是该厂虽然经济实力雄厚，但资金几乎都投到了生产上，要立马拿出300万元添置设备，还是很困难的。

第二个情况是B方的这位厂长年轻气盛，从来不肯服软认输，还经常以拿破仑自诩。

在详细了解完对方的具体情况后，A方厂长决定亲自出马和对方进行谈判。

A方厂长："这几天也去贵厂参观了，对贵厂的生产情况也有了一个大致的了解。我们真应该好好学习你们的管理方法，你年轻有为，能力不凡，实在是让我钦佩。"

B方厂长："哪里哪里，老兄太过奖了！我年轻识浅，还恳请老兄多多指教！"

A方厂长："我一向不喜欢奉承人，实事求是嘛。贵厂确实办得好，我才说好；若办得不好，我一定会说不好。"

B方厂长："老兄也看到我们厂的设备了，不知道你印象如何？这不是正打算把你们进口的那套现代化胶鞋生产设备买过来吗？"

A方厂长："依我的看法，贵厂现有生产设备，在国内看是可以的，至少在三五年内不会出什么大的问题。在转卖设备这件事上我有两个疑问：第一，不知贵厂是否有经济实力购买这样的设备；第二，就算有经济实力来购买，贵厂能否有能力招聘到管理、操作这套设备的技术力量，也是一个问题。"

B方厂长听A方厂长说完这番话，明显从心理上感觉到对方在轻视自己，面露不悦。于是，他用炫耀的口气向A方厂长介绍了本厂的经济实力和技术力量，表明本厂有能力购进并操作管理这套价值300万元的设备。就这样，经过一番巧妙周旋，A方将闲置了4年的设备转卖给了B方。

并不是对各种性格的人都适用激将法，一定要因人而异，切忌不辨对方个性而通用一个单子吃药。通常来说，激将法对那些争强好胜的胆质型人，效果很明显；但对敏感多疑、办事谨慎的抑郁型的人，则有可能产生适得其反的效果，对方可能会把你的激将之语当做讽刺，导致矛盾产生。因此就激将法的运用来说，一定要建立在了解说话对象的基础之上。

从实践中得出结论，"激将"对象最好是性情急躁之人。如果是那种老奸巨猾，十问九不应的人，十有八九是激不起来的。

再拿三国中的人物来举例，诸如曹操这类人均不适宜此计。善疑的人，不会相信任何人，可能会弄巧反拙。军师诸葛亮的激将法可谓是出神入化，激死周瑜，骂死王朗，但碰到曹操的衣钵弟子司马懿就没有办法了。司马懿作为魏国大都督，和蜀汉诸葛亮战于祁山，被诸葛亮诱至上方谷，用"地雷阵"烧得他焦头烂额，片甲不留，逃命至渭北下寨，坚守不敢出。诸葛亮又用激将法想激他出战，乃遣人致书及一套女人戴孝衣服送给司马懿，书云："仲达（司马懿字）既为大将，统领中原之众，不思披坚执锐，以决雌雄，乃甘窟守土巢，谨避刀枪，与妇人又何异哉？今遣送巾帼素衣至，如不出战，可再拜而受之，倘耻心未泯，犹有男子胸襟，早与批回，依期赴敌。"司马懿读过信后，心中勃然大怒，脸上却佯笑着道："孔明把我看做妇人了。"当下收下了女服，而且还重赏来使。司马懿的坦然接受打破了诸葛亮的如意算盘，使他的激将法顿时化为泡影，最后以失败告终。

因此，在人际交往中，先了解好对方的心理与行为特征，才更容易达到目的。比如，分析对方心理承受能力有多大，思想觉悟有多高，心理偏差有多远，个性潜能将发挥到哪一层次，等等。就算不能掌握全部，也要有个大概评估，这也是决定激将成败的关键所在。就比如说，对于那些明白事理，却因为偶尔犯错或突然受挫以致暂时迷失方向、产生自卑感或自暴自弃的人，使用此法将会收到意想不到的效果。

综上所述，激将法要因人而异，需要深刻地摸透并了解对方的性格脾气、思想情感以及内在的心理结构。还是那句话，只有真正做到知己知彼，才能百战不殆！

所谓"糊涂"，并不是一般意义上的"痴、呆、笨、傻、蠢"，它是一种为人处事的态度，一种豁达、宁静、超脱的态度，即小事情不计较装糊涂，而在大事上显现智慧！

人生难得一糊涂

[聪明反被聪明误]

有一位哲人曾经说过："智者与愚者都一样愚蠢，其中的差别在于愚者的愚蠢在于众所周知的事唯独自己不知觉；而智者的愚蠢在于众所不知的事而自己却十分清楚明白的。"

在一个大城市里，一位女士在地铁站口被一名陌生人拦住，陌生人向其兜售偷盗而得的一台"照相机"，女士在被明确告知是赃物的情况下由于贪小便宜，结果还是舍财买走了这台"照相机"。谁知回到家后才发现上当受骗了，这台所谓的"赃物相机"，只不过是个中看不中用的模型而已。

有些人会觉得这位受骗的女士很可怜，不过却实在是不值得同情，只能说是她自作自受。受骗女士在被明确告知货品为盗窃所得的情况下，仍因贪图个人私利义无反顾地买了那台廉价"相机"，这件事反映的是当事人的见利忘义，正因为如此她最终的下场只能是自己搬起石头砸自己的脚。这位自作"聪明"的女士，心里只想着占小便宜，结果聪明反被聪明误。

在西方社会，流传着这样一种说法：法兰西人的聪明藏在内，西班牙人的聪明露在外。前者是真聪明，后者是假聪明。哲学家培根认为，无论这两国的人是否真是这样，这两种情况都是值得深思的。他指出：生活中"小聪明、大糊涂"的人很多，看看这种人怎样机关算尽，办出一件件蠢事，简直是令人好笑的，正所谓"搬起石头砸自己的脚"和"聪明反被聪明误"，这是我们很熟悉不过的两句俗语了。来看下面的故事：

同事们都知道老周是经理最得力的干将，就兢兢业业为公司服务了几十年，如今已到了退休的年龄。

一天，经理对老周说："你要退休了，希望在离开工作岗位前，你能站好最后一班岗。现在公司要建一座别墅，你负责把它建成质量最好的建筑，有足够的资金作保障。"

老周勉强接受了任务，心想："经理也太没情意了，到这时候还要派我干这么苦的差事。"他心里不痛快，漫不经心掌管着别墅的建设。不知动了哪根筋，他还鬼使神差地以次充好，从非法经营商手里购买了大批劣质材料收取回扣。别墅竣工了，很漂亮。为此公司专门举行了一个庆祝仪式。

经理对全体员工说："为了表彰老周几十年来所的巨大贡献，我代表公司将这座别墅赠给他，希望他退休以后生活过得幸福！"

老周接过别墅的钥匙站在那里，两眼发呆，一句话也说不出口。

从这个故事中我们看到，老周不满意经理的安排，而产生敷衍的心理，建筑材料以次充好，结果却害了自己。这个故事让我们明白，凡事不应太过精明，要懂得聪明会被聪明误。偶尔"糊涂"一下又何妨？

[适时糊涂，办事更易成功]

在有些场合中，适时的装糊涂既是有必要的，也是睿智的。不妨看一下美国人是怎样在谈判中使用他们的杀手锏——示拙。

美国一家企业与英国一家企业正在就许可证贸易进行谈判。谈判刚开始，英国人就滔滔不绝地介绍情况，试图先声夺人，赢得主动权。但是美国人却一言不发，只是埋头记录；当英方询问美方的态度时，他们故意表现出糊涂，称"我们全都不明白，请允许我们回去研究一下"，就这样第一轮谈判结束了。

时隔一个月，美方又换了一班人马来谈判。这些人好像根本不了解上次谈判的情况，让英国人再滔滔不绝地讲述一遍。到最后美国人还是故伎重施，以"完全不明白，回去研究一下"为借口结束了第二轮谈判。没过多久，这场戏又演了一次，不同的是，美方通知英方，一旦有结果，立即通知对方。

很快半年过去了，美方仍然没有传出消息。就在英国人破口大骂美方没有诚意时，美方企业的代表团突然出现，并且拿出了一整套的方案让英国人讨论，这一突袭给英国人措手不及，最后不得不按照美国人的意图达成了协议。

综上述可知，美国人表面装糊涂，实则精明得很，他们抓住了英国人急燥外露的性格特点，以静制动，一举赢得了谈判。

在人际交往中，以愚掩慧，功成是瞻，有智慧而不炫耀自己，是大家风范。有才能却宁可装糊涂，是智者所为，这样做只有一个目的：战胜对手，获得成功。

著名的戏曲大师莎士比亚曾在其著作《第十二夜》中，让主人公薇奥拉说出了这样一句话："因为他很聪明，才能装出糊涂人来。彻底成为糊涂人，要有足够的智慧。"事实上，在特殊情况下假装糊涂，实是一种智慧的应变。

普希金年轻的时候并不出名，有一次，他到彼得堡参加一个公爵家的舞会，他热情地邀请一位年轻而漂亮的贵族小姐跳舞。没有想到的是，他却被拒绝了，这位小姐很傲慢地说："我不能和小孩子一起跳舞。"

但普希金并没有生气，而是微笑地回敬道："对不起，亲爱的小姐，我不知道你怀着孩子。"说完这话，很礼貌地鞠躬转身离开了。

看完对话，不得不拍手叫绝，普希金的"糊涂"不但巧妙地回击了无礼的贵族小姐，同时使自己很体面地下了台。这机智幽默的话语，使那位无礼的贵族小姐因自己无礼的话语而自封了嘴巴，面对普希金微笑的反驳她只能语塞。

　　在这个世界上生活久了，人们就会发现，越是清醒、计较的多，就越是痛苦。因此，倒真不如干脆糊涂一点好。无意之间犯下了错误，用自己的聪明去弥补的人，那是聪明的人，或者又可以说，那是聪明而有胆量的人。试想一下，一个人从来不犯错误，也不装糊涂，规规矩矩只知道墨守成规，也许只有圣人才做得到。

　　人生有时候就像战场，无时无刻不在斗智斗勇。在错综复杂的矛盾中，在重重叠叠的人际关系中，有的人总觉得自己聪明过人，结果总是搬起石头砸了自己的脚。当客观条件有限的时候，我们不妨顺其自然，糊涂一下，此时你会发现，原来事情这样办更易成功！